文庫 13

南山踏雲録

新学社

装丁　水木　奏
カバー書　保田與重郎
文庫マーク　河井寛次郎

目次

使用テキスト　保田與重郎全集第二十一巻（講談社刊）

南山踏雲録

自序

伴林光平先生は、わが鄕里に緣ある國學者にして、文人としては近代無比の名家であるから、古くよりその思想を學び、風雅を慕ふ思ひに深かつたが、殊に文久癸亥歳の盡忠の顚末は、我が心情を慟哭せしむるものあり、これが傳を草したいとの念は久しい年來のものであつた。さりながらその傳記中、わけても重大の契點に亙つて、不動の確信を云ふには、なほ己に至らぬ點があると感じらる。しかるに近年來、わが師友しきりにわが心眼を開き、ためにかつてはたゞ心もちのおのづからと、情緖のなつかしさに於て味つた共感の中に、歷史と思想とを、やゝ判然となしうる自覺をもつに到つた。加ふるに己も齡長じて、暫く志の定るものあり、文人としての使命について、その思ひを深め得たかの感がある。卽ち先生の風雅を通じて、近世國學の掉尾のたどりついた思想を讀むすべを解し、さらにその思想行動の一期重大の契點を云ふところの、國學の歷史の道について、己も亦わが生命觀として、いさゝか悟り得たものを味ふのである。かくて伴信友大人の申された神道の歷史といふものが、明らかにその門下なる先生によつて確められた意味を、ほゞ了知したのであつた。實にそれは、筆硯で誌される代りに、生命の血で描かれ、行爲の中に寫される思想である。

かくて近世文學世界の無比の絕品として、久しく愛誦し、その度に流涕慟哭するをつねとした「南山踏雲録」に、次第に皇神の道義のあきらかなるものをよむすべを悟るに到つたのである。この書は特にその道を語られしものには非ず、又説かれしにも非ず、實に言靈の風雅は、おのづから皇神の道義に結ばれるものあり、二者一つなる意味は、こゝにも知られたのである。

近く數年來文學の世相は一變し、今日の文章は、つねに絶對のものに當面した境地で、描かれねばならぬ狀態にある。されば皇國しきしまのみちを傳へる文人は、今こそ情勢時務論の伴奏者に墮してはならぬのである。

こゝに到つて維新思想といふべき道の思想は、明らかに儒ではなく、佛でもない、まして西洋意でないことを時代は痛感したのである。しかもこれは、實に伴林光平先生の死を以て示された教へである。このことについて、今の自分としては、論を構へて反對者を説破しようとする心持はない。生命の一點をみつめた先人行爲の眼目は、それを切實に味ふに至る經路として、文藝を信ずる者ならば、その刻苦のあとを追つて考慮するが望ましい。しかも不變の維新の道のたゞ一つなることを悟る意味は、歴史の事實をどのやうに我がいのちの原理とするかといふ志によつて決着するのである。我らは今日、維新の生命の道を考へようとするのであつて、これのみが眞の思想のたゞ一つのものであると信ずるのである。

伴林光平先生の偉蹟は、國學と維新の道との契點を、自身の絶對の行爲の瞬間に示されたものである。順逆の論理を以てしては、癸亥歳八月下旬以後の行爲の根柢とはならぬ。

その日義士の心中にあつた肝心のものは、單なる抽象神の信仰でなく、人間性の清醇に對する安心でない、更に有爲轉變を說く歷史觀による悟りでもなく、わが國がらの神意の體得による萬古一貫の國史への信仰であつた。この一點の信仰が、儒佛の人にも起るならば、その人はもはや儒佛の人でなく、神州淸潔民の自覺を同想した者と云ふべきであらう。維新思想を云ふ上では、先生の文學と行爲は最も重大なものを含むのである。

我々は現下の雜多な思想、及びそれらの遺物の處理については、むしろ大樣でありたいと念じつゝ、實際問題としては、さういふものの淸掃に奔命疲れて、徒らに勞しすぎる傾が多い。しかし絕對嚴肅の大道が、神州皇民のいたるところに貫道すれば、われらの御祖の同じ血をうけた同胞の心は、自ら心魂明らかとなるであらう。私はそれを願望し、たゞ熱禱し、確信し、あへてこゝに論を構へて說破しようとはせぬと、かく云ふ。

伴林光平先生傳を考へるについては、別に原因があつたが、これを敍述するに當つては、かゝる心境によつた。儒佛のみならず洋學さへも、御一新に翼贊し奉つたが、それらは國意に貫かれたる時に實をあげ、功業の面ではその精神を歪めたのである。かくて眞の維新の絕對根幹にあつた國意を深く悟り、その思想の學が一時は最も旺にして、いち早く後退した來由を今日深く考へたいのである。

それと共に、明治御一新以後の宗教界に於て、舊來宗教の高踏淸醇のものは、單に個人の死生觀に對する修養思想と化し、通俗佛教の徒が殆ど宗教的情熱を失つた中に、新しい教團としては、たゞ現世利益の宗派神道の形に現れ、しかもそれらが今も宗教的情熱の多くをたゞよはしてゐることを、深く考へたいのである。たゞ我々は、邪宗教や外來宗教の害毒よりも、近代人文思想の流す害毒の方をしきりに經驗する如き環境に於て成長してきたのであつた。これは少くとも今日の一般の知識人の共通事情と考へられるのである。この點に於て、我らの宗教に對する思考は、或は樂觀に過ぎるかもしれない。

伴林光平先生の生涯と傳は、文學、思想、歴史、信仰、宗教のあらゆる面で、現在に於て最も切實なものを含んでゐる。しかもそれは單に語り説かれたものでなく、生々しい自身の問題として、生身の行爲に現されてをり、これをあまねくこゝに云ふことは、殆ど不可能に屬するのである。卽ち自分はこゝに、その根幹と信じる國意を註釋するに止め、特にその宗教の問題に關して、本文敍述の大樣さが、あまりにも輕率だとの謗りを受けることあれば、これについては別に改めて考へたいと思ふ。

昭和十八年七月

保田與重郎

例言

一、伴林光平先生が南都の獄中にて誌された「南山踏雲録」は、天忠組一擧の記録として、御一新の歴史と精神を知るに當つて、最も貴重の文献たるのみならず、近世文學界の絶品にして、またわが文學史上の雄篇である。この文章を殘すについて、先生は獄中にて自筆本三通を作られたと云はれ、御一新後の刊本も數種ある。本書の原本は、小野利教翁編「伴林光平全集」所載のものにもとづき、諸刊本を參照したものである。

一、本書註釋の趣旨は、近世の文學を註釋するについての私見に從ひ、それを自ら示さんとするものである。語句の解釋も、この考へに從ひ、原文中に現はれる史實について、特に深く意を用ひ、それによつて先生の精神と思想を現在に現さんと努めた。

一、伴林光平先生は近世國學の掉尾に出た偉人である。近世國學とは、御一新後の國學の變化を豫め考へて云ふ謂である。こゝにその人の思想と文學を傳へんとし、小生年來の希望あり、所謂傳記についての工夫の若干を、かゝる形態の著述に現さんとしたものである。

一、本書中「評註南山踏雲録」は、先生の思想、行動を通じて、時代精神中の最も高踏至醇のものを知らんとの目的による。國學の思想とは、机上抽象の談理言擧でなく、實學的實踐尊重の思想でもない、事に際んで發する皇民の生き方に現れるものである。

一、近世思想としての國學の、先賢の傳へて來た註釋と傳といふ二つの思想表現の樣式を、現在の自分の形に生さんとするところに、本書の構成、即ち附錄數篇をふくめた全體の考案がある。さらにこれら各篇相互の目的を云へば、その諸篇の聯關によつて、「南山踏雲錄」の思想精神を傳へ、以て「光平傳」を描かうと志すものである。この意味より、一般傳記作者の努力する點に於て、却つて粗なる形をなしてゐることは、わが國人の思想といふものについての、著者の考へに從つて、この傳を立てたからである。
一、一例を申せば、舊來の古典思想の註釋に於ける、本歌の調査、語原の探究といふことは、この場合も不可缺のことながら、近世志士の文學に於ては、併せて敍述の史蹟の探査及び、その史蹟についての當時の人々のもつた思想智識の調査にも向はねばならぬ。當時の人々は、己の思想を、思想の言葉で語つた場合よりも、國史上の事實を組合せて、いのちを以て行ふべき道の思想を現してゐる例が多いからである。
一、本書の目的は「南山踏雲錄」を思想書として解說せんとし、それによつて國學の思想が、どのやうな深淵に己を挺して、しかもその道の學を全うしたかを見る點にある。その意味に亙つては、その作とその作者と、いづれの點より云ふも、本書に勝る文學はないと思へるのである。
一、さりながら「南山踏雲錄」を註釋し、「件林光平傳」を云ふ上では、御一新史に對し、また維新思想に對して、今の現實に立脚する見解と挺身がなくてはならぬ。この點については、小生の深く思ひをいたして、わが未熟につゝしむところである。
一、右に云ふ二點に卽して、光平先生の維新思想の本質を知り、ついで維新思想の草莽に於けるあり方を知る上で、附錄の五として「郷士傳」を誌した。郷士傳の對象は、大和北部の山間を貫く線上に現れた地方的志士にある。この中にはあらゆる國民の階級をふくんでゐるが、一人の武士階級出身者のないことが、特長と云ふべきであらう。卽ちこれによつて、維新思想の根柢は、決して組織的教養の上にのみあつたものでなく、既に草莽にひろくあまねくわたつてゐた事實の一端を知りたいのである。

一、天忠組の一擧は、御一新史を決定した重大事件であるが、今日よりこれを見れば、その思想に於て、ことに尊いものがある。この一擧を子細に云ふことはほゞ不可能ゆゑ、こゝではその思想を端的に知るために、義擧關係の天忠組軍令以下を「文久三年大和義擧記錄抄」として一章に收めた。

一、「花のなごり」「残花餘語」の二篇は、本書中の歷史の考であるが、卽ち「南山踏雲錄」の思想を註釋するための作品である。

一、「橿の下私抄」は、こゝに「光平傳」の根柢を見んとするものである。さきの「花のなごり」と合せて註及び傳といふことについての考へ方を多少こゝに明らかにせんとした。

一、本書中、故人に對する敬稱は原則として省略したが、まゝ残存するところもある。なほ故人の文章に於ては、すべて高貴の御事に對して、擡頭、闕字の法を守つてゐるが、本書に於ては、現下の印刷樣式に從はざるを得なかつた。擡頭、闕字の點については、御一新の初めの布告に、舊來の風に從はずともよき由が示達せられてゐる。小生平素の例として、行末に記載しまつることは避けてゐるが、故人の文章が、組版された場合は、文章を改める由もなく、それを避けて改版することは現今では殆んど困難であるため、心ならずも行末に記しまつつたところも本書中に一二あつた。
一、わが御一新の思想上の源流は、後鳥羽上皇以來の皇室のしきしまのみちにあり、草莽勤皇の情緒は、その道とその道の文化をしたふ詩人の、風雅の道として深く傳つたことは、つとに著者の說き來つたことである。しかも御一新決定の原動たるものは、つねに神道の國史觀、卽ち國體觀と生命觀にあることを、我々は今日深く悟らねばならぬ。大なる國學者として、又詩人としての光平先生のこの點についての思想は、その遺著の根柢にあるものである。
一、さらに御一新の實現は、雄藩の周旋のみによらず、京洛の政治勢力の消長の間に行はれた斡旋工作のみにあらず、つねに時局の底にあつて、萬古に貫通するみちを熱禱してきた草莽の悲願が、最も大なる自然の根柢をなした意味について知らねばならぬ。我々は今日も、時局情勢のみをみて、道の貫通するところを忘れることあつてはならぬのである。往年政治の渦中にあつた一般の近畿國民が、その政治情勢の激變に眼を奪はれ、政治上の情勢判斷を失つて、結局全體として消極に墮した如く見え、つひに後世よりうとんじられた事情は、これを深く考へたいと思ふ。
一、「南山踏雲錄」の註釋本としては、島田兵三氏の「天忠組の戰誌南山踏雲錄」がある。史蹟の調査精密で、有益の書である。なほ同氏には傳記の著もある。近時は光平先生關係の書物の世に現れること多く、近刊をみても、土橋眞吉氏、上司小劍氏の二著が、昭和十七年に出版され、いづれも特色がある。
一、本書のために、直接間接に援助をうけた人々は澤山にあるが、東京、影山正治氏、大鹿卓氏、河内、畑中友次氏、及び十津川出身にて現在は東京に住む詩人野長瀬正夫氏、十津川の出身にして今國學院に學ぶ深瀬文一氏、中宮寺の上島掃部翁の嫡孫で現在東京にゐる上島長建氏たちからは、史料に於て、談話に於て、又文書に於て、多く有益の示唆をうけた。その他著書を通じて裨益した先賢先輩は數へ難い。
一、本書背文字は先生自筆本「南山踏雲錄」の題字をとり、背文字上圖版は太神宮御寶物鞆の圖にして、又表紙圖版は同じく年中行事賭弓鞆著の圖である。いづれも「本朝軍器考集古圖說」所載のものである。
一、本書の執筆は昭和十七年夏より始め、十八年七月に終る。

昭和十八年七月　　著者しるす

評註　南山踏雲録(一)

籠中日録(二)

長月《ナガツキ》末(三)つかた、志す要事有りて(四)、南山を立ち出で、潜に京に赴かんとて、廿四日黄昏《タソガレ》、此三年ばかり我が住居《スミヲリ》し、斑鳩《イカルガ》(五)の駒塚《コマヅカ》わたりより、平群《ヘグリ》の山里(六)かけて急ぎけれど、行方しらぬ(七)夜路なるうへに、脚氣(八)さへ悩ましければ、爲《ス》べきやうもなくて、薄小萱など

(一) 南山とは吉野山中一帯を呼ぶ、踏雲録の題名はこの文章の中に出る歌に「雲を踏み嵐を攀て御熊野の果無し山の果も見しかな」とある。本書標紙に「籠中追記　南山踏雲録」とあり、また別に「長月二十七日喚硯十月十日棄筆　群鳩隱士（花押）」と誌しあり。

(二) 本文初めにこの標題あり。

(三) 九月

(四) 十津川を脱走したことを、志す要事ありてと云うてあるところに、その志を思ふべく、文章としては心して學ぶべきところである。

(五) 斑鳩は法隆寺の古名、駒塚は法隆寺の東郊中宮寺の南に駒墓といふ地あり。こゝは甲斐のくろの駒が太子薨去の日、自ら食を絶つて殉じた所と云ふ。くろの駒は太子が虚空を行かれた時の御乘と傳説に云ふ。この駒墓の近くに貞享の頃には、松一本の生えた塚があつて、調子丸の墓と云うた。しかし光平はこの黑駒の傳説を排し、こゝを延喜式の立田園邊（苑部墓）の御墓と考證されし由である。

(六) 法隆寺の西北に當る。生駒の山地。

(七) 道がわからぬ。わがゆくさきがわからぬ。

(八) 脚氣には南山脱走中を通じて困られた。

の中に、夜一夜、狐狸と相宿《アヒヤド》りして、明離れて後、平群谷より、河上の岩船山へと急ぐ。路の程四里ばかり、すべて事無りしを、巳《ミ》過る頃（九）一軒屋と云所にて、ゆくりなく醜吏（十）に見咎められて、其夜南都の縣令がり赴く。（十一）かくて廿六日明離る丶頃、南部の廳（十二）につきぬ、彼の捕はれし時、岩船山間近きよしき丶て

　梶を無み乗りて遁れん世ならねば岩
　　船山も甲斐なかりけり（十三）

斯くて午《ウマ》過る頃（十四）、裁斷所（十五）に出て、縣令の問糺《タダ》すまに〱、有し事のさまを、有し様に答ふ。また其後、吟味所にいでて、下吏の

（九） 午前十時過

（十） 幕吏を醜吏と呼んだ。しかしこの中には光平の門弟もゐて、終始鄭重に先生を遇した。

（十一） 奈良奉行の許へ赴いた。こ丶までの發端では幕吏に捕へられたことから錄してゐられる。あたかもこの日は奎堂、鐵石が共に討死した日だつた。

（十二） 奈良奉行所

（十三） 岩船山には、饒速日命が乗られた天磐樟船だと云ふ巖があつて、命はこれに乗つて高天原から地上へこられた。こ丶で神代のことを思ひ出して、この歌を作らる。しかし今は梶がないので、岩船が間近にあると聞いても、それによつて逃れることも出來ないと嘆じられたが、落膽ぶりが大様で歌にもみやびがある。

（十四） 十二時過

（十五） 裁斷所に出でて以下は、一讀して先生の心境今も見ゆる如き文章である。敗殘の滿身傷痍とも云ふべき、身心の疲勞困憊を激しく耐へたさまが深くにじみ、悲痛な文章である。百も云ふべきことを、一つに申された大丈夫の志を十分にくみとるべし。

重て問糺すまに〱又其有し事の様を、有し様の如《ゴト》語る。總て異なることなし。此日夕方、官廳の北畔なる新町と云所の幽所(一)に入る。物むつかしき籠中《ロウチユウ》(二)なりしかど、高麗《カウライ》縁《ベリ》(三)の疊三疊を板敷の上に布列《シキツラ》ねて、膳具(四)夜物(五)なども、相應に心したれば、矢玉の飛來る戰場よりは中々に心安くて、のどけき方も多かりけり。かくて阿波國の浪士森孝太郎(六)といへる男、去年四月(七)中旬、島津三郎(八)が、數多の浪士等率ゐて、上京しける時、其浪士の群より漏出て、いかゞ思ひたりけむ、郡山藩藤川友作が許に問《トヒ》依《ヨ》りて、兎角言爭へる筋によりて、南部の縣令許《ガリ》留められて、

(一) 新町の牢は所在不明。
(二) 籠中は牢中の意
(三) 白地に模様を染めた疊べりの名、今も使ふ。
(四) 「春慶塗の高足」といふ註がある。
(五) 夜具のこと。先生は著名の國學者だつた上に、奉行所役人中には先生の門人が多く、彼等が優遇した。
(六) 森、藤川、ともに未詳
(七) 文久二年
(八) 島津久光。この年久光が兵を率ゐて上京することを、京師の志士は攘夷親征討幕の好機と考へて、絶大の希望をもつてゐたところ、久光は却つて公武合體、幕政改革の建策を立て、尊攘派の浪士を彈壓し、こゝに寺田屋の悲劇が起つたのである。

今も居るなるが、夜晝已に添居て、二なうもて勤《イソ》しむ。(九)且はあはれにて道の事(十)ども何くれと言諭しなどするも、いまさらうるさき物から、かつは徒然慰むる便《タヨリ》なりけり。(十一)昨夜南都へ來し路のほど、いと暗くて、鬱《イブ》悒《セ》さ限なかりければ

　闇夜行く星の光よおのれだにせめて
　は照らせ武士《モノノフ》(十二)の道

八月十七日、(十三)五條の一擧より、九月十六日までの軍記一册、九月十五日夜、(十四)十津川鄕上《ウヘ》の地《チ》の御陣にて、總裁藤本津之助(十五)に預渡す。此一册、抑中山(十六)公京都脱走の前日、禁庭へ奉られし建白一通、竝に御近侍の堂上

(九) 心をこめてまめ〳〵しくつくした。

(十) 國學の思想精神

(十一) 今さらかゝる境涯でそれを説くこともうるさく思はれたが、何かのことにふれて説き出すと、熱中して時をおぼえず語るので、起居を忘れることができたといふ意味。

(十二) この武士の道といふのは、封建の武士道でなく、萬葉集に歌はれてゐるやうな丈夫の道である。悲痛な祈願を泣哭にあらはした名歌として、今に至るまで、多くの志士を感憤せしめた和歌である。

(十三) 先生が記録方として執筆した天忠組一件に關する記録のことを思つて、その行方を案ずることをこゝに述べらる。この記録は今も行方不明と云ふ。この一件の追記を著さうとして、まづ陣中の記録を思ひ出されたわけである。

(十四) 九月十五日は一黨十津川退去を決して訣別した日。

(十五) 眞金、鐵石と號す。鷲家口にて戰死す。四十八歲。贈從四位。

(十六) 中山忠光、天忠組主將、大納言忠能の第七子、年少猛士の風あり、吉野脱出後長州に走り、翌年暗殺さる。二十歲、贈正四位。縣社中山神社に祭らる。

方への書置一通、右二通の遺書を巻首に標列して、其餘、諸家説得の時の袖控へ、(一)五條政府の新高札、(二)領分の大觸書《オホフレガキ》、併て良民、孝子、忠僕等へ下されたる褒詞、感状、また姦賊兇徒を誅戮したまひし時の罰文の草案、また藤堂、(三)紀州、(四)高野山、(五)植村(六)などよりの文通等、悉く載せてもらさず。めづらかなる事等も多かりしを、今いづれにあるや、惜むべきことの限なり。

八月十五日、(七)十六日は、例月浪花の祝松殿にて、(八)和歌の事等仕奉る定なりければ、八月十五日より參上りて、十六日夜亥(九)過る頃まで、世の中の事ども、何呉ときこえあげ

(一) 狭山藩（河内）高取藩（大和）などを説得した文書の手控。
(二) 天忠組が五條代官を滅して建てた朝廷御直轄の新しい政府の高札。こゝにあげられた建白書置その他の文書は、本書別項に「義擧記録」としてあぐ。
(三) 伊勢國津藩主
(四) 和歌山德川氏
(五) 金剛峯寺、當時高野山には勤皇の志をもつたものも相當にあつた。
(六) 大和國高取藩主
(七) こゝより光平が天忠組に參加した始末を誌される。
(八) 大阪薩摩堀廣教寺
(九) 夜十時

て、さて己が伏所に入りて臥したりしに、子近(十)づく頃にや、侍所(十一)の男、閨戸《ネヤノト》あら丶かに打叩きて「大和國法隆寺より急使候ぞ」と云ふ。急ぎ使の者に逢て、おこせつる書翰を見れば、平岡武夫(十二)が手にて「中山公、禁裡の御内敕(十三)を蒙らせられ、容易ならぬ御要事ありて、和州五條表へ御進發有り、俗に、すは鎌倉と申すも、只今の事にて御座有るべく、何分にも御忿發御出掛明九時(十四)迄に御皈房奉ㇾ待云々」兎も角も猶豫すべき事ならねば、やをら支度調へて、使に誘はれて、夜もすがら十三峠(十五)さして急ぐ。明離る丶頃、峠に付きて、午近づく頃、平岡が

(十) 夜十二時

(十一) 寺男の詰所のことを侍所と云はれたのであらう。

(十二) 平岡鳩平、法隆寺の人、後の男爵北畠治房、年少の同志で、門弟の關係だつた。この時平岡の手紙につけて吉村、松本、宍戸等連署の勸誘書及び八月の親征の大詔の寫しを持參したともいふ。

(十三) 中山公の御内敕云々のことは事實でなく、平岡の誤聞か、流言を信じたかである。しかし御親征の詔は決定してゐたから、誤解と考へられる。卽ち八月十日攘夷御親征の爲め大和行幸の朝議決し、十三日仰出さる。實に討幕の軍議を大和にて行はせらる筈だつた。二十七日京都發輦の豫定で、中山卿は十四日、京都を出發し、大和に入つて討幕の先驅たらんとした。

(十四) 九時は今の十二時御要事といふのはこのことである。

(十五) 河内から生駒へ出る途中の峠

家(一)に着きしを、武夫待詫びて、既に出で行しかば(二)、爲べきやうなくて、夫《ソレ》が妻の歎きをも、具《ツブサ》に聞取りて(三)、さて跡を追て急ぎしかど、行程九里、倦疲れて、暮すがりて、風の森(四)といふ所にたどりつく。

　夕雲の所絶《トダエ》をいづる月も見む風の森
　　こそ近づきにけれ

南山に在りける時(五)「有らざらん此世の外の心構(六)、いかゞ」など問ふ人の有ければ

　我靈《タマ》はなほ世にしげる御陵《ミサヽギ》の小笹《ヲササ》の
　　上におかんとぞ思ふ。

　くづれをれてよしや死すとも御陵の
　　小笹分けつつ行かむとぞおもふ

(一) 法隆寺にあつた。
(二) 五條へ出發してゐた。
(三) 平岡の妻は美貌の賢夫人で、時に二十二三だつたと云ふ。先生が到達した時は、既に武夫は出發したあとで、一書を妻に託しておいた。先生その書を見て、成敗はこの通りだらうと申された。武夫の妻三枝子は、「夫もそれを知つて出向いたのでせうか」と問ふと、先生は「さうだらう」と云はれた。三枝子は武夫より託された鎖甲と金子を先生に手渡した。この時先生に一首の歌あり、これは別に云ふ。この三枝子は若年だが沈着で志の厚い女性だつた。
(四) 大和國葛城郡にあり。
(五) 吉野の陣中で志を述べた作である。突然こゝで思ひ出したやうにこの二首をあげられたのは、義心の眞髄と心境を云ふにふさはしい歌題だから、特に云はれたものであらう。それには申されてゐないが、これをしるされた時の心緒は深く感じるところがある。
(六) 有らざらん此世の外の心構といふのは、七度人間に生れたいといふ志である。しかも「あらざらんこの世の外の思ひ出に」と歌つたやさしい平安の女性の歌のことばで誌されてゐるのは、當時の志士の風雅である。天忠組志士

斯く兩様に詠出でしかど、いづれの方かよけむ（七）、後見ん人、よきに定めてよ。

彼の十七日、風の森を立ちて、今しばし打喘ぎて急ぐほどに、初夜《ショヤ》すぐる頃（八）、五條につく。かくて楢屋と云ふ旅亭に入りて、事の趣を問試みけるに、「今日しも申過頃（九）、天忠組（十）の浪士達ゆくりなく（十一）押寄來りて、政府の首領はじめ（十二）五人の首級を打取りて、今唯今、刀鎗等の血を洗ひなどし給ふ也」と云。さらば行て見んとて、櫻井寺（十三）と云淨家《ジャウケ》（十四）の寺に入りて見るに、堂前の水溜（十五）の上に板戸掛渡して、其上に首級五箇、血に塗《マミ》れたるを打置きたり。兎角するほど平岡等に逢ひて、

は、風雅から云うてもみな一流であつた。この二首の歌は、山陵復興に生涯を投じた先生の作として、古歌の大君の邊にこそ死なめに對應するやうな、ひたみちに皇神をしたひ奉つた作である。

（七） この兩首は、志の述べ方で、身のおき場が、多少異つてゐて、いづれの方がよいかと申されたのは、歌の出來の上のことでなく、この「時」に關する意味であらう。その點で心をこめて學ぶべきものを示された。いづれも義擧に身を投じ、死を前提として、死後の志をのべた作である。

（八） 戌の刻、午後八時過、その夜の中につひに五條に着かれたのである。十六日の深夜から歩き、十八里ほどの道のりを、十七日の初夜に五條へ到着されたのである。

（九） 午後四時過

（十） 天忠組のことは天誅組とも誌し、「天誅」の語は斬姦の行動として、この少し以前京洛をおほうた。天忠組の記録の一なる同志半田門吉の「大和日記」には天忠組と誌され、光平は「天忠組」としてゐて、今日ではこのしるし方をする人が多い。又その方がよいと私は考へる。

（十一） 不意に押寄せてきた。田舍人の驚愕ぶ

奥(一)に入りて休らふ。十八日朝(二)、中山公に謁す。精々天朝の御爲に、忠勤有るべき由仰せられ、卽ち軍記草案の役儀を蒙る。

十八日、内原莊司(三)を罰せんと、三齋村《サンザイ》(四)に出馬有らせ給ふ。其時五條村北畔なる野司《ノツカサ》に(五)、彼姦吏等の首級(六)を切掛たる(七)を見て、戯に五條新町須惠の三村(八)

切り脱す芋頭さへあはれなりさむき
　葉月の須惠の山畑

十九日夕暮、紀川添なる橋本(九)わたりまで若山の姦賊等（正邪の分辨を知らず依て賊の字をほどこせり下皆倣フレ此ニ（十））寄來とき丶て、其方樣《ソナタサマ》なる二見《フタミ》村(十一)の彼方まで御出馬あり。やがて御馬脇に添て出立つ。

(一) 寺の奥座敷であらう。
(二) 中山公の進發を知るや、學習院では、その過激に亙るのを警めるため、平野次郎國臣に命じて諭告せしめた。十八日夜、平野は安積五郎、三浦主馬らと共に五條に着いたが、次郎は「さゝらがた錦の御旗なびけよとわが待つことの久しかりけり」と歌つて義軍を激勵して了つた。さうして恐らくこの日に吉村虎太郎との間に、但馬の農兵を率ゐて天忠組に呼應することを約したものと思はれる。安積、三浦らも、こゝで却つて天忠組に加つた。しかしこの十八日の朝、京都に政變あつて、尊攘派公卿は廟堂から退けられてゐた。
(三) 三在村の豪農のことだが、しやれて莊司と呼んだ。義軍の槍玉にあげられた惡富豪である。
(四) 三在村、現在宇智村三在
(五) 野の丘、小高いところ

り、この一句にあざやかである。
(十二) 代官鈴木源内以下代官所役人五人
(十三) 五條町の中央にあつた。
(十四) 淨土宗の寺
(十五) 水盤のこと。これは現存する。

時しも八月十九日、暮過る頃なりしかば、東の山の際、月花やかに出でて、心ゆく空の氣色《ケシキ》なりけるに、遙か西方に、一村雲恠《アヤ》しう立在りて、今も降り出べき様なりければ、西の方なる敵陣を、遙にながめやりて、戲(十二)に

敵味方二見の里の夕月夜《ユウヅクヨ》東《御方》はてれり
西《敵方》はくもれり

兵卒(十三)此をきゝて、各々「勝軍也《カチイクサナリ》」とて勇み立つ。かくて敵間ぢかくになるまに〳〵、俄に貝太鼓を打ちならして追ければ、敵一支《サヽ》へも得せで、紀見峠(十四)と云所まで、兵を引て退く。

(六) 代官以下五人
(七) 梟首されてゐる
(八) この五條云々は何かの心覺えと思はれる。
(九) 和歌山縣橋本町、五條より二里半
(十) 若山の姦賊は和歌山藩兵をさす。この「正邪ノ分辨ヲ知ラズ云々」は「若山の姦賊」と賊の字を用ひたことのために註された。國體の道を知らない藩兵を賊と呼ばれたのである。先生は學者だから、こゝで極めて重大なことを云うてゐられるのであつて、その思想が註としてあらはれてゐるのである。かりそめに故人の文章を見てはならぬ。
(十一) 宇智郡二見村
(十二) 別のところでこの歌を狂歌と呼ばれてゐる。
(十三) 義軍に加つた農民兵である。
(十四) 紀州橋本から河内へ出る道にある峠。

八月廿日、(一)櫻井寺の御陣を出て、天川辻《テンノカハツジ》と云ふ山中へ、御陣を移さる。此日朝ぼらけより、雨降しきりて、おどろ〳〵しき空の氣色《ケシキ》(二)なりしかど、午飯《ヒルヤシナヒ》する頃より、山風さと吹出て、大空の綠さやかに見えわたり、鼓の音、やはらかに鳴出しかば、兵衆進立て、打競ひ〳〵行くほどに、瀧の音も、馬の嘶きも、さすがに勇ましく聞なされて、心行く秋の山ぶみ(三)なりけり。

路次(四)の、五條　芳野川船渡　野原《ノハラ》　丹原《タンバラ》
和田　江出《エヅル》　大日川《オビカハ》　加名生《アナフ》　鳩の首峠
永谷《ナガタニ》　天《テン》の川辻　以上五里强也云々。

加名生皇居。櫻雲記(五)、殘櫻記(六)、南山巡狩錄(七)、

(一) 十八日政變の報は、淡路の有志古東領左衞門によつて、十九日夜五條へ傳へられた。義軍はこれが對策を議し、鐵石は進んで一黨の討死を說いたが、安積五郎の說によつて、古來勤王の志に厚い十津川に入つて鄉兵を募集し、要塞によつて、各地勤皇軍の呼應を待たうと云ひ、この說に從つて吉村は五條の志士乾十郎と共にまづ十津川に先發し鄉士野崎主計にたよる。その間五條は河內の水郡勢に守らせ、本隊は天川辻に入る。乾野崎の聲望と吉村の果斷によつて、忽にして十津川鄉兵千數百を得た。

(二) 義軍の心持に天も感じた如く、空の模様もたゞならぬさまだつた。

(三) 氣持のよい山のぼりだつた。時が時にもかゝはらず、このあたり心ゆたかなよい文章である。

(四) 路次の村々の名をあげてゐる。

(五) 三卷、專ら吉野皇居のことを誌し、文保二年後醍醐天皇御卽位の時より長祿三年に及ぶ記錄

(六) 二卷、伴信友撰。信友はわが國學最大の思想家の一人、光平の師に當る。本書は一統以後の吉野宮方のことを誌したものであるが、特に禁闕の變の始末に詳しい。

等に見えたり。即ち堀何某が宅也(八)。老梠佐巖(九)、茅檐を圍繞し(十)、密林幽松、庭除を遮斷す(十一)。鳥語含《ミ》二元弘餘愁(十二)一《ヲ》、水聲訟《フ》二建武之殘悒(十三)一、天下慷慨之士、誰不《ンヤ》レ發《セ》二思古之幽情一乎。若掃《ヒテ》(十四)二愁涙《ヲ》一、聊述二懷舊之蓄念《ヲ》(十五)一。短歌四首

宮人の足結觸《アユヒフレ》けん跡(十六)ならし清げに靡く園の篠原

行幸《イデマ》しし跡さへ見えて秋風になびくも清き苔の簾(十七)や

摘取りて昔を忍ぶ人もなし柴垣づたひ菊はさけども

大丈夫の世を歎きつる男建《ヲタケビ》(十八)にたぐふ

(七) 大草公弼撰。吉野朝廷の歴史をしるし、別に一巻に明徳四年より、長祿二年に至る遺統の御事蹟を誌す。文化六年の自序あり。是らの三著は一統後の吉野宮方、及びその遺臣の始末を誌し、沈痛悲壮に耐へぬ史實である。踏雲録に出る、自天親王、忠義親王の御事は、これらの書に詳しい。さうして國學國史に通じた先生が、こゝでこれらの書のことをいひ、ついで楠二郎、自天王、忠義王たち、一統後の宮方南方の人のことをつぎつぎに回想されてゐることは、當時の先生の思想の上で、最も重大悲痛な點である。

(八) 堀又左衛門。南朝の忠臣堀信增の後裔也。

(九) 老杉奇巖

(十) 茅葺きの檐を圍みめぐる。

(十一) 庭除は庭のこと、竹松が庭に植つてゐることの形容。

(十二) 鳥の囀りにも元弘の頃の愁ひが殘つてゐる。元弘を元亨とした本もあり、同じく後醍醐天皇の御時の年號だからだが、元弘の方が自然である。

(十三) 溪流の音が殘れるうれひを訴へてゐる。

(十四) 若は「かくの如く」と訓む。

(十五) 蓄念は、胸一杯の感慨。南朝の遺址を

か今も峰の木枯

此日、公入御《ニユギヨ》(一)、戸主獻(二)二午飯及神酒一、家《ニ》藏二後醍醐天皇之御太刀御甲冑及綸旨《リンシ》文書(三)等一。間暇之時、請可レ拜也。此夜初更(四)、超《エテ》二天川辻一《ヲ》而宿《ス》二坂本村一《ニ》。廿一日、出《デ》二坂本村一《ヲ》還《リ》二天川辻一《ニ》、而定《ム》二御陣一《ヲ》。昨日於《テ》二加名生皇居一《ニ》、詠與《ヘシ》二主人一《ニ》歌(五)

里の名のあはれ阿那不《アナフ》(六)といひ〳〵て
獅々《シシ》追ふ老叟《ヲヂ》(七)も年はへにけむ

天の川辻と云所は、簾村の上手《カミテ》也。懸河四圍に灑《ソヽ》ぎ、絶壁咫尺を遮隔して、要害究竟の地なれど、水の手隔たりて民家の少きのみぞ、兵衆の愁なりける。

回想して、かくの如く漢詩調の慷慨をのべたのは維新志士の一般の感激であつたが、彼等はみなこのやうな漢詩調の慷慨を序として、和歌によつて勤皇の情と志をのべた點を深く考へる必要がある。

(十六) 足結は袴を結びあげる紐のこと。古へ吉野の宮人たちが往き來されたあとだといふ感慨である。

(十七) 苔の簾は、苔のこと、苔が長く生えて簾の如く見えるといふことである。

(十八) 南朝の志士の雄たけびは、又天忠組同志の雄たけびである。

(一) 公とは中山忠光のこと。

(二) 堀又左衞門

(三) 敕書

(四) 初夜、午後八時

(五) 堀又左衞門

(六) あはれあな憂《ウ》とかけたことは、又南朝悲史を思ふ心である。

(七) 獅々追ふ老叟は老いた獵人の意

(八) 簾はものをへたてるものだが、名に負ふ簾の里といふ所に住んでみても、憂目《ウキメ》だけは隔てさへぎつてくれなかつた。

むす苔の簾の里に住居ても憂目ばか
りは隔てざりけり(八)

此程、木工、竹工などを呼入て、大炮幾許を造らしむ。一貫目玉七挺(九)、二貫目玉五挺、安岡嘉助(十)、伊吹周吉(十一)等奉行す。又五條出張所(十二)にても、大炮十挺、旗三十本造る。因州　磯崎寛(十三)、江戸　安積五郎(十四)、水戸　岡見富次郎(十五)等奉行す。

岡見は東禪寺(十六)へ打入りて、夷《ィ》人を斬りし人なり。一昨年來野士(十七)と云者になり、藥などひさぎ、此わたりにありしなりと云ふ。

或る朝、天の辻の御陣いと寒かりければ

榧の實の嵐におつるおとづれに(十八)交る

(九) 一貫目玉をこめる大砲七挺。しかしこれらの大砲は高取城攻めの時には殆ど役に立たなかつた。不發だつたり破損したのである。木製の大砲であつた。

(十) 土佐郷士、贈從四位、元治元年二月十六日京都獄中で斬らる。年廿五

(十一) 土佐人、後の從二位男爵石田英吉

(十二) 當時本陣は天川辻に定め、五條は水郡ら河内勢を中心に守つてゐた。この河内勢は、最も奮戰し、あくまで十津川頑守を主張したが、十津川郷離反以前に、主腦と意見合はず脱退した。

(十三) 贈正五位、元治元年二月十六日、斬、年廿四

(十四) 贈從四位、元治元年二月十六日、斬、年卅七

(十五) 贈正五位、元治元年二月十六日、斬、年廿四

(十六) 江戸高輪、東禪寺、英國公使館があつた。文久元年五月、水戸浪士十三名がこゝを夜襲して、英人二人を斬る。

(十七) 香具師（やし）

(十八) 音にまじつて

もさむし山雀の聲（一）

九月一日頃、（二）富貴の里に、（三）高野山の賊僧等、攻來るよし告る者有りければ、急ぎ馳せ向て、此方より放火しけるに、旗幟など打棄て、迯去りけり。此程、上田宗兒（四）を使にて、義擧の事情申遣しけるとき、直怖《ヒタオヂ》に怖《オヂ》て（五）「たとひ山は裂け、海は涸き候とも、天忠正義の御方々へは、露ばかりも射向ひ申さぬ」よし、返事おこせる。其口脇の乾かぬほどなるを、潜に旗幟どもひるがへして、押寄來る姦僧の意存（六）、惡むにも餘りあり。命一つたすかりて、迯《ニゲ》歸りけんも、むげに恠しき（七）僥倖なりけり。

（一）山雀は野鳥の名
（二）この間日數のとんでゐる間は、天忠組が非常な危機にあつた。八月十八日政變の報十九日到着し、こゝで天忠組は叛軍の位置におかれたので、同志一同に會議し、十津川に入つて鄕兵の力を借りて守備に當ることとし、吉村虎太郎、乾十郎らが、十津川に先發、野崎主計の名望と吉村の果斷によつて、廿三日には千數百人が集つた。
（三）紀州伊都郡
（四）土佐人贈正五位、明治元年正月三日伏見にて戰死す。年二十六。
（五）非常に怖れて
（六）考へ
（七）神罰の當るべきであるのに

春まで下に萌らん里の名に掛てに
ほへる園の山蕗(八)
同頃、戀野の里に、紀賊(九)來居るよし聞付て、
同志等行て、放火しけるに、此亦速に逃げ
さりけるよし聞て
我妹子に戀野の里は夜もすがらもえ
て物思ふところなりけり(十)
九月七日、大日《オビ》川の戰に、藤堂家上分《カミブン》の士
卽死二人、深手四人。雑兵手負死人總て四
十人餘ありけるよし。其後、加納村の堀氏(十一)
來て、委に物語れり。かくて、其物語の中
に、殊に可笑しきは、藤堂何某とか云男、
堀の家を本陣にて控へ居りしが退出のとき、

(八) 高野山僧兵撃退のあとに出てゐるので何か寓意ありさうだが、しからずして里の名と燒打ちのことをよみこんだ陣中風雅の作である。
(九) 紀州徳川藩の賊兵
(十) 戀野の里といふ地名を歌つて、我妹子に戀ふといふ名の戀野の里は、夜とほし思ひを燃やして、もの思ふところだ、との意味、我妹子はわが女性を呼ぶ古語、この歌は戀野の燒討のことをかけて、輕いをかしみのある作である。古くからかういふ心と形の凱歌は古典にも出てゐる。當時天忠組は二賊を退けて意氣高かつたのである。戀野は和歌山縣下、天川辻より二里西北に當る。
(十一) 賀名生村の堀又左衞門

堀家の主人に告て云「取るに足らぬ正義の浪士、敵には不足なれども、何分不レ知二案内一の嶮巖絶壁、おもはず敵に欺かれて、多くの玉藥（一）を費したれば、すべなくて引取るなり、不日（二）に兵衆を引繕うて、一擧に山塞を乗崩してむ、見よ〳〵」と云ひて出でけるとぞ。義徒、此話を聞て云、「其愚には及ぶべからず（三）」

九月九日、銀峰《ギンプ》山（四）の御陣に在りけるに、後の山陰にて、俄に玉うつ音の頻にしけるを「なにぞ」と問へば、「彦賊（五）、間近く寄來るなり」と云。「さらば速に蹴散せ」と云程こそあれ、若者等勇み立て、我先にと走出

（一）彈丸と火藥
（二）近いうちに
（三）馬鹿の骨頂だ。
（四）吉野郡白銀村
（五）彦根藩兵、井伊の部下
（六）九月九日の重陽の節には、古來朝廷では、天皇南殿に出御あらせられ、菊花宴を賜ふ。出御なき時は、群臣に菊酒を賜る。菊には長壽に關する和漢の物語故事が多い。これらのことを思つて、先生はこの日長壽のゆかりある菊をかざして、この歌一首あつた。名歌として世に喧傳するのは、その日、その時にふさはしい丈夫の風雅が、人の心をうつからである。しかもこの日は先生の誕生日に當り、しかるに千世は祈らぬと歌はれつゝ、なほ菊の一枝を折りかざすところ、本朝志士の悲壯の風雅を知るべきである。
（七）よそめにさへ哀れな敗走ぶりだつたので、義軍はたゞ見送つてゐた。
（八）安政五年敕許を待たずして幕府假りに條約を結ぶ。
（九）安政六年の大獄の歳
（十）實は、討幕の御親征だつた。
（十一）祈るといふ語を心してよむべきである。こゝに天忠組志士たちの信條があり、彼等は討

づ。已も谷蔭なる菊を折取てかざしつつ

身を棄てて千代はいのらぬ丈夫《マスラヲ》もさ
すがに菊はをりかざしつつ(六)

かくて上の平と云所まで打出しかば、彦賊旗の手を取亂して、逃退く。餘所目さへあはれにて(七)、御方の兵追はんともせず。戊午(八)己未(九)以來、當今に至りて、幕府の姦吏、違勅の事、度重なりければ、早く、御親征(十)有らせらるべく、朝夕正義の者等の祈申けるを(十一)、茲歳《コトシ》(十二)八月廿七日、神武天皇の御陵竝に、春日社へ行幸有せられ、且暫く御滯在あらせられて、御親征軍儀有らせらるべき趣、十二日御内決ありしかば(十三)、中山侍從卿

幕を策したのではなく、祈ることに身を挺したのである。

（十二）今年文久三年

（十三）大和行幸のことは、十二日に内決し、十三日に仰出された。大和にて軍議決して、さらに伊勢神宮に御親拝の御豫定だつた。

「先づ南地(一)に進發して、姦賊を斬屠《キリホフ》り、正義尊王の士を從へて、春日社頭まで、鳳輦御迎へに罷出べき」由の建白を奉り、十三日(二)、潜に京都を御脱走あり。かくて浪花、住吉(三)等を經て、河内國千早城内なる楠公の御首塚(四)にて、御旗擧(五)の式あり。直樣《スグサマ》大和國五條政府(六)（申刻着(七)ス、兵衆不㆓休足㆒、即刻打入、而碎㆑之云々）の姦吏何某等(八)（十津川人訴訟の事によりて天朝を輕蔑せし罪尤難㆑許うへ領民を殘虐せしことは筆紙につくし難し）を斬戮梟首し、賞正罰邪、露ばかりも法度(九)にたがふこと無かりしかば、高取の植村、狹山の北條、白木の石川(十)等を始め、獻物等を持運び、豪農四方より馳集りて、孝子の慈父を拜するが如し。其頃、詠て奉りける歌の

(一) 大和をさす。
(二) 十三日云々は十四日の謬り、建白も十四日である。
(三) 十四日夜京都方廣寺に同志を集め、三十四名、中山卿を擁して卽夜伏見を發し、十五日大阪八軒家に着した。さらに同志加り、その夜二隻の船で、天保山沖をこぎ出した。舟中で軍令書を示し、やがて船を堺に着け、十六日早曉上陸、高野街道を進み、河内狹山藩北條家に出迎へを命ず。こゝで水郡ら河内勢加り、十七日、晝觀心寺に着き、後村上天皇山陵竝び楠公首塚に詣でる。
(四) 千早城内の楠公首塚に詣でたといふことは不明、觀心寺の俗に云ふ首塚のやうである。
(五) 旗擧も觀心寺前庭で行つた。
(六) 五條代官所
(七) 午後四時
(八) 前出の代官鈴木源内等、しかしこゝに示された罪狀は實際上のことでは不明である。
(九) こゝは軍令をさす、卽ち神州の法である。天忠組軍令高札に示された思想は當時の完璧である。
(十) 河内白木村
(十一) 茨やからたちなどのおどろの下の道を拓くために、それを刈りのけることは、承久の以

中に

時の間に茨《ウバラ》からたち苅り退けてうづ
もれし世の道闢《ヒラ》き(十一)せむ

植村(十二)より送り來し目錄(十三)。

鎗三十　鐵砲三十挺　鞍置馬(十四)三疋
兵糧二百石也しを、後に違約して、
兵糧も半をだに贈り來ず。

石川は鞍置馬一疋。狹山は家司《ケイシ》二人(十五)、御通行を出迎へて、述《ベ》レ禮《ヲ》獻《ズ》レ餉《ヲ》(十六)。さる(十七)を後にきけば、十四日夜(十八)、大内にゆくりなき騒ぎ有りて（丑の刻ばかり、有栖川の若宮へ異賊追罰の将軍職を仰付らる。即刻御還御ありけるに何物にかありけん、宮内へ大砲を打入ると云(十九)）精忠無二の長州さへ、不義不忠の名を蒙りて、自國

後、勤皇の志として一貫して傳つたものである。

(十二) 高取藩主

(十三) 獻物の目錄

(十四) 鞍をおいた馬

(十五) 家臣

(十六) 辨當、兵糧のこと

(十七) 前文は天忠組發端より四隣風を臨んで來るさまを敍してきたから、こゝで形勢一變をいふについて、「ところが」といふほどの意味の語句で始めた。

(十八) 十四日夜といふのは、十八日未明の政變のことである。この政變は反長州派の薩藩を中心に、會津土州の聯合のもとに、中川宮の威望に依て行はれた。即ち十八日未明、中川宮忽ちに參內され、前關白近衛父子ついで參內、さきに決定した親征の議を覆して、會津、薩摩の兵を以て禁裏を固めた、かくて長州藩の堺町御門警備を解き、寅の刻(午前四時)には、會、薩二藩兵の警備全くなつたので、豫て凝華洞に備へ付けた大砲を一發放つて諸門を閉鎖した。この曉天の砲聲に驚いた三條實美たち尊攘派の堂上が、御所に驅けつけた時は、朝廷の形勢既に一變し、彼等は參入を阻まれた。こゝは八月十八日の政變のことをいふのであるが、風說に誤聞があつたも

へ退きけるよしきこえ(一)ければ、いと心安からず思居けるに、豈計らんや、御親征御延引の勅書(二)さへ出けるよし、告る者ありしかば、(三)餘りの事にあきれ果て、ものさへ云はれず。此上は、いかゞはせん。「冠履倒置(四)、正邪顚倒はめづらしからぬ世のならひなり。縦令《タトヒ》亂暴の名は蒙るとも、精義の一擧、斯くて止むべき」など、人々切齒瞋目(五)して、言ひ罵るほどこそあれ、「南山亂暴の士早々征罰すべき」よしの、勅令を蒙りけるよしにて、藤堂、彦根、郡山、高取、紀州等、正邪の分辨をも得知らぬえせ侍(六)ども、旗、幟、馬、物具(七)ども、きら〳〵しう取粧《ヨソ》うて、

のと思はれる。

(十九) この一句は、十四日夜大内にゆくりなき騷ぎありてといふところの註である。丑の刻は午前二時。有栖川若宮は熾仁親王。但し異賊云々は、八月十三日大宰帥熾仁親王が鎭西鎭撫使となられたことの誤傳と思はれる。異賊とは西洋人、丑の刻云々も宮内へ大砲を打入る云々といふのも、共に十八日の政變の砲聲の誤聞であらう。宮内に打入れたものではないが、その意圖を深く考へると恐懼すべき發砲である。

(一) 長州藩士は八月十八日夜直ちに七卿を奉じて長州に下る。十九日、熾仁親王の西國鎭撫使は罷免さる。

(二) 中川宮は十八日未明、叡旨を傳宣するとて、行幸の御延期を申渡さる。この事は勿論長州兵退下よりさきだが、大和の天忠組へは、政變の風聞は比較的早く傳つたから、事の順序も混亂したのであらう。

(三) 當時平野國臣が三條公、眞木和泉たち京都の尊攘派の意向を體して、天忠組、慰撫に下降してゐたが、この十九日五條の宿所にて政變を知つて驚いた。天忠組に政變の報を傳へた京都からの使者は、淡路の有志古東領左衛門で、

討手使《ウツテツカヒ》など(八)言喚《イヒヨバ》はりつゝ、五條、下市、下《シモ》淵《ブチ》、富貴辻、鳩が首峠など云ふ、山々谷々より責來《セメ》。「そもそも己が主人の首をとられて、(九)其報をだに得せぬ彦根侍など、何の面目ありて、遙々此南地(十)までは競來るらん、見よ見よ、今に撫斬に屠棄《ホフリステ》てむ」など、若き正義の人々は、いきまき〳〵言罵るも、かつはをかし。此程、藤堂新七郎(十一)が、五條の陣より書狀到來。其旨趣、

「今度其御許御周旋(十二)の正義(十三)なることは、勿論に候へども、抑軍裝拔劍等にて、四方橫行被レ致候段、於二其形(十四)一亂暴と相見え申候」など言來れり。依レ之、即刻返書を認めて送

十九日晝五條に到着してゐる。こゝの文章の續きは、心讀して、當時義士の歎息を味ふべきである。

(四) 冠と履《クツ》をあべこべにつけること。道理に違ふこと。

(五) 齒をくひしばり、眼をみはつていかる。

(六) 似而非侍、士魂なき武士

(七) 甲冑

(八) 追討軍

(九) 萬延元年三月三日櫻田門外に井伊直弼水戸藩士に討たれたことを云ふ。

(十) 吉野

(十一) 藤堂藩出兵の主將

(十二) 行爲行動のこと。

(十三) 天忠組の行動精神の勤皇なることをうべなつたものである。

(十四) 精神はよいが、行爲が法を亂してゐる點よろしくないと云うてきたものである。

る。其趣意、(一)「抑形《カタチ》義と情實《コヽロ》とは、何れか尊き、何れか卑き。我が正義徒、(二)よしや形は暴なるにもせよ、其情實においては、尤尊王攘夷の正義なり。汝等は浪士鎮撫の敕令を唱へ居れば、其形に於ては正なれども、其内實は聖明正白、(三)天聽を壅閉し奉り(四)(學習院ヲ毀ツコレソノ明證ナリ(五))私に敕令を僞り造りて、(六)正義の士を苅盡さんとする姦賊等の命に從つて、奔走馳驅する心中の亂暴(七)天下誰人か惡まざらんや。故に汝は、形は正にして、心は賊也。吾は形は暴なれども、心は正義也。此差別(八)を、とくと會得《コヽロエ》て、急ぎ我旗下に降參し、正義の

(一) 以下、光平の新七郎の議論に對する反駁である。
(二) 天忠組をさす
(三) 明白だ
(四) 陛下の御耳を塞ぎとざし奉る。下意上達の道をさへぎることである。
(五) 「天聽を壅閉し奉り」と云つたことを證するためにあげた一例。但し破壞事實は未詳。當時學習院には、眞木和泉、平野國臣、久坂義助、桂小五郎等、尊攘派の志士が出仕し、親征行幸鹵簿調査を拜命した。
(六) 八月十八日の政變に對する、勤皇派の信念見解を示してゐる。御一新史から考へるなら、この信念に與し、この見解を傳へる志によつて、御一新史は成立貫徹したのである。これは歷史に對する我々の考へ方見方として、深く心を注いで沈思すべきところである。かゝる見解は皇神に通ずる至誠心によつてのみなしうる絶對思想であつて、この神ながらの自覺がなければ勤皇はないのである。あれもよし、これもよし、會津も理あり、天忠組は更にその心よしといふのでは、今日から過去のことを云ひくるめ得ても、天忠組の志と精神をうけついで御一新を翼贊完遂した志は、さういふあれもよしこれもよ

士に従ひて、天朝に周旋し奉るべき」よし、言遣りければ、いかゞ思ひけん、其後は書翰も來ず。

彦賊、九月九日、河上郷なる丹生明神社(九)へ放火す。藤賊、和田、大日川邊出張の時、敵なき民家(十)へ大砲を打入る。紀賊、五條へ亂入の時、西口より大砲を打入、制札(十一)を打《ウチ》割《ワリ》、御印の提灯(十二)を鎗にて突やぶる。此等の行跡、形も心も亂暴也。藤賊もし正義の徒の形の暴を咎むとならば、己が形の亂暴をなにとかいはむ。將《ハタ》彦賊等を何故に罰せざる。

九月十日夜、下市なる彦賊を焼打にす。勇

しの曲學阿世の歴史観からは生れぬのである。

(七) 形は敕命をうけたと唱へてゐるが、内實はかくの如く、亂をなすものであるのは、心中の亂暴と云ふべきである。

(八) 天忠組の浪士が維新の先驅となつた苦衷の義心を云うてゐる。「形は正にして心賊也」といふことは、幕府的なものを擁護する者の論理の性格である。

(九) 官幣大社、丹生川上神社

(十) 非戰鬪員の民家

(十一) 天忠組の立てた制札で、わが國體の大義を教へ、御親政の精神をさとしたものであつて、一貫した御一新の大精神を表現した點で、記錄的な文獻である。

(十二) 朝廷の御紋章をつけた提灯、このあたりは、藤堂新七郎の言分をめざして書かれてゐる。

士十二人、河上の丹生明神神職橋本若狹(一)（沈實驍勇能ク使フ二兵衆ヲ一以 可レ爲二一方主將一矣）等を案内にて初夜過るころより、谷底の間道を經て、下市の橋の上に顯はれ出てて、郡山の(二)下淵の(三)陣中へ砲發數聲して、下市へ應援の道を斷し也。即ち下市民家に放火すること四十五ケ所、彥賊周章狼狽、烟の下より迷ひ出るを、芋刺にせらるる者數を知らずと云ふ。(四)夜もすがら、銀峰山の御陣より火村《ホムラ》(五)をながめつつ

吉野山峰の梢やいかならむ紅葉になりぬ谷の家村(六)

具足櫃十荷、各姓名名札附、中に陣羽織、平服、指物、(七)前立物(八)等、且大阪御陣所用、

(一) 大和の人、贈正五位、慶應元年獄中斬。年四十四、光平の推賞した人物の一人である。
(二) 郡山藩、柳澤勢
(三) 下市の近隣
(四) 天忠組の焼打として有名である。
(五) 火焔の勢ひ
(六) 谷の家村の火勢さかんに見えるのを紅葉にみたて、、吉野山の紅葉を思うた。下市は吉野の山下の町である。
(七) 旗さしもの
(八) 兜のまへ立

關原御陣所用と書記《カキシル》したる包紙、また家の系譜等(九)、取添へて入れたるを、其儘持歸りて、小荷駄《コニダ》奉行《ブギヤウ》に附屬す(十)。右燒打に向ひし勇士十二人姓名。

土州(十一)　尾崎濤五郎(十二)、　嶋原(十三)　嶋村省吾(十四)、
土州　安岡嘉助、　久留米(十五)　杜下儀之助(十六)、
杜下幾馬(十七)、　嶋原(十八)　嶋浪間(十九)、　土州(二十)　中垣謙太郎(二十一)、　池田健太郎(二十二)、（江州甲賀の郷士）

此外、姓名忘れたり。皆壯年にて、齡不ㇾ出デ二廿歲之上ヲ一。

下市村廣瀬屋藤兵衞、先に天辻に使をおこせて、貳千兩獻金の事を言上せしを、忽變心して、彦賊に家宅を借し渡し、夫が爲に、

(九) 系圖
(十) 小荷駄奉行は兵站輜重掛のこと、奉行は水郡善之助、以上の物品を分捕品としてもちかへつたのである。
(十一) 肥前島原の誤り
(十二) 贈從五位、元治元年二月廿六日獄中斬。二十三歲。
(十三) 土佐の誤り
(十四) 贈正五位、元治元年二月十六日、獄中斬。年二十。
(十五) 土佐の誤り
(十六) 贈正五位、元治元年二月十六日、獄中斬。年三十四。
(十七) 儀之助の弟、贈正五位、鷲家口で戰死す、三十歲。
(十八) 土佐の誤り
(十九) 贈正五位、慶應元年二月二十二日作州にて屠腹す。年二十三歲。
(二十) 久留米の誤
(二十一) 贈從五位、元治元年二月十六日獄中斬。二十四歲。
(二十二) 江州甲賀谷の人、池田健次郎の名他書に見ゆ。二十三歲、獄中にて斬らるといふ以外不明。

馳走周旋せ(一)しよしなるを、其夜悉く焼失《ウ》せ、立籠る彦賊亦傷亡す。尤愉快と云べし。兵衆聲をそろへて「丹生明神の嚴罰たちどころに當れり」と云。

九月十三日、夕暮十津川郷長殿《ナガトノ》山を越ゆとて(二)

　鉾とりて夕越來れば秋山の紅葉の間

　　より月ぞきらめく(三)

予が持る長巻《ナガマキ》(四)、身三尺三寸、中心《ナカゴ》(五)三尺、無銘古刀靜三郎作(六)、切味尤美也。或人(七)の許より贈來。鍔は鐵にて卍字の形に造らせて、これも同志のもとより贈來。近來作らせて愛翫切也しを、軍中のならひ止むことを得

(一) 色々と世話用達をしたこと。
(二) 義軍十津川の奥に入つたのである。幕軍優勢となつたからである。
(三) 鉾《ホコ》といふのは、先生愛用の眉先刀《ナギナタ》だらう。これも名歌として知られてゐる。
(四) 長巻の太刀、なぎなた。先陣に用ひる。
(五) 柄に入つてゐる部分、中込を云ふ。
(六) 美濃國大垣住、志津三郎兼氏作
(七) ある人といふのは由緒ありげだが不明。
(八) 後に十津川脱走の時に、郷人に預けておいたことをこゝで云うてゐられるのである。先生はもと僧家だから、太刀に對して、別してめづらしく感じ、尊く思はれたのであらう。
(九) 十津川より北山郷に入る時の案内となつた十津川の人深瀬繁理（同志の一人にして殉難、贈正五位）の姉聟福田元之進のこと。
(十) 鐵石、三總裁の一人、既出。
(十一) 踏みわける
(十二) 古事記、日本書紀、古語拾遺、等を云ふ。神典といふ考へ方は古典に對する見解の最も嚴肅峻烈なものである。
(十三) 神典を解し、さらに卓見ありといふことが、重大なことである。卓見といふのは、神典をよんで、己の生命の原理を律する現實の考へ

ずて、(八)十津川郷何某(九)が家に預置きぬ。同じ
時、藤本津之助(十)がよめる歌

　雲を踏み巖さぐくむ(十一)武士の鎧の袖に
　紅葉かつ散る

此仁、能《ク》辨二解《ス》神典一《ヲ》(十二)、而有《リ》二卓見一(十三)、傍能《クス》二文
人畫一《ヲ》、(十四)尤《モ》有二奇趣一、備前岡山之脱士(十五)、號《ス》二
鐵石一《ト》、又號《ス》二都門賣菜翁一(十六)、妙《アリ》二詩賦(十七)及草書一《ニ》、
年齢四十八。

此日、坂本より辻堂へ物する道のほど、い
と嶮しき山路也。そこにてしばし打詠《ナガ》め(十八)

　家邑《イヘムラ》を千尋《チヒロ》の谷の底に見て椙《スギ》の梢を
　行く山路かな(十九)

九月十四日、上之地の本陣にて

方を立てることをいふのである。單に面白く獨自に解釋したなどといふ近代的な意味ではない。

(十四) 鐵石の畫業は巧みである、時々上野の博物館などにも陳列せられてゐる。往時維新志士は、風雅と文藝に長じた人が多かつた。鐵石の畫業も、專門繪畫人に列する技巧をもち、さらに光平の云ふ如く、奇趣があつた。

(十五) 脱藩者

(十六) 賣菜翁から、賣茶翁と號した近世高名の隱士高遊外が聯想せらる。

(十七) 漢詩

(十八) しばし立止つて、景色に眼をとどめた。坂本辻堂は共に大塔村である。

(十九) 踏雲錄に出る歌はみなさうだが、この歌もよい歌であつて、まことに吉野山中の道を巧みに歌はれてゐる。

夕づく日麓の松にかたぶきぬこゝや
　雲より上の地のさと

過し九日、南山銀峰山にて、佳節(一)に逢ひて、つらつら寄手の家祿を數へ見るに、紀州、藤堂、彦根、郡山、芝村(二)、柳本(三)、小泉(四)、狹山、植村、岸和田等(五)、總て十有餘家にて、石數凡百五十萬餘(六)。僅か百騎に足らぬ正義の浪士、右等の姦賊を當の敵にて、悠然南山に高臥して、菊花香裡に漫吟する。大丈夫の一大快事、何事かこれに如かん(七)。去年(八)、三條轉法輪殿(九)東行の御時、持せられし天書(十)に、朕親征レ之の四字、始て見ゆ。其後、萩侯(十一)の建白にも毎事、御親征有らせら

(一) 九月九日の佳節
(二) 織田氏大和芝村
(三) 織田氏大和柳本
(四) 片桐氏大和小泉
(五) 岡部氏
(六) 兵數三萬二千、月餘に亙つて、漸く義軍を終焉せしめ得たのである。
(七) 一讀大丈夫の心懷を養ふに足る。
(八) 文久二年
(九) 實美。文久二年九月十八日、薩長土三藩の建議により、敕使東下し、幕府に攘夷決行に關する方策を上申せしめんとす。これは尊攘志士の努力の結果である。かくて攘夷實行と親兵設置問題をもつて、三條公及び姉小路公知、正副使として下降する、この機會に從來の敕使奉迎の諸式を一變し、朝威大いに振興された。敕使出發は十月十二日であつた。
(十) 敕書
(十一) 長州藩主毛利慶親
(十二) 論じ上る
(十三) 決心
(十四) 萬葉集巻四に「わが背子はものな思ひそことしあらば火にも水にも吾なけなくに」明治天皇御製に「事しあらば火にも水にもいりな

れでは、皇輝海外に發揚仕らぬよし、丁寧親切に論成せり。(十二)六郎が決議、(十三)唯餘事を言はず、唯御親征を、正皓《メアテ》と定めて、火にも水にも入りぬべき決心(十四)なりしが、其頃、壯士言志(十五)と云ふ題にて、

負征箭《オフソヤ》のそや《(助字)ソレヤ〳〵ト云フココロ》としいはゞ荒野らの露(十六)
と砕けんことをのみこそ(十七)

酒井傳次郎(十八)は、久留米藩にて、年齢二十七也。沈實壯雄、議論確乎、常ニ不レ讓ラ二於他一ニ。高取城朝駈(十九)の日、烏帽子形の兜を着たりしを、敵の百目筒(二十)に打貫れしかど、尻居《シリヰ》に倒れたる(二十一)のみにて、事なく還りしが、衆見て膽を冷さぬもの無かりき。されど酒井は、

むと思ふがやがてやまとだましひ」。この御製には畏くも述懐との御題がついてゐる。歴史のあとを御述懐遊ばされ、孤忠の臣たちの志を憐み給うた御製と拝察し奉る。

(十五)「ますらをの志を述べる」との意味である。

(十六) この傍ら書きは、後人の誌したものか、先生の註記か不明であるが、他所にもかういふ箇所がある。

(十七) 歌意を云ふと、負征箭は戰陣に使ふ矢のこと、「そや」といふ語を云ふ枕詞のやうに用ひてゐられる、そやといふのは、それ御親征だと云ふ時には、といふこゝろ、大君の御前に討死して、荒野の露とくだけることをのみ祈つてゐるとの意味である。

(十八) 贈従五位、元治元年二月十六日京都獄中にて斬らる。

(十九) あさがけ、早朝敵陣に驅け向ふこと。八月廿六日天忠組は早曉高取城を攻めて克たず。

(二十) 百匁の彈丸をこめる砲

(二十一) 尻餅をついて倒れる

特に煩ふこともなくて、なほ所々の討手などに向居しを「二日ばかりは項《ウナジ》瘮《シビ》れて(一)、物音も覚えざりし」と後に語りき。小男にて中肉の人なり。

安積《アヅミ》五郎(二)、本生(三)江戸の人なりといへど、其姓氏實は詳ならず。行年三十七才。龍眼虎鬚(四)、容貌如《シ》二天王《ノ》一。沈實無語(五)、能《ク》愛《シ》二兵衆《ヲ》一能《ク》使《フ》二兵衆《ヲ》一。丈《タケ》たかく肉厚し(六)。

澁谷伊豫作(七)、河内石川氏之藩士而江戸常番之者也。享年廿二。圓眼隆鼻、長《タケ》高く肉厚し。膂力超《ユ》レ衆、肩顒《ケンギヨウ》骨(八)過《グ》レ耳《ニ》。所《ノ》レ帯大刀、刃の渡り三尺三寸、重さ一貫八百目と云。

平生接《スルヤ》レ衆《ニ》也、語呂喃々、如《シ》二童蒙《ノ》(九)一。然

(一) 首筋がしびれる。さもあらうと思へる、まことに大勇の豪の者だつた面目が躍如として、これだけの物語で、酒井氏の丈夫ぶりは察して餘りあるものがある。
(二) 贈従四位、元治元年二月殉難。既出。
(三) 出生地
(四) 面貌の豪猛なる形容
(五) おちついてゐて、口数が少ない
(六) 肥えてゐた。
(七) 贈従四位、元治元年二月十六日京都にて獄中に斬らる、常陸下館藩士、下館石川氏は元は河内石川氏の支族と云ふ。
(八) 兩肩の骨のことであらう。兩肩が張つて耳にとどいてゐたのである。豪傑の相である。
(九) さういふ豪の者だが、ことばは和かで、子供のやうにやさしい聲をしてゐた。

而臨《ムヤ》レ事《ニ》也、應對確乎、聊不《ズ》レ失《セ》二正義《ヲ》一。嘗《テ》(十)使《セシトキ》二五條《ノ》藤堂陣一、賊欺《イテ》而縛《ス》レ之《ヲ》云々(十一)。今《ニ》不レ知《ラ》二其《ノ》死生《ヲ》一、可レ惜(十二)矣。

宍戸彌四郎正明(十三)、三河國碧海郡苅屋の藩士也。性沈默寛温、能《ク》敬《ス》レ人《ヲ》。尤《モ》軍事に委し。されど(十四)太鼓は委しきに過ぎて、杜下儀之助(十五)に不《ル》レ及《バ》歟。（久留米藩(十六)、行年三十三、温和精實、能交レ人。）杜下の太鼓は、よく歩卒を進めて、氣力不レ衰《ヘ》。宍戸の太鼓は、歩卒疲弊すること多し。呼吸の長短、寛急によること成べし。古《ニ》曰《ク》、死生在《リト》二朴端《ニ》一矣(十七)、愼しむべし〳〵。

小川佐吉良久(十八)は、久留米藩なり。柔和丁寧《ニシテ》、而存《ス》二大義《ヲ》一、去《ル》六月或夜、脱藩の時、一世

(十) 確乎と應對して、正義を失ふことがなかつた、外交に長じてゐたのである。
(十一) 藤堂藩では天忠組使者を好遇して酒食を供し、澁谷が心を許して休息假睡した時に、此を縛した、九月五日のことであつた。光平のこの文章で見れば天忠組の使命を帶びて使したことが證せられるが、自分一人の考へで赴いたとも云ひ、まだ明らかでない。
(十二) 後に光平と同時に、元治元年二月十六日六角の獄で斬られたのである。
(十三) 贈從四位、九月二十四日鷲家口にて奮戰討死す、驍名最も高し、松本奎堂と同藩。
(十四) 宍戸の太鼓は山鹿流を學んだ。
(十五) 贈正五位、土佐の人、元治元年二月十六日獄中斬、年三十四
(十六) 久留米は土佐の誤
(十七) 死生は僅の差で決するとの意味であらう。
(十八) 贈正五位、小川佐吉、師久、眞木和泉の門下。大和義擧ののち長州に逃れ、ついで元治元年天王山に幕軍と戰ひ敗走す、慶應二年六月、京師に入り幕軍と戰ひ、明治元年伏見の戰に負傷し、つひに起たず、享年三十七。

の別れなればとて、三歳になれる男兒の、何心なげに、母の乳房を含て眠れるを、やをら抱上て、愛《メデ》見《ミ》しを、今はとなりて放せども放れず。此ものありては、大事ぞと思ひて、妻なる者の膝の上へ、投付て立去りしよし、潛(一)に己にかたりぬ。義氣の堅實なること可シレ仰グ。

吉村虎太郎、土佐の郷士なり。(二)寛仁大度、能ク愛シレ人ヲ、能ク敬スレ人ヲ。行年廿有五。高取城朝駈退陣の夜、只一騎、小川佐吉、中垣謙太郎(三)の二人を率て(別に十津川人廿人引具す)城内三ノ門まで打入りて一戰、自ら槍を捻《ヒネツ》て、城将秋山何某の馬上にあるを突落し、槍を拔取

(一)「ひそかに己に語りぬ」といふところを心してよむべきである、けだしそれは同時に先生の心中を云ふものであり、當時の志士のすべてのもつた愛情の慟哭である。

(二)土佐國高岡郡の庄屋であつた、贈正四位、九月廿七日鷲家口に討死す、文武に秀で、長州の高杉晋作と竝び稱さる、維新人傑中の一流である。

(三)贈從五位、久留米の人、元治元年二月十六日獄中斬。年廿四。

らんとするに、ぬけざりしかば、強て引しらふ（四）程に、迅雷一聲、炮丸胸脇より背後へ射貫けたり。非常の痛手なりしかど、其後治療を加へて、今は快治せり。（五）（玉二つ、鏁衣の砕《クダケ》（六）疵口《キズグチ》より後に出づ）一昨年軍學修業の由、上の殿（七）へ願出て、出《ツ》レ家《ヲ》。母なる人、大に慷慨の志有り、虎太郎を潜に誡て云「丈夫何の別意ありて、郷土を去てざる、事もし遅くせば、須く母の劍下に死ぬべし」と云々。奇代の女丈夫と云べし。（八）平岡鳩平（九）、勇壯辨才、能く人を面折す。（十）但し劇烈にすぎて、人和を得ざる失なきにあらず。妻は今年廿二才計歟《バカリカ》。郡山藩士豐田

（四） 互に引合ふ。

（五） 快治せりとあるが、この傷のため大いに病み、一度癒えた傷口が又破れたため、下半身はいつも血で染つてゐて、籠で指揮したといふ、この彈丸は味方の流彈であつた由、夜闇のために味方の彈をうけた。

（六） 鏁帷子《クサリカタビラ》の破片。

（七） 藩主のことか、但しその仔細については、不明。

（八） その母の作として「四方に名を掲げつ、かへれ歸らずば後れざりしと母に知らせよ」の一首が傳へられてゐる。子の志を勵したものだが、まことに奇代の母であつた。さうして吉村氏はまた、この母の祈念を行つたのである。

（九） 平岡武夫、脱出後長州軍に加り、御一新後北畠治房と名のり、男爵を賜る。大正十年薨、從二位。

（十） 面と向つて人を叱咤することが出來るやうな人物だつた。

右仲の末女也。容貌美麗、尤有《リ》二節操一。一別後、平岡にはかりて、(一)手札を使に與へて、情實《コヽロ》を慰めやりけるが、其返事に「夫婿《ヲット》正義なれば、妻も正義なり、御案じ下されまじく候。何分主人鳩平、若年に候間、精々御教誡下され、最後の不覺を取り不《ル》レ申《サ》樣、御教誡御頼申上候」云々といへり。其心中可レ憐々々。(二)

九月十日夜ふけて、銀峰山の御陣を御退ありて、大日川《オビガハ》の御陣へ御還あり。道の程に、夜中《ヨナカ》峠と云ふ烈しき峠ありて、そこに同じ名の里もあり。(三)そこにて篝《カガリ》など燒きて、やしなひ(四)などする折柄、或丁等《ヨボロラ》(五)打なみだぐみ

(一) 平岡の妻に與へる手紙だから、平岡にはかりてと辨じてある。一別といふのは、義擧參加直前に會はれたことがさきにのべてある。
(二) けなげさに感嘆したことをいふ。
(三) 同じ名の里、夜中里である。
(四) 食事
(五) 丁といふのは朝廷の雜役人を呼ぶ名である。こゝは天忠組の人足のこと。
(六) 夜中の里で我々の燒くこの篝火の火をかゝげて古の宮の御志をみようとする人はなほ世に少いといふ嘆きの歌である。當時義士の悲痛の心境を詠じた佳作である。大塔の宮は元弘の時、十津川に入られて、中興の大業のために粉骨碎身せられ、爾來吉野地方は、南方宮方の最後までの根據地となつた。光平はこゝで萬感にあふれて、元弘のころを回想せられたが、國史國學に明るく、國の思想に詳しかつた先生は、さらに進んで、「殘櫻記」に描かれたものを、ひしひし感じられた。踏雲錄の思想を見れば、まづ賀名生で殘櫻記の時代の回想が始り、それより楠二郎、自天王、忠義王の史蹟と一貫し、最後においては、つひに鏡宮を回想した。この回想を一貫する國史を、明白な道の學として、自身の生命を奉じて明かにしたところに、先生の

て、大塔宮の古事など物語るをきゝて
當昔《ソノカミ》をかゝげて見べき人もなし夜中
の里の夜半の灯火《トモシビ》（六）
松杉の茂みをもるる影寒し夜中の里
の秋の灯火
或夜、永谷（七）の里を夜ふかくすぐとて
山鳥（八）の尾の上の月もしるべせよ秋の
長夜の長谷《ナガタニ》の里
十三日、長殿山《ナガトノヤマ》を越るとき。山紅葉（九）
長殿の木々の紅葉を今日見れば君が
御旗を荘《カザ》るなりけり（十）
秋の夜の長殿わたり來て見れば苔の
簾（十一）に霜ぞかゝれる

思想上の大切なものがある。
（七）十津川街道沿の小村
（八）山鳥の、尾の枕詞
（九）山の紅葉を見てといふ意。山紅葉は歌題にある。
（十）紅葉がうるはしく、これが御旗を荘嚴してゐる。天忠組の奉じた御旗が、紅葉の谷をゆく美しさを歌つたものである。よい歌である。
（十一）苔の生えたさまを簾に見立てる。

八月末(一)つかた風屋《カゼヤ》の里にやどりけるとき

吹かはる風屋の里の笹枕さら〳〵(二)秋
の夢もむすばず

同頃十津川郷の奥なる、武藏と云所を、本陣と定め賜ひける頃、思ふ旨(三)ありて

東《アヅマ》にはあらぬ武藏の里續きこゝもう
けらの花や咲らむ(四)

此里に楠正勝主《ウシ》の奥城《オクツキ》あり。(五)佐久間盛政が位牌も寺にあり。(六)めづらかにこそおぼえしか。

同郷高津《タカウツ》の里にやどりて

昔たれ炭やく烟たてそめてこゝの高
津はにぎはひにけむ(七)

(一) 月日を遡つて、舊作の歌數首を思ひ出すまゝに誌されてゐる。

(二) 少しの間もまどろまれないといふ意味、笹の音をひゞかせた懸言葉。

(三) 思ふ旨は、先生の思ひである。

(四) こゝは東國ではないが、武藏といふ名の里だから、名のゆかりにつながつて、こゝにもうけらの花が咲くのでないだらうか。うけらの花は歌の方では萬葉集の東歌以來武藏野を代表する草花といふことになつてゐる。この歌何か意味ありげである。

(五) 正勝は正儀の子。正成公の孫に當る。南北合一の後も十津川にあつて、南山の御遺裔を奉じ、その恢復を計つた。その孤忠の悲志を憐み給ひ、大正四年正四位を贈らる。天忠組は一時この里を終焉の地としようと考へたことがあつた由である。

(六) この盛政の事實は不明、なほ附記していへば、十津川鄕は、大政奉還にさきがけて皇室直轄地となつた。嘉永六年米艦が來寇した時、攘夷の時は一死報國の決意あることを幕府に願出たが、幕府は敕許を待たないで假條約を結んだので、十津川鄕の願ひ出はそのまゝとなつた。ついで文久三年四月朝廷に願ひ出て、親兵とし

同郷中原の里にやどりて

　やつれつる鎧の袖もつくろはむ菊と
　紅葉の中原の里(八)

過《スギ》し大氷川(九)の戰に、危き矢玉を遁れけるもの、御方に多かりければ、大氷川の神威(十)いまもおもひ出されて

　御惠のおほき氷川の神垣はうつや霰
　の玉もさやらず(十一)

十四日(十二)夜、風屋の御本陣に在りけるに、ふけわたりて後、去し八月十三日、都より御供仕來し十四人の者のみ(十三)、御前近く參上るべきよし、仰言ありて、さて密に云々《シカジカ》の事有(十四)りけるよしきゝて、外様(十五)の人々臂を張り、

て奉仕し、三條實美卿の支配をうけた。かういふ十津川郷であるから、古くから國學皇漢學を信仰し、早く佛教を輕んじてゐたが、御一新の初め排佛の命が出ると、率先して一村の佛寺を全部なくしてしまつた。しかしこの事件と後の明治廿二年の洪水とで、古來の記録の過半を失つた。

(七) 高津から難波高津宮を思ひ出し、仁德天皇の御治世故事を思ひ出したのである。「たかきやにのぼりてみれば烟立つ民のかまどはにぎはひにけり」

(八) 轉戰の中に傷んだ鎧の袖を、菊と紅葉の咲きさかる美しい中原里へきてつくろはうといふのである。この美しい土地で、みすぼらしさを感じたといふ意がある。さすがに菊を折りかざしたやうな丈夫の風雅をうつした作である。

(九) 大日川は賀名生村にある。

(十) 大日川の丹生神社の神威。

(十一) 大日川の神威によつて、霰とうちだす賊軍の矢彈丸《ダマ》も御方を傷けなかつたとの意

(十二) 再び九月十四日の記事となる。

(十三) 中山卿に從つて京都を出た側近である。その人々の中の十四人を集めて、悲境の對策を密議したことが、天忠組解散の第一歩だつたのである。

眼を瞋らして、「正義精忠に於ては、軒行く水の山水の、(一)さら〳〵他には譲らぬものを、峰ゆく浮雲の、(二)など餘所氣には人の見るらむ」など内々忿面《フツクミ》いふ人も多かり。己《オノレ》も其數にはあらねど(三)

おほかたはうはの空にや思ふらし(四)おくれし雁のこゝろつくしを

年頃住馴れし國を去り、(五)家を出、妻を棄、身を捨《ステ》、血を分けし生《ウミ》の子等をも見棄たるうへに、剩《アマツサヘ》多くの人の希《ネガ》ふ名をさへ棄《ステ》て、限なき山の八尾《ヤツオ》(六)、果なき谷の八十隈不《ヤソクマオチズ》レ脱(七)、石《イハ》根《ネ》木《キ》根《ネ》立《タチ》踏みさくみて、身の勞きをも厭はずば、多かる人々の中に、いづれを勝れ

(十四) 何事かの相談があつた。

(十五) 中山卿の京都出發以後に天忠組に加つた人々のことを云ふ。

(一) さら〳〵を云ふための序詞である。

(二) 同じく、餘所氣には云々の序詞、こゝはかなり深刻な激したことを云はれてゐるわけだが、ことに序詞などを用ひて、ことをおぼろげにあらはさうとした點は、心持の深さの考へられるところである。

(三) 自分などは、人數の中でとかくいふほどの者ではないが、しかしやはり殘念に思はれたのである。

(四) 深く考へてくれないのだらう。この歌、凡手の及ばぬ作である。

(五) これから後の文章は、先生の述懐だが、かりそめにも不平とは思へないし、又その文章の表面によつて先生の性格を斷定するのもよくない。異常な時の文章だからである。全文をよめばわかる如く先生の文章は、いつはりない自然の情をそのまゝに示して、人の情をいつはつてゐるところがない。さういふ自然が、先生を義擧に赴かせたのである。讀者を考へて云ふ人なら、初めより事に加らぬのでないかとも考へ

りとし、いづれを劣れりとせむ。子もたず、妻だにもたぬ若人達は、只姦賊を惡む心競《キホ》ひに、深くも思ひたどらで、(八)此黨には與《クミ》もしつらむ。齡五十に餘れる翁《オキナ》の、(九)幾百人とある弟子を見棄、貴き主(十)を離奉りて、子(十一)を棄、兄弟をすて、身をすて、命をすてたる心の中、よもうきたるすさび(十二)には有らざめるを、年若き人々などはいかに思ふらむ。

十五日朝とく人々を召して、君公の自ら曰く「京より伴ひ來し十四人はおきていはず、其後山田の寛の、(十三)つぎ〱に問來りし大丈夫ども、われに伴なはんと思はん者は伴へ、去んと思はん者は去れ。道あらば、長州九

られる。一つの愚痴として人の誤解を受け易いところだが、自分はさらに重大なことをさとつたのである。

(六) 限りなく續く山々の多くの峯

(七) 果無く續く多くの谷々

(八) 世情のことをあれこれと考へないで、たゞ熱情の赴くまゝに一擧に加つたことであらう、との意味。世俗のことなど考へなくてもすんだといふ意味である。現に先生の考へてゐるほどに思想上の問題を悲痛に考へてゐないかもしれぬのである。卽ち先生の考へたことは、師の信友さへ、その殘櫻記の中で不十分に殘したものを、道の學の上で、生命を投じて明らかに決定したのである。これは悲痛なことだし、又一層畏怖すべきことで、國學者としての先生は、この畏怖の心を最も深く知り、先人未踏の形で道の學の思想上の決定をした。

(九) 先生自身のことを云はれてゐる。時に先生五十一歳だつた。

(十) 先生の仕へてゐた中宮寺の門跡尊澄女王のことである。伏見宮貞敬《ヨシ》親王女、有栖川宮韶《ツナ》仁親王の養女となつてゐられた。

(十一) 先生の子らのことは後に出づ。

(十二) もの好きでしてゐることではない、す

州へも、土州四國へも赴きてむ。(一) 道なくば、姦賊等を手元に引寄せて、心の限り打切り、さし殺して、さて劍に伏して死なん心ぞ、緣ありて長州にて再び相見んことも測《ハカリ》がたし。(二) 御酒一つくめや」とて、軍陣酒を忌むならひなりければ(三)「せめては此をだに」とて、軒端ゆく谷水を瓶子《ヘイシ》(四)に酌擧《クミア》げて、義士中總て三獻(五)を傾く。

(六)此夜十津川人前田某(七)(短身惣髮、辯才利口、傍業レ醫)の京より歸來けるが、陣中に參來て、潛に總裁の人に言上することあり。就レ夫卽刻風屋邑まで行きて、十津川鄕內の民俗(八)を、よきさまに言さとすべき由の仰を蒙りて、五條人乾

さびは、心の荒びてするしわざ。

(十三) 山田の筧は竹や木を何本もついて作るから、つぎ〳〵をいふための緣語の序詞とした。

(一) これでみれば、前夜は十津川脫走の相談だつたと見える。

(二) 前夜の會議に長州へ脫走することを議し、翌朝他の者に向つて解散を宣したものであらう。この會議が、一同の不平をかつたゝめ、翌朝この宣言あつたものか、會議の內容がその以前にもれてゐて、その內容に他の諸士が疑惑と不滿をもつたとも考へられる。なほこの十四、十五日頃の事情には疑問が多いが、大略をいふと、十四日天忠組殿軍天川辻を放棄し、本陣上野地、十五日本陣風屋に移り、この日十津川鄕離反せんとす。追討軍は既に十津川に迫つてゐる。この夜、中山卿側近で會議す。十六日朝一黨訣別の水盃をし、十津川退去を決し紀州路に出んとす。野崎主計こゝで一黨と分離す。十津川鄕民、中川宮令旨を奉じ、義軍と離反す。野崎もこの鄕民の意向に從つたのである。

(三) 天忠組は軍令として陣中は禁酒してゐた。卽ち別離に谷の水を汲んで三獻を傾けた。悲壯の極である。

十郎(九)、十津川人野崎主計(十)と同道して、子過る頃より、風屋へと急ぐ。明方風屋につきて、かの前田何某に遇ひて、事の趣問試みたりしに、いと思はずなることどもなり。其旨趣「中川王(十一)の令旨を蒙りて、在十津川の正義の徒を、退陣せしめん。もし急に退《マカ》去《リサ》らずば、山民食塩の乏しき(十二)に得たへで、蜂起せんことも難計。よく〳〵御思惟ありて、御答承はらまほし」と云ふ。予云。「抑此許浪士の正義なることは海内滔々として人皆此を知れり、されど此度正義の士を拒で、退陣せしめば十津川人、果して正義なりや、邪義なりや。畢竟此を何とかいはむ。

(四) 徳利
(五) 三獻は最も正式の酒くみ方である。
(六) 此の夜といふのは十五日の夜である。しかし他の人の記事には、十四日夜在京郷士が中川宮の令旨を奉じて辛じて郷里に歸つた由にもなつてゐる。
(七) 前田雅樂のことかと思はる。雅樂は嘉永以來國事に奔走し中川宮の恩顧をうく。義擧當時在京即ち中川宮の令旨をうけて、丸田監物と共に十津川に潜入す。明治の中葉まで在世。
(八) 民衆
(九) 贈正五位、乾十郎は森田節齋の門下、すでに往年節齋と共に、十津川郷に入つて民兵を調練し尊攘の急にそなへんとす。天忠組十津川に入るについては野崎主計と共に郷民を説服した。元治元年六角の獄中にて斬らる。年三十七、大和の志士として、獨自な人才であつた。
(十) 十津川郷士中の中心人物、贈正五位。十津川郷が敕命令旨を奉じて天忠組の退郷を希望するや、慷慨と憂悶の情に耐へず、事の落着の後自刃した。年四十、高潔無雙の人物である。遺詠二首は、「大君に仕へぞまつるその日よりわが身ありとは思はざりけり」「うつ人もうたる丶人も心せよおなじ御國のみたみなりせば」

後年有識(一)の者、正史實録を物せんに、文久癸亥《キガイ》秋九月、正義浪士、奉《ジテ》二中山公《ヲ》一而入《ル》二十津川《ニ》一、郷民拒《ンデ》而不レ容《レ》焉、と書き記さむ。それ容れられざる者、正義ならば、容れざるものは邪義なるべし。天下公然として、禁廷守禦の公役(二)を蒙れる十津川人、今日此一事に付て、邪義不正の名を蒙らんこと、口惜き限ならずや。将《ハタ》禁廷へ對し奉るに不忠ならずや。よく〳〵思慮有べき由」申《ス》レ之《ヲ》。依《ツテ》レ之《ニ》十津川の魁首等(三)、低首沈思、暫く言も無りしが、又口脇を押ひろげて、賢氣《サカシゲ》に言けらく、「仰示さるゝ理解《リカイ》實(四)に心魂に徹し、一言の申分はなくさぶらへども、

(十一) 中川宮尊融親王、後の久邇宮朝彦親王。この八月廿七日、中川宮尊融親王元服名を朝彦と賜ふとあり。御還俗遊したのである。

(十二) 幕軍十津川の糧道を塞ぎ、高野口熊野口を抑へて食鹽の道を斷つたので、元來米穀をさへ産することのない十津川郷は既に困窮してゐた。

(一) 識者、有識の學人。

(二) 十津川郷士が上京して禁廷の警護に當り、御親兵として奉公してゐたことをいふ。三條實美の支配をうけてゐたから、八月政變の初めは出仕を禁じられたが、中川宮の思召によつて兩傳奏支配として舊來のやうに出仕したのである。この在京者が中川宮令旨を奉じ、敕旨を拝して、在郷鎮壓に下つたのであつた。

(三) 主だつた者といふ意味

(四) 道理

大方の愚俗蠢兒《シュンジ》(五)、其の理を説くとも、よも聞分けさもらはじ、只山中食塩の乏しきに得たへで（紀州新宮口止二通船一。和州五條亦止二運送一。）御退陣を希ふ者の多かるをいかゞはせん。且姦徒(六)の所爲にもあれ、中川王の令旨にて、正義徒を退くべき由、相違なければ、今其れにそむきて、浪士達を遵奉せば、此亦違勅の罪なるべし。宜く尊慮を伺され、早く御退陣有せらるべく、御周旋希《ネガヒ》奉る(七)」と云々。山民狡黠虚語(八)、可レ惡《シ》々《ム》々。さてこそいへ、食塩乏きを憂る婦女子の情態もあはれなれば、先々御退陣可レ然《キル》よし、上之地御陣迄言上す。

（五）愚昧の者らといふ意味

（六）幕府ないし佐幕派をいふ、例へこの度の指令が姦徒のしわざと云うても、すでに鄕中違勅の寸前にあり、それについて中川宮の令旨に諭されたところを、拜辭することも出來ないという意味を云うた。實に野崎主計はこの鄕土の違勅問題の責を一身にうけて切腹したのである。

（七）おきもいりを願ひますと懇願したのである。

（八）狡くて嘘をいふといふ意味。虚言といふ事實はないが、かういふ態度で言論の眞向をさけることを、虚語と評されたのである。しかしこゝは重大なことである。

十六日(一)、朝とく平岡武夫着、一書を上之《ウヘノ》地《チ》御陣へ奉りて、平岡等と同道、且十津川深瀬茂り(二)（此人沈默實義略有二膽策一(三)）を嚮導(四)にて、御退去(五)の間道探索仕るべき由告《ゲ》レ之《ヲ》、(六)即ち風屋《カゼヤ》村を立出づ。斯くて風屋村を北の方へ出でて、河にそひて十丁餘わけ入れば瀧川《タキガハ》村也。兩岸の佐巖奇石、如レ椽如レ屋、天畫神鏤、龍蟠虎踞(七)、實に天工神造と云ふべし。暮果てて、內原《ナイバラ》里(八)につきてやどる。十七日、內原を立出て、花瀨、堂の谷、嫁越峠などの天嶮地岨を經て、いはゆる前鬼村(九)に到る。實に人跡絶たる嶮路にて、一進一退の辛苦艱難、言語筆墨の及ぶ所にあらず。初夜(十)過る

(一) 一本この下に、朝とく平岡武夫着く、とあり。脱出のためきたのである。

(二) 深瀬繁理のこと。十津川鄉士中の有力者。嘉永の初め志を立て、諸國を遊歷し、安政の初め鄉中の有志と義擧の計をたてたといふ。五條擧兵の日在京中なりしが、同志と共に歸鄉これに加る。天忠組浪士の脱出の道案內となり、彼等を送り出して九月廿五日北山村より白河に潛伏中、密告されて、津藩兵に捕へられ、こゝにて斬らる。年卅七、その辭世に「あだし野の露と消えゆくますらをの都にのこす大和魂」この遺作は、その人となりの至誠を示すものである。明治天皇その志を憐み給ひ、明治三年祭粢料を下賜せられ、又二十四年十二月特旨を以て正五位を贈らる。繁理の斬られる前日、野崎自刃志節に殉じた。いづれも稀代の志士である。なほいへば十津川鄉士は二千以上、これが必ずしも緊急の一黨として情勢觀を一つにしたわけではない。

(三) 度胸と計畫《ハカリゴト》があつた。

(四) 道案內

(五) 中山卿らの退去の道をさぐるといふことを言上し、十六日に出發す。本朝平岡がきて、このことをすすめ同行を求めたのである。これより吉野脱出の旅が始る。風屋より上野地へは

ころ、前鬼村につきて、何某の家にやどる。（山伏前達の家(十一)六口のみなり）此所より一里ばかりの嶮路を經て、北方へおり立たる所、所謂北山郷(十二)にて、四里餘が程只谷川の岩石を傳ひ、崖根の砂礫を踏さくみて、流のまに〳〵下る。いひしらず危き陸路なり。

十七日、花瀬にて

同じくば春の花瀬に存へて御世の惠も汲ままましものを(十三)

とはいへど、世の法を拒みし身なれば、いかゞはせん。早く都に出て、兎も角もならばやなど思定めて、(十四)其由嚮導に來し者に言諭して、書を持たせて歸しやる。(十五)

再び行かなかつたのである。

（六） 手紙は乾十郎が中介した。乾は後に殘つた。

（七） 天が畫き神が彫られた。奇巖の形容、龍が蟠り虎が踞る如きさま。

（八） 十津川郷内。

（九） 吉野郡下北山村

（十） 夜八時過

（十一） 修験道行者の先達《センダチ》。前鬼村人は、往昔、役行者に仕へた者の子孫といはれてゐる。六口は六戸のこと。

（十二） 北山郷は古の南方宮方が、一統後も久しく根據とされた土地であり、十津川に隣する要害の地。

（十三） 歌意は、太平の御世に生れて、御世の惠みを存分に汲みたいとの述懐である。義軍陣中に於てさもあらうと思はれる述懐である。義士は亂世を幸として、身の榮達を計る人でなく、國の道のために倒れた人であつた。彼等の心境は、大君の光遍き大御世ならば春の花のもとで終日の歡をつくしたいと思ふ心から、身を棄てて戰つたのである。花の大御世を思ふことが、彼等の盡忠の志のそのまゝの現れだつたから、光平も花瀬村の地名をきいて、この述懐をひら

十八日、和田、河合などを經て、北山鄕白川里にやどる。

　水の音も都戀しくひびくなり北山中の白川の里（一）

十九日、内原の里にやどりける明方より、水瀉下痢（二）度々にて、氣力尤も疲弊す。此日微《ヤヽ》快復の兆あり。夕方俄に山脚（三）を催立ち、夜もすがら姨が峠と云ふ絶嶮を經て、明方、川上鄕のいやはてなる、入之波《シホノハ》（四）の里にたどり着きて、そこら見めぐらすに又さらに憂世遠き山里（五）にて、時しも河向ひの山々、うすくこくこがれいでて（六）、めづらかなる山里の錦なり。

かれたものである。あはれを思はせる歌である。

（十四） 道の有様を歸り報告することを止めて、脱走を決心したのであるが、當時の先生の狀態では、疲勞と病氣のため、報告不可能だつた。その狀態は次に誌されてゐる。

（十五） 深瀨繁理を歸して、道のさま、及び前途に關する情報を傳へた。

（一） 吉野山中の白川村にきて、都の白川を思ひ出されたのである。都を戀ふ情は、戀闕の情である。

（二） 水くだりの下痢、内原に宿つた翌朝だから、十七日朝卽ち脱走翌日から下痢に困らされた。

（三） 山をゆくこと、卽ち出發したこと、しかしこの時先生脚氣を患ひ、平岡等が駕籠で荷つて、姨峠を越えたといふ傳へもある。

（四） 入之波は川上街道の奥にある小邑。光平たち一行はこゝから伊勢へ出る道を求めたが、それは踏破不可能だと教へられた。

（五） 人里を遠く離れた山里

（六） 紅葉して

瀧津瀬の底もこがれて見ゆる哉秋の
　千入(七)の入の波の里

廿日、此里の例年の神事なりければ、平岡(八)等服を改めて神拝す。予祝詞を造りて書く。草稿は所の莊官(九)に與へぬ。かくて村民等、粟餅を搗きて、神奠《ミクマ》にまけて(十)、さて後に里の童部《ワラベ》などにほり與ふる例のことなりとぞ。土俗これを餅蒔《モチマキ》と云。

　邂逅《タマサカ》にあはのもちひの神祭りわれも
　ひとつは出でて拾はん(十一)

廿一日、河流に従ひて、河上郷を出づ(十二)。和田村を過ぐ。此邊珍《メヅ》らかなる岩山にて、牡丹の窟、水晶の窟、何の窟、呉の窟など、

(七)　いくども染め重ねることを、ちしほといふ。

(八)　平岡は既出の鳩平のこと。この時西田稲夫も先生に同行してゐた。

(九)　庄屋

(十)　神前におそなへしてから、御供《ゴク》蒔きをするのである。

(十一)　たまさかにはあふの縁語で、たまさかにあふといふのは、偶然に會ふといふこと。餅蒔に偶然あつたのだから、自分も出てゆき、一つ位は拾つてこようといふ意、なつかしいことを思ひ出された歌である。なほこの祭りは例祭でなく、天忠組に徴發された二人の村民の無事を祈る祭りだつたといはれてゐる。

(十二)　深瀬より使あつて、中山卿の本隊は途中道を北山にとらず、紀州田邊に出る方針らしいとの報あつたので、本隊の到着を一日だけ待ち、もし到着せずばそのまゝ出發することにしたといはれてゐる。

奇観(一)多かるよし、丁《ヨボロ》等(二)はいへど、足さへ悩(三)ましければとてやみぬ。斯くて同郷の薪《タキギ》村(四)にて、午飯《ヒルヤシナヒ》す。やどの翁に、往事を問へば、翁霜のやうなる眉かき垂り、海松《ミル》なす布肩衣《ヌノカタギヌ》(五)の袖かきあはせて、具に古の事どもを語る。かの大河内《オコチ》の御所に在《イマソ》かりし忠義(六)王の御具足を、神崩《カミガクリ》の後、廿四ケ村に持分て、社頭に祭て、年々二月五日、朝拝(七)と云こと仕へ奉る。此薪村は、御鎧の大袖を齋《イツ》きまつるといへり。朝拝の時、廿四村、御具足を持集て、如《ク》ㇾ形《ノ》粧立て(八)、村民涙ながら此を拝み、且山僧を喚び迎へて、讀經せしむと云々。

(一) 川上の鍾乳洞
(二) 人夫のことである。
(三) 下痢に加へて、脚氣さへ出てゐるから。
(四) 武木村
(五) 海松《ミル》のやうな布肩衣といふのは、往時このあたりの風俗に着してゐた肩衣から、古の布肩衣の名をあてられたものであらう。
(六) 吉野朝の皇胤。後龜山天皇の御子小倉宮の御子孫である。嘉吉元年禁闕の變の後小倉宮の御子尊秀王の二王子北山宮、河野宮は、北山を中心に南統の回復を計られたが、長祿元年に赤松の遺臣の手によつて弑せられ給ふ。北山村民は賊を追うてこれを討ちとつた。御兄弟の宮、御兄を自天親王、御弟を忠義親王とお呼した。廿三ケ村に分置したのは、自天親王の御鎧といはれてゐる。又その朝拝は、本書には二月五日とあるが、在郷の傳へでは十二月五日に祭事がある。二月五日は、御墓に、生きていますが如きさまで出仕し、十二月五日は御祭りをし、御具足、御位牌を拝す。郷中の奉仕者はみな系圖正しい遺臣といふ。この物語を老翁に聞くとしるされてゐるが、この祭事の記述は、信友の「殘櫻記」や公弼の「巡狩録」附録にあつて、兩書には廿三ケ村とある。

廿二日、明方、宇陀の縣(九)を過ぐとて

　阿波連世《アハレ》は宇陀の縣の葛つくりくづ

　　をれながらたちやはしらむ(十)

午前《ウマチカヅクコロ》泊瀬に出て、觀音(十一)には詣けれど、二世安樂(十二)を祈る心もなければ、唯繪馬様のものを見て、直に胡麻屋何某と云旅亭につきて、ひるやしなひす(十三)。

斯くて泊瀬を出でて、三輪に到るほど、黑崎村(十四)有り。此所は、雄略天皇の都せさせ給ひし長谷稚武《タケ》都(十五)の址なりと云ふ。家村さすがに立並びて、山里の様にもなきは、ほとほと皇都の名殘なればなるべし。里中に饅頭てふものをひさぐ屋あり。田舎びたる少

(七) 往古朝廷正月の御儀を朝賀といふ。ミカドヲガミの意、これを朝拜ともいうた。

(八) ありし日の御姿に粧ひまつる。山村の傳承の悲痛な土俗に感慨無量だつたと思はれる。

(九) 宇陀郡松山

(十) 宇陀の縣のくずつくりといふのは、崩《クヅ》をれながらをいふ序詞である。机上に考へた詠歌でないから、實感が迫つてくる。腹をいため脚は立たないが、それでも逃れる限り逃れたいといふ意味である。その志から云うても、自然の情から云うても逃れたいといふ心もちが當然なわけである。宇陀は葛の產地であるが、こゝで作る葛も吉野葛の名で市場へ出た。統制經濟以後は、もう本當のものは出なくなつたやうだが、古來より朝廷の御料にも獻じてきたものである。

(十一) 磯城郡初瀬町長谷寺の本尊は觀世音菩薩である。

(十二) 現世と來世

(十三) 晝食

(十四) 今は磯城郡朝倉村の內。

(十五) 古事記下卷に「大長谷若建命は長谷の朝倉の宮に坐して天の下治しき」とある。こゝは御名によつて稱へたものらしい。普通は泊瀬朝倉宮と呼ばれる。

女等、さすがに花を折りて、客人のこゝろを取る、さるかたにあはれなり。そこにて、且く休て、煙など吹く。(一)

三輪、高田屋と云ふ屋に入て、まだしけれども夕食す。それより森屋《モリヤ》、法基寺《ホツキジ》、八田《ハツタ》などの里を經て、初夜過るころ、庵治《アウヂ》、下《シモ》長《ナガ》など河堤を經て、(二)額田邊《ヌカタベ》の里に到り、額《カク》安寺《アンジ》(三)に入て、一宿をこひけれど、主《アルジ》の僧、いたく忌おそれて、きゝ入れねば、夕食のみたうべて、夜深《フ》けて立出づ。人情の憑みがたきこと、身の上にしられて、悲しさ限りなけれど、いかがはせむ。（此寺の僧、師弟二人已が教を受けし者也。）

(一) 先生は煙草を好まれた。このあたりの記述は大へん和かである。諸藩の兵が吉野宇陀に關所の配置を完了するまへに、うまく隙間を脱出されたのである。

(二) 三輪より磯城郡の中街道に出て、北上されたわけである。

(三) 額田郡にあり。古刹だが荒廢す。

(四) 安堵村、今村文吾邸。今村氏は中宮寺宮家の侍醫。儒家にして門下多し、先生の親友。勤皇の志に厚き慷慨家、贈正五位。獄中の文章なるによつて、事の今村に及ぶのを避けて事情を誌さなかつた。先生はこの時今村方に立ちより、門生中村諄藏を呼んで樣子を聞き、遺書に歌をつけて、遺子のことを託し、金二十匁を封じて去つた。その歌「父ならぬ父を父とも頼みつつありけるものをあはれ我子や」悲しい歌である。またその遺書は「金貳拾匁にたらねども尊大人へ御まかせ申上候信丸しう二人のなりゆく樣まかせ御與へ下されたく御願申上候、せめての事に今一日と存じ候へどもかひなし」とあり、八丘と署名し、宛名は松齋大人とある、次に父ならぬの歌があつて、その後に信丸殿としるし、左の文句がある「魂は高天原に在りて金石不レ碎又此世にうまれて再會せん」言々肺腑より出た文言

安堵村、此所(四)は夜晝となく、暇あるかぎりは、往かひて遊びし所なれば、そゞろに涙落てなつかしかりしかど、後の災ひいかゞあらんとて立寄らず。北表の高墻の外に、暫時立休らひて、さて云々(五)して、心ならねども、強ひて立去りて、此三年ばかり吾居し、駒塚の草庵へ歸來るほど(六)、妻なる者、吾兒二人も棄置きて(七)、既くあらぬ方へ走り行けるよし聞ければ、いと心ならずて、急ぎかへりみけるに、蔀《シトミ》(八)透垣《スイガキ》(九)なども、野分の後のやうに荒果てたるに、吹あるゝ松の嵐に、木々の落葉のおとなふのみにて、聞馴れし筧のおとだにせねば、いと悲しうて

である、この遺書は六角獄中より刑死の前日に今村氏に送つたものともいふ。しうは周、女子。

(五) 云々してとあるのは、何事かをしたことを、わざと曖昧にしるされたものである、遺書と共に身後の用意に持參してゐた金子を托したことをいふのであらう。

(六) この時門下西田稲夫及従者二人同行と云ふ。

(七) 妻といふのは安政四年に娶つた後妻である。先生從軍中に出奔した。このあたりより後は悲痛な文章で、類ないあはれを思はせる。

(八) 釣り上げるやうに出來た戸

(九) 竹や木を組むか編むかして作つた垣

稚《イトケナ》き兒等の、つれなき親ぞと、恨むらん心のほど思ひやられて、物もおぼえねど(一)

親ならぬ親をも親とおもひつゝ此と
しごろを子や頼みけむ(二)

斯くて、廿三日、廿四日、駒塚の木がくれに籠居てそこら見廻すに、吾子信丸等は(三)、いづちゆきけん。兎角ものせし事跡《アト》(四)どもを見るにも、つと胸塞りて、もとより棄し我が身なれば、命一つは露ばかりも惜しからねど、悲しき稚子の、行《ユク》へ何所ともしられぬこそ、今はの際にも心残るべきわざなりければ、今よりおもひやらるゝも(五)、且はいさみなき(六)老の心癖なりや。しかりとていか

(一) 悲しさにものもおぼえぬ。

(二) こゝの親ならぬ、の親も、さきのつれなき親の親も、先生自身のことである。

(三) 信丸、周の兄弟、信丸は二男で、周は女子、この時は共に中宮寺へひきとられてゐた。信丸は父をつぐ子と云はれたが、慶應三年、十七歳で病歿した。

(四) 色々のことをして遊んだあと

(五) 臨終の時にも心殘りになることだらうと、今から思ひやられるとの意

(六) 勇みのない、臆病なといふ意

(七) 水郡善之祐、河内勢の首領、後に紀藩に捕へられ、元治元年七月二十二日京都に斬らる、年三十九、贈正五位

(八) 甲田村

(九) つねに前線に於て大いに奮戰し、軍功もあつて元來はこゝを死場と考へた一隊であつたが、本隊の策戰行動が一定せぬことや、しば〱本隊との連絡が切れ、本隊からおき去りにされるやうな始末を嘆じて脱退したと云はれてゐる。これによつて一黨の意氣大いに沮喪した、しかし脱退の日は、九日は誤りで十二日以後である。

(十) 中山卿側近と見解が合はなかつたのである。

がはせむ。

水郡《ニゴリ》善之助(七)は、河内國富田林の在、向田《カウダ》(八)村の農夫なり。性沈默豪膽、年來慨世の志深くて、正義の浪士を養ひなどせしよしなるが、茲年八月、中山公の通らせ給ふとき、馬前に謁して、軍衆に加はり、五條に來居て、小荷駄奉行を勤居しが、天辻へ御移陣の後は、始終和田、大日川の砦にありて、ほゞ軍功もありけるとぞ。(九)さるをいかゞ思ひけん、(十)九月九日夜、保母建《ホモタケル》(十一)（土藩）石川肇(十二)（因州藩）辻幾之助(十三)（河内東山人）田中楠之助(十四)（河内法善寺村の農民）一子榮太郎(十五)　吉田重藏(十六)（久留米人、大力歟、豪勇不レ畏レ敵）等を語らひて、潛に銀峰山の御陣

（十一）實は肥前島原藩士、元治元年京都にて斬らる、二十三、贈從五位

（十二）石川一、足利木像梟首事件關係者、同じく京都にて斬らる、廿二、贈正五位

（十三）辻郁之祐。同じく獄中にて斬らる、廿七。農業。贈正五位

（十四）同じく獄中に斬らる、二十二、贈從五位

（十五）善之祐長子、英太郎、當時僅に十三。天忠組に加つて伍長に任ぜられた。後の石田男爵、當時の伊吹周吉なども伍長だつた。榮太郎は捕はれた時に年齡十五未滿の故を以て一人赦放され、後慶應三年北越に從軍し、維新後檢事に累進す。

（十六）筑前の農家出身、京都にて斬らる、齡卅四、贈從五位

を遁出て、十津川の奥さして出奔す。兼て總軍師安積五郎と睦まじかりしが、翌日使に書翰をもたせて、五郎を喚迎ふ。五郎應ぜず。笑曰「將將ならねば士士ならず、水郡恨むところある歟、惜むべし、歎くべし」といへり。

水郡榮太郎、容貌艶麗、言語爽清、行年僅に十三。意氣爽清、常《ニ》好《ンデ》捻《ル》㆓長槍《ヲ》㆒。父《ノ》首途之日、强て從㆑後《ニ》以《テ》請《フ》㆑見《ンコトヲ》㆓父之死期《ヲ》㆒、(一)語氣確實、心志不㆑變《ラ》、依《テ》而許《ス》㆑之。始終從《ツテ》㆑父《ニ》奔㆓走《シ》嶮岨《ヲ》㆒、起㆓臥《ス》軍中《ニ》㆒、無《シ》㆓困苦之色㆒。南山脱走の後、いかがなりけむ、實に憐むべし。(二)

(一) この日の父子決死の門出を思ふべし。英太郎少年の意氣は傳説の武談でなく、明治四十三年まで生きてゐた人物の目のさめるやうな美談である。光平も、一黨の花として特に激賞の辭を重ねた。

(二) 憐むべしといふのは、可憐の意、感動の辭である。

三浦何某、(三)河内石川郡の人、沈温貞實 能愛レ人、能敬レ人。行年五十一。

永野一郎、(四)勇壯清實、勤ム二醫事ヲ一。右の二人は、水郡の同志なりしかど、脱走の列にはいらで、風屋の陣中にて、なほ親く見たり。(五)過し二月廿八日 例の南部の神風館、(六)鍋屋町伊勢屋宇右衞門の別宅より、駒塚に歸りて、かの安堵村今村が家に行て、何呉と物語らひ居けるに、夕方、宮よりとて、使馳來(德松)。何事にかと馳歸りて、宮に參上りけるに、天朝より御沙汰書とて、上島掃部(七)(家司なり)とうでて(八)見せらる。其文

中宮寺宮內

(三) 三浦主馬、河内富田林の人、元は醫師、戰死。平野國臣の大和下降の時、嚮導してきたが、そのま丶、天忠組に加つて了つた。

(四) 長野一郎、元治元年、京都にて斬らる、贈正五位

(五) 九月十五日のことだらう

(六) 光平が奈良に開いてゐた塾

(七) 中宮寺宮に從つてきた家司《ケイシ》、家令。掃部は勤皇の志厚く見識高邁、天忠組義擧に當つても、軍資を調達し、又嘉永以來多くの志士を匿つた、贈正五位

(八) 取出して

伴林六郎

山陵荒廢之儀、年來恐懼憂傷、苦心探索之趣、達二天聽一叡感候。尚亦出精、勵勤可レ有、御沙汰之事。(一)

右御沙汰書、廿七日中宮寺御里坊(二)（寺町通石藥師御門前）留守居田中采女《ウネメ》を御召にて、日藏人口(三)にて、飛鳥井殿(四)より御手渡に相成、扨廿八日、別使にて此所の宮(五)へは來着きしなり。早く議奏(六)、傳奏(七)、山陵掛りの堂上方(八)などへ、御禮申上べき由にて、平岡武夫に誘はれて、三月朔日上京して、有栖川、飛鳥井、野宮(九)、柳原(十)、西三條(十一)、徳大寺(十二)など、同月二日參勤(十三)す。此御沙汰書、廣橋殿(十四)の御筆なり。難レ

(一) 御沙汰書の大意「六郎が、山陵荒廢のさまを、久しく恐懼し、又心に憂ひ悲しんで、苦心して探索してゐる由、此度天聽に達し、殊の外の叡感を賜つた、なほ一層出精してこのことに努めよとの御沙汰であつた。」先生の山陵調査の動機は、かつて江戸に於て伴信友の門にあり、郷里に歸るについて伴氏より依囑せられたものにて、著述して伴氏に送つた。先生の山陵調査は、殆ど生涯にかけて心掛られ、自ら實地を踏んで査し、紀州の加納諸平も、先生と共に踏査した。その著述は「河内國陵墓圖」（弘化二年）「大和國陵墓檢考」（安政年間作）「巡陵記事」（安政四年）「野山の歎」（文久二年）その他數種あり、このことが中宮寺宮をへて天聽に達したものと云はれてゐる。

(二) お里方、有栖川宮家

(三) 非藏人口、藏人所の下使の出入する口

(四) 飛鳥井雅典、當時議奏だつた

(五) 中宮寺の宮

(六) 至尊に近侍し、敕語を傳達する役

(七) 諸事の奏上を司る、徳川時代には特に武家傳奏といふ役をおき兩傳奏と呼んだ。

(八) 殿上に上りうる公卿。近世では公家を呼ぶ。

有賜物なれば、板挾みにして、(十五)駒塚の己が文櫃に入れおきしを、子等妻等、いかがなしけん、知るよしなし。己、辛酉年(十六)二月、宮の御内人(十七)となりしとき、蒿齋と云號を賜ひて、有栖川宮へも、其よしきこえ上げおきつるを、此度の御書に、六郎としも記させたまひしは、如何なる神の御計《ミハカリ》なりけむ。(十八)抑〻己が六郎の名は、天保末つかた、(十九)髮を置きて、初めて古學の垣内《カキツ》(二十)におり立し頃、因幡《イナバ》の國の人、飯田七郎年平と、私に契かはしつることとありて、號(二十一)けしを、其後幾程もなくて、もとの形(二十二)になりしかば、六郎の名は、早く消果て、古き社友(二十三)といへども、

(九) 野宮定功、傳奏
(十) 柳原光教
(十一) 三條西季知
(十二) 德大寺實則
(十三) 參上した
(十四) 廣橋胤保
(十五) 破損せぬやう板に挾んだのである。現に遺族の家に殘されてゐる。
(十六) 文久元年
(十七) 安政四年以來宮家に出仕し、例月國史和歌を講義したが、この年以來侍講となる。
(十八) この御沙汰書の感激が、老軀を以て、義軍に投じた原因である。この御沙汰書を拜した翌二十八日先生は「我はもや御敕たばりぬ天津日の御子の尊の御敕たばりぬ」と歌つてゐる。この歌の草莽の精神は、高山彦九郎に通じる。
(十九) 天保九年と推定せられる。先生時に二十六歲。
(二十) 垣内は垣の內、垣内におり立つは、學道に入ること。
(二十一) 光平初め國學に志を立て、天保九年飯田七郎年平と知る。時に義兄弟の盟をなし、先生の鄕里の伴林神社を姓とし、七郎の兄なりとて六郎となのり、光平と號した。

大方はしらず勝になれりしを、此度改りたる御書にしも、記させ賜ひしは、實にめでたき限なればとて、やがて髪を延して、天保の末つかたに立かへらんとす。かくて思へば、辛酉二月寺門(一)をいでて大和國へ移り住ける時、「本是神州清潔民(二)、謬《リテ》爲《リ》二佛奴一説《トク》二同塵《ヲ》一、(三)如今《イマニシテ》棄《ツ》レ佛《ヲ》佛休《ヤメヨ》レ恨《ムヲ》、本是《レ》神州清潔民」と作出しは(四)、六郎の字を賜らん前表なりけり。九月廿七日(五)、有レ賊所二斬罪一。

廿八、二九兩日快晴、無事。

十月、朔日、二日、快晴、有二春意一。

三日、朝來隱天、帶二寒意一。午後隱雲乍《シバラク》晴。陽光微々。照二幽冥之中一(六)

(二十二) 再び僧形となつたのは、家族の事情や生活の事情もあつた。
(二十三) 同門の友、同人
(一) 八尾教恩寺のこと、文久元年二月、先生四十九歳。
(二) 清潔を他に清血とも書いてゐる。
(三) 和光同塵の説、この思想は神佛混淆、本地垂迹説的な思想である。
(四) さてこの詩の思想は非常に重大なものであり、之れは今日いふ政治情勢論からきた轉向の思想ではなく、神州清潔の民のもつ回想と自覺のはたらき、卽ち神人の本質を明らかにされてゐる。先生はこの詩を好んで書かれ又それに就て「予遠祖出二於熊野之神人一而中祖某者、慶長年間始入二佛門一、爾來世々繼レ統追レ業終及二十有三世一、然而予不レ信レ佛、且太有二發明一、一朝掉頭出二寺門一、祖先有レ靈則以レ予爲レ孝乎、將爲二不孝一乎」といふ裏書を好んでされたといふ。
(五) これより奈良獄中の日記である。一本にはこのさきに、「和州陣中より北山郷に遣はしたる文」あり、左に掲ぐ、「近來異國船渡來已來、國教大に亂れ、聖道方に廢す、往々士民をして、禽獸の道に陥れ、其產を失はしめんとす。依て

四日、快晴。大有二暖意一、鳥語妍々、微風不レ動。(七)墻外《ノ》松竹淡《ク》籠《ム》レ烟《ヲ》。

五日、終日微隱、(八)入《リテ》レ夜暴風颯沓、(九)萬隙怒號。(十)到《ツテ》レ曉《ニ》不レ休《マ》。恰似《タリ》下座《シテ》二蓬底《ニ》一聞《クニ》中波濤《ノ》聲《ヲ》上。(十一)

六日、終日疎雨淫風。(十二)大釀《ニス》二肅殺之意《ヲ》一。(十三)晩來風休《テ》西日漸《ク》現《ス》二晴光《ヲ》一。

七日、密雲不レ雨。墻外《ノ》松篁默《シテ》無レ語。晩來乍《タチマチ》放晴《ル》。

大凡、人の心の頼みがたきことは、今さらいはんもことあたらしけれど、いはでは腹のふくるるをいかにせん。枚岡武夫(十四)は其性たけくつよきにすぎて、おほかたは世の人

深く宸襟を悩ませられ、往々攘夷の勅も下り候得共、幕府の奸吏共、只管夷狄を恐れ、天朝を輕蔑し、方今に至ては、僭上不敬至らざる所なし。實に皇國之士にして、却て夷狄の奴と云べし。我輩不敏と雖も、傍觀に堪へず、勤王の正義を、四方に唱へんと欲す。已に十津川郷に入候處、郷中盡忿起して隨へり。因て其地北山郷も、古昔吉野之朝、皇子を保護し奉り候段、神妙の至、千古の美事、何事歟之に過ん、然ば今復、特に乃祖の遺志を繼ぎ、王事に勤勞可レ有レ之候、左候時は、忠孝兩全と申者に候得ば、屹度覺悟之心得方聞屆度候事。「亥九月」。文中北山郷の吉野朝廷へ勤王のことは、合一後に續いたものなること、既記したところである。

(六) 冥い獄中

(七) 少しの風もない。

(八) うすぐもり

(九) 颯々とふきつける。

(十) 天地萬物が怒號す。

(十一) 蓬底は蓬船の底の船室の如き場所をいふ。

(十二) 疎雨は小雨、淫風といふのは激しい寒風のことであらう。

(十三) 萬物萬心をして悲痛ならしめるさま。

に後めにくまるるさが(一)なりしかど、豫て義を守るといふ心癖有りければ、内々は心頼みにもせまほしくて、二なう教諭しなどもせしが、南山へ分入りて後も、萬まめまめしうて(二)「死なばおなじ所に」など、かたみ(三)に深く契りかはして、外におもふこともなかりしを、かへるさ(四)額田部のさとにて、わかるるとていひけらく「おのれ潜に知る所がりゆきて(五)、世の分野《アリサマ》をきゝ定めて、やがて告おこせてん。道塞かりてゆくさきなくば、ともに駒塚にこもり居て時を待ん。道あらば、相ともに京にいでてん、わするなよ。なよ〱(六)」といひて立去りければ、

十月初めより陽氣不調にしてつひに、肅殺の氣を生じたのである。

(十四) 平岡鳩平のこと

(一) 「後めにくまるゝ」は文字に誤あらん。

(二) 忠實に先生に從つた。

(三) 互に

(四) 南山脱走歸宅の時

(五) 知人のところをたづねて

(六) 宜しいか〱といふ意味で、語尾を重ねた。

此をせめての頼にて、日三日、夜二夜ばかり、いぶせき駒塚の木がくれにこもり居て、待試みけれど、露おとなふものもなければ、待わびて廿四日の夕暮、辛うじて堤何某(七)が家に行きて、妻なるものにとへば(八)、かの額田部よりいでこし夜、やがて八幡山(九)さして落行きぬといふ。さばかりのことならましかば、はやくおのれがもとに告おこすべかりしを、行先に心や引かれけむ、はた契りや忘れけん。其夜、もし諸共にいでたらば、われも南都獄吏の手には渡らで、快く京にて死なんものをなど、かへらぬことのくりかへしいはるゝも、をぢなき(十)老の心まどひ

(七) 中宮寺内の堤衞守のこと。
(八) 衞守は不在だつたか、又は怖れたか、或ひは先生が筆をまげられたか、ともかく本文によれば、衞守でなく、その妻が應待して、鳩平の行方を語つた。
(九) 男山
(十) 鈍く弱いこと、雄道なしの義かといふ。

なりや。(一)
大和國宇陀の福智(二)は、織田宮内大夫(三)が知行所なり。茲年(四)五月ばかり、江戸の邸より、秋元健三郎と云腹黒(五)來て、種々農民を虐げけるを惡みて、瀧谷村の農民、字《アザナ》八十次郎と云男、今年十九歳になりけるが、或夜秋元が宿所に忍入て、手安く刺殺して、其夜家に歸りて、何氣なき躰にて振舞居たりしかど、終に事顯はれて、南都獄舍にとらはれぬるを、其れに座せられて(六)、三本松邑(七)の四郎左衛門、同伊兵衛と云男も、あらぬ疑を蒙りて、同く南都にとらはれて、此は己が間近き方に依縮《シジマヒ》居(八)れり。此兩人は、實に

(一) この章によると鳩平が、病中の先生を放棄して逃れたやうになつてゐるが、病中の先生をつれて鳩平が天性の奇智によつて、巧みに諸藩兵の徘徊する宇陀磯城を脱出した狀態は、上司小劍の小説「伴林光平」に描かれてゐる。この駒塚の件は、鳩平の落度と行きちがひによつて起つたことであらう。しかしながら後年になつて、鳩平の北畠治房が、この章を氣にし、大正四年「古蹟辨妄」といふ册子を出し、踏雲錄執筆當時の先生の精神が錯亂してゐたと誣ひたのは、却つて鳩平の背信をいふ如き結果となつた。この「古蹟辨妄」がなければ、或ひは當時の鳩平の態度も止むを得ぬとして、認められぬわけはないが、この書出て却つて自ら己をおとしたわけである。大體踏雲錄が世に廣く出たのは、土佐の志士で、後に奈良縣知事となつた古澤滋が、明治二十七年に刊行して奈良縣下にひろめたからである。當時法隆寺に隱棲し、權力をもつて縣治に干渉した北畠男爵を、牽制せんとしたことが原因だつたと云はれてゐる。

(二) 榛原町福地

(三) 織田信長の子孫、二家に別れて、磯城郡芝村、柳本村の二ケ所各々祿一萬石、宮内大夫はそのいづれなるか、未だ調べてゐない。

知らざりしか、はたかつ〲は援けやりしか、いかゞ有りけむ。さばかり氣力のある男の樣にも見えず。彼八十次郎は、此許に居らねば、いかなる男にか見しらねど、さらに援のなきよしを申張りて、露ばかりうごかずとぞ。(九)いさましき男なりけり。かの彦賊、紀賊(十)の中に、斯ばかりの男ありやなしや。

南山に在りし時の事ども、おもひいでて、一つ二つと詠添ける歌

　雲を踏み嵐を攀て御熊野《ミクマノ》の果無《ハテナ》し山(十一)
　の果も見しかな。

北山郷なる巨勢《コセ》(十二)の里にて、二天王御陵(十三)あり。

(四) 文久三年
(五) 腹黒い人物、姦吏
(六) 連座してゐたとの理由で
(七) 現在宇陀郡三本松村
(八) 縮かまつてゐた。
(九) いひはつて、さらに頑として口をひらかぬ。
(十) 彦賊は彦根藩士、紀賊は和歌山藩士、義民八十次郎を賞められる先生の氣持は、當時の志士の心持の一端を示されたものであつて、かうした義民に同情して、姦吏の横暴を憎む志は、天忠組の精神の一相であり、その義擧の一項目として數へあげ、又行はれたことである。
(十一) 果無山は、中世の靈場玉置山（十津川にあり、三熊野の奥院と稱す）に對する山で果無山脈をなす。水郡氏ら河内組はこゝを越えて、紀藩領へ出たのである。天忠組本隊も一時この近くまで行つたことがあつた、しかしこゝは地名にかけて果しの無い山といふ意味に用ひられてゐる、本書の題名となつた歌だが、名歌である。これより以下の歌は思ひ出すまゝにしるされたから、作歌の順序場所が入りまざつてゐる。
(十二) 巨勢の里は、北山郷小瀬村、こゝに自天王の御所なりし龍泉寺あり。

御垣守る巨勢山中の玉椿千代の操は
知る人もなし（一）

宮人のたもと觸けんそのかみを汝だ
に語れ野邊の王孫草《ツチハリ》（二）

十津川にありけるころ、思旨ありて（三）
瀧川の瀬々の落鮎こゝろせよ果は木
の葉に埋れもぞする

富貴里、放火のことを聞て
下萌の富貴の里回《サトワ》（四）の冬ごもり春待ち
てこそつむべかりけれ（五）

河津の里人によみて與へける（河津は十津川の内なり）
里の名の蛙妻喚ぶ聲さむしの月の雫（六）
や秋ふかむらん

（十三） 自天親王墓のこと。この御墓は川上郷神野谷にあり。自天王は後亀山天皇の御曾孫、合一後南方宮方北山郷に入るや、北山郷人この王を奉じて、南統の回復を計る、長祿元年自天王、赤松の遺臣に弑せられ給ふ。御壽十八。郷民忽ち賊を討つ。既出の忠義王は、自天王の御弟忠義王、この二首は、深刻悲痛の北山郷人の志に感動したものである。

（一） 萬葉集巻二、「巨勢山のつら〳〵椿つらつらに見つゝしぬはな巨勢の春野を」とあり。しかし萬葉集の巨勢は葛上郡古瀬。

（二） 王孫はつくばねさう

（三） 同志中の河内勢の脱走に當つていうたものかとも思へるが、義軍の撤退を要求した十津川郷人を諷したものかもしれぬ。鐵石にも同型の一首がある。しかし光平のこの歌は、たゞ何となく脱出落人のこゝろを歌つたものかもしれぬ。

（四） 村邑

（五） 蕗は春立つてから採むものだとの意、富貴の焼打がよほど愉快だつたのであらう、同時に作られたやはり火の燃ゆることにかけた歌が二つ、さきにも出てゐる。

（六） 月の雫は露の異稱。

瀧川里にて

世を棄てゝくまばや汲まん白菊の花の中ゆく瀧川の水(七)

内原里にて

立いでゝ見れども見えず山風にたゞよふ霧の内原の里

花瀬里にて

秋經ても枯れぬ黄菊の花瀬川千代の蔭汲むわたりなりけり(八)

花瀬より堂谷へものする道の程に、小笹瀧あり、其わたりいと危きとかげ(九)にて、小鹿の通路だになき所なり。そこをゆく〳〵

世にしらぬあはれをこめてしぐるら

(七) 一層のこと浮世の思ひをすてゝこの里に住みついたらどんなに樂しからう、との意、卽ち風雅の心を歌つたもので、それを實際に思ひ込んだわけではない。このやうに思ふ人に、それが行はうとして行へるわけでない。瀧川の白菊の中を流れてゐる水を見て、ふとさういふ風雅の心持にもなつたのである。

(八) 菊水には長壽の故事があるから、それにかけてこのあたりを見れば、たしかに長壽不老の仙境だ、と花瀬里をほめられたのである、枯れぬ黄菊のまでは花瀬の序詞、さきにも花瀬をほめた歌が出てゐる。

(九) 深い谷間の道で、年中日の當ることがない場所、常陰。

ん小笹の瀧の在明の月（一）

嫁越峠にて（此所は聖護院宮（二）などの、ものせさせたまふ奥通りと云道のほどなり）

明日越えむ姨が峠やいかならむ先くるほしき嫁越の山（三）

前鬼村に宿りける夜、主人栗の餅をすゝめなどして、二なう客人をあはれがりければ、（四）うれしくて

山人の心もちひぞあはれなる鬼一口に食はんともせで

此夜、熊野尾鷲わたりのことをきゝて（五）

翅うつ男鷲の里の夕嵐おときくさへにさびしきものを

河上郷を過ぐるほど、同行の男、窟（六）めぐり

（一） かういふ深い山里の瀧の上の月は、世の人々に知られぬあはれをこめて時雨れるのだらう。時はしぐれの季節である。

（二） 聖護院の門跡の宮は、三井の長吏、熊野三山の別當、修驗道本山法頭であるから、山伏の統領におはします。

（三） 嫁越といふやさしい名の峠さへ、こんなにものぐるしいほどの道だから、明日ゆく姨と名のつく峠は如何ばかりだらうかとの意、實感であるが、その底に和やかな諧謔がある。それが激勵して貰へるやうだ。先生の歌風、他にもこれを見る。

（四） 客人といふのは、先生一行をさす、この歌も諧謔がある。

（五） 北山から尾鷲に出ることをあらかじめ考へてゐたから、その道のことを聞いたのである。この道を越えることは絶對不可能といふ土人の説をきいて次の悲しい歌が作られた。佳作の一つである。

（六） 既出の如く、川上村に鍾乳洞あり。

せんといひければ
河上の窟のかぎり尋ねても憂瀬遁れ
む方はあらじを

宇陀にて
當昔《ソノカミ》の血原やいつら紅葉《モミヂバ》の風になが
るる宇陀の川上（七）
わな張りてよしや待ともこゝろせよ
宇陀の高城《タカギ》は人ぞよくらむ（八）

姨峠にて、地藏堂の内にしばしやすらひて
山風にたぐふ眞神（九）の聲きゝて寢られ
んものか谷の萱原

姨峠より、河上郷へいづる山中にて
山陰の小萱高萱わけ〳〵てゆけど行

（七） 神武天皇御東征の御時、宇陀に於て、兄《エ》宇迦斯《ウカシ》が大殿を作り、押機《オシ》をしかけて、天皇を欺弑し奉らうとしたところ、弟《オト》宇迦斯《ウカシ》が歸順したゝめ、兄宇迦斯の欺謀露見し、自身が自らの作つた押機にかゝつて誅伐せられた。その時彼の血の流れたところを、宇陀の血原といふ。歌意は川上川にまつ赤な紅葉が一面にながれてゐるのを見て、かの古の血原はどこであらうかと考へてゐた、との意。

（八） これも神武天皇御東征の御時の御製の御句の「宇陀の、高城に、鴫羂《シギワナ》張る」を回想して作つてをる、大いに諸藩の警備を嗤つた作である。「人ぞよくらん」は、我らは避けて通るぞとの意。

（九） 狼

くべきかけ路(一)だになし

かくて宇陀(二)、泊瀬(三)などを經て、三輪の市をすぐるほど

御酒するゑて我もいのらむ山本《ヤマモト》の杉の
しるしはよしや見ずとも(四)

駒塚にこもり居けるほど

都へと急ぐこゝろの駒塚を雲にうづ
みて時雨(五)ふるなり

蔭頼む嵐の窓の蔦かづらかなしき夢
もむすびかねつつ

平群の山中にて夜ふかく

やどるべき方と頼みし谷の戸(六)の火影
はきえて狐なくなり

(一) かけ路は、絶壁の岩をきつてつけた道。
(二) 宇陀郡松山町
(三) 磯城郡初瀬町、長谷寺あり。
(四) 近世にはなほ三輪の七杉といふのがあつた、しるしの杉に關する傳說は謠曲「三輪」にある。また「驗の杉」は稲荷神社（山城）の神木の名に出る。古歌に「我庵は三輪の山もと戀しくばとぶらひ來ませ杉立てる門」（古今）これより三輪の山を尋ねるしるしの杉などと歌によむ。また「御注連《ミシメ》ひく三輪の杉むら古にけりこれや神代のしるしなるらん」（續後撰）これらの古歌の意を含まれしと思はる。先生の當時杉はなし、今も枯木あるのみ。
(五) 戀闕の情を詠ず。次とともに二首いづれもあはれな歌である。
(六) 谷の入口、この歌もよい歌である。次の四首はいづれも捕はれる直前の作で、悲痛の中で雄心をはげまされた作である。「駒嶽谷にて云々」の語句など殊にあはれが深い。

同じ山中にて明方

淋しさをなに〻たとへむ秋山の嵐を
上る在明の月

朝ぼらけ駒嶽谷にて云々(七)

白菊の花もかつ〳〵残れるをよわり
はてたる野邊の松むし

岩船山

乗りてこし神世やいつら明方の雲に
うかべる岩ふねの山(八)

生駒山

神さぶる生駒の山のいこよかにあら
まほしきは心なりけり(九)

南都へ來る道すがら、超勝寺(十)わたりにて

(七) 駒嶽谷は地名不詳なれど、「云々」の語は、何か深い意味ありさうなり。
(八) 岩船山の大磐についての、天の磐樟船の事は初めに云うた。曉に浮ぶ山容に神ながらを味ひ、今に神代のさまを曉に見る思ひをして、歌はれたものである。
(九) 生駒山の姿に神山の相を拝し、わが心をはげます。いこよかに、は丈高きさま。
(十) 超昇寺、廢滅。高丘親王が佛門に入られて建立された寺。

八千くさの佐紀野の秋は昔にて御陵
の松に時雨ふるなり（一）

前鬼村より、北山郷へいづる路の左手の方に、瀧あり。みかさねの瀧と云ふ。

三重の瀧の高機《タカハタ》來てみれば皆乍《ミナガラ》神の
織れるなりけり（二）

釋迦嶽

佛さびたてる御山か世の人の落んう
き瀬もしらぬ顔にて（三）

金峰山（姨峠より遙か北に聳立り）

花と咲く金《カネ》の御嶽《ミタケ》もこころせよ終に
はよそにちりもこそすれ（四）

下立村（十津川郷武藏村の奥にあり）

（一）孝謙天皇の楊梅宮址には、平城天皇の御陵がある。奈良の西郊佐紀。平城天皇は復古の御志あり、都を大和に移さうとされた。そのこと御失敗に歸し、高丘親王も皇太子を去られたのであるが、それについては、多く祕かな事情が後年にまで考へられ、親王御渡天の御壯擧にも關係をもつ。平城天皇崩御の後、御孫なる在原善淵が高丘親王の建立になる超勝寺の内に御陵を營んだことは「三代實錄」に見える。超勝寺は南都十五大寺の一、超昇寺ともかく。「和州舊跡幽考」は添上郡佐紀と添下菅原の北との二つにその跡を考へてゐる。光平は佐紀の方の超勝寺跡を述べたのである。信友に、平城天皇の御事蹟を考へた著作あり、我が國の道の考へ方より、平城天皇御事蹟を特に重視した。信友の門下なる光平もこのことを念頭にしたと思はれる。楊梅宮に、高丘親王、平城天皇とつづけ考へる時、この一首は史興深く豐かな作であつて、さすがに史家の詠にして、餘人の歌ひ難い境である。

（二）瀧を中心とした紅葉の葉の美しさに感嘆した作である。秋の紅葉を錦になぞらへるのは、わが詩歌では萬葉時代より始つてゐる。この歌と以下五首は南山脱走の時の作。

（三）多くの人が不幸におちてゆくのも、知ら

武士のわれもといひて問ひ來るはおり立村のあればなりけり

湯泉寺《タウセンジ》の湯（五）（武藏村より八丁此方にあり）

山陰はまだきに冬や立ぬらし谷の眞清水烟こめたり

此わたり山中に、椎、橿、柞などの木を切仆して草びら（六）を作る

朽木もてつくる深山の茸の號《ナ》のしひても世にはいでたゝんとや（七）

述懷の歌とて

佐保川の瀬々の白浪いにしへに立かへるべき我世なりせば（八）

佐保山の柞の紅葉たをりもてうすき

ぬ顔で佛顔してゐる山だといふ意。多くの人々とは、脱走の人のことだらう。

（四）花と咲くは、萬葉集に「すめらぎのみ代榮えむと東なるみちのく山に黄金花さく」とあり。この歌、たゞ何となく心境をのべて、こゝろせよ、つひにはよそに散りもこそすれと、たゞ境涯をのべられたものと思はる。金峰山、一名金の御嶽は吉野山のこと。

（五）湯泉寺溫泉、武藏所在、硫黃泉で涌出量は多い。この他十津川鄕には下湯溫泉（炭酸泉）上湯溫泉（アルカリ泉）等がある。

（六）きのこ、椎茸である。現在も作る。

（七）自問自答しつゝ、己の決心をたしかめた作、「しひても世にはいでたゝんとや」が、大體の心もちだが「朽木もてつくる云々」も老いた先生の述懷の意をふくめてゐる。巧妙を思はせる作である。しかも調子もなかなかに高い。朽木で作つた茸をしひ茸といふといふことが、歌のもとゝなつてゐる。

（八）悲境に復古を念じた作。

縁を人や恨みむ(一)
笹鉾は神の笹鉾いまだにも採り靡かして神いさめてむ(二)
今もかも行きて見てしか高倉の御笠《ミカサ》の山の秋の錦を(三)
いさや川いさや流れは汲見てむ昔の影のうつりもぞする(四)
淺香山あさき契も思はずてなどむすびけむ山の井の水(五)
かくて世も山階寺の淺茅原下にもえてや春を待べき(六)
藤原の廣嗣を祀ると云(七)
曇りなき心のいろもうつしみむ鏡の宮やいづこなるらむ

(一) 淺い縁をうらむ、人を思うた作だが、誰を思うて歌はれたか不明。但しやさしい思出を思はせるやうな歌である。

(二) この歌の意味はよくはわかりかねるが、今强ひてこれを解けば、笹鉾のさゝは古語に、神樂《サヽ》とも樂《サヽ》ともかき、神樂《カミアソビ》に佐々《サアサア》と唱へるによる。こゝは神樂の意をとられるものか、下句の神いさめといふ語に對し、神々《サヽ》を對應してみれば、深いこゝろの歌である。又このさゝは笹舍にかゝはりあるか。神樂には鉾笹といふ、神の笹鉾といふものの祭事に用ひられたものがあつたか或ひはたゞ奈良の笹鉾を歌ひこんだものなるか。

(三) 獄中、御笠山の秋色を戀ふ作。

(四) 老の述懐に復古の情の加つた作。

(五) 人の交情の薄きを嘆く、但し具體的に何を指されたかは不明。古歌に「あさか山影さへ見ゆる山の井の淺き心をわが思はなくに」(萬葉集)「むすぶ手のしづくに濁る山の井のあかでも人にわかれぬるかな」(古今集)

(六) 淺茅原は奈良の地名、今公園の中、山階寺は興福寺の別名。今は隱忍して大御心の開顯をまつ心を歌はれてゐる。

(七) 藤原廣嗣は、天平十二年九月、大宰少貳の官で九州にて兵をあぐ。玄昉、眞備を除くを

杜初冬と云ふ題にて(八)

祭べき神無月(九)こそあはれなれ杜《モリ》は落
葉にうもれはてつゝ

火焼鳥《ヒタキドリ》なく聲さむし里巫《サトミコ》の秋祭(十)せし
杜の木蔭に

柊《ヒヽラギ》の花を朝開《アサケ》の神奠《ミクマ》にて吹く風さむ
し杜の廣庭

葉碗《ハモヒ》(十一)刺す人影もなし柏木の杜の遠近
しぐれはてつゝ

神垣に賤が食稲《ヲシネ》(十二)もとりかけて田中の
杜は冬さびにけり

柞ちる佐保田の杜をきてみれはうす
き夕日にをしね干したり

名とす。十一月平定さる。この事件について、當時朝廷の内にあつて紊亂の行爲ありし、儒佛の兩代表を討たんとする志に出たと考へられ、廣嗣の志に同情する風が一貫して近世志士にあつた。「松浦廟宮先祖次第並本縁起」は、無怨寺大明神及鏡宮の縁起で、今日前者は廣嗣を祭り大村神社といひ、後者は一宮に神功皇后を、二宮に廣嗣を祭る。この縁起中の廣嗣の上表文は、年代は疑はしいが、眞備と玄昉の儒佛政治を排し、對唐の强硬政策を論じ上てゐる。この擧について、舊來の近代史家は國分寺問題を主に、經濟上から解してきたが、思想上から解すべきものあり、その儒佛を排し、わが對外政策の革新を說いたことは、首肯しうるものがある。本縁起には廣嗣の生得後得の神異をいひ、彼を忠臣志士としてゐる。なほ民間信仰に於ては、有志の人の無實の罪をはらすといふ形で、北野天神信仰と類し、近世では志士的な信仰の對象となつた形跡がある。

(八)「杜初冬」題詠六首は、何と云ふところもないが、なか／＼よい歌で、何といふこともなく、かなしくなつかしい歌である。

(九) 神無月は十月の異名、神嘗《カンナメ》の月の義。民間信仰では、この月諸國の神々がみな出雲に集

已上五十首八日終日の詠也。

九日、最風不レ動、旭光温和、衆去《リテ》玄公(一)聊盗《ム》二春光《ヲ》一。近隣有《リ》二儒館(二)一。書生句讀《ノ》聲侵《シ》レ暁《ヲ》、煩勞不レ堪《ヘ》レ聞《クニ》。

垣越に毛儒《モズ》の韓聲《カラゴヱ》(三)きこえずば靜けき
　宿の木末ならまし

南山にありしころ、都人のおとづれ(四)をき丶てよめる歌ども。

月に問ふ人さへたえて廣澤の池(五)さびしくもなれる秋かな

眞《マ》萩原夜のにしきとなりにけり恠《アヤ》しく霧の立ちへだてつ丶(六)

山陰の野はり土はり(七)いかならん八月《ハヅキ》

られるから神無月といふと云ふ。この歌では後者の意を歌ひこんでゐる。

(十) 平素は里で働いてゐて、祭の時に巫《カンナギ》となる少女、さういふ所だから、まづわびしい田舎である。望郷の情が味へる。

(十一) 神供を盛るために、槲の葉をつづつて作つたひらて。

(十二) 百姓の食物となる稲。

(一) 玄公は不明。玄衣か玄冬の意でないかと考へられる。玄衣は黑ずんだ褐色の衣。「禮記」に「玄衣而養老」と。玄冬は冬の異名。

(二) 漢學の塾

(三) 百舌鳥のから聲は、鳥の聲の中で最もかしましくて憎々しいものだが、漢學生の訓讀をかういふ言葉で惡口した。

(四) 八月政變の報を傳へた古東領左衞門やその他多くの人から聞いたことだらう、その他の文通交通も多かつた、さてこ丶につづく歌は慨世咏歎の作が多い。

(五) 京都近郊嵯峨の名所

(六) 夜の錦といふのは寓意がある。

(七) 山かげの野榛《ハリ》王孫《ツチハリ》草は至誠忠士をいふものであらう

(八)の嵐夜半にたつなり
ゆくりなく玉打つ音のきこゆるか大
内山は鹿もすまじを(九)
黒谷の夜半の月影かきくもりしぐれ
もゆくか都大路の
くる雁の聲のしぐれを待兼て東山は
先づもみぢけり
虫の音を集めてきかん百敷(十)の茅生《チフ》も
芝生もやつれけりとや
粟田山あはだつ雲(十一)やさそふらん松も
此頃しぐれがほなる
てりかはす月と紅葉の中山もへだ
つる雲(十二)の有る世なりけり

(八) 八月十八日の政變をいふ。
(九) この大砲のことはさきにも出てゐたが、御所に發砲したといふことは、傳へ謬りか聞き謬りか、か丶ることはなかつた、發砲云々はこの八月十八日の政變の主體となつた薩摩藩會津藩が、警備を終へたことを示すべく、大砲一發したのである。
(十) 宮中のこと
(十一) むく〱と重なつてゐる雲
(十二) 主上と中山卿の間をへだてる者があるといふ意味。主將に對する敬虔の情と信頼の念の不變のものが感じられる。

つぎ〳〵に雲の旗手やなびくらん幾
野のさと(一)の秋の夕ばえ

北山の松は色だにかはらぬをしほれ
にけりな野邊の七くさ

七草も千草もあだに成にけりせめて
はのこれ野邊の萩原(二)

立花《タチバナ》の實さへたまらぬ初霜に守部《モリベ》が
徒《トモ》(三)やしづこゝろなき

稲葉山塙《ハナハ》(四)の松やいかならむ先づふ
もとより野分立つなり

をり〳〵に底のうきぬをそゝがずば(五)
うもれやはてむ堀川の水

かりにくる人(六)もあらじを春日野の萩

(一) いくのの里は、古い歌枕では丹波國の地名である。平野次郎の但馬生野でない。平野次郎の擧兵は彼の五條にきた時からすでに決せられたといふが、實地には九月中旬より準備され、十月十二日に事を起し、時すでに、天忠組は終焉してゐた。成敗からいへば、時機の遲かつたうらみがあるが、維新大局からいへば、政局の時機で云々できない重大な決定を行つたのである。光平が獄中この記をなしたのは十月九日生野擧兵の三日まへである。國臣が京都の獄へ移つてからは、光平の隣室にゐて、互に贈答の歌をなしてゐる。

(二) 義擧についての述懷が感じられる。

(三) 番人のこと、ひどい初霜に番人が心配するのである

(四) 山の出鼻

(五) 底の泥をさらはねばといふ意

(六) しかと定めずに、たま〳〵何氣なくやつてくる人、刈りにくるの意を兼ねてゐる。

(七) 去る八月の御親征の詔の感動を回想し、またそのために奮發出發した義擧の當日の感激が、今は我が身のことながら夢の如く感じられた。玉襷は畝傍にかゝる枕詞、又かけるにかゝる枕詞、二つにかけて使はれてゐる。行幸《イデマシ》の由

の錦よちらばちらなむ
畝火山そのいでましを玉襷かけてまちしは夢かあらぬか（七）
飛鳥山あすのみだれやいかならん下つ石根も動きいでてき（八）
雨とふる橿の古葉のみだれにもくづれやはてん池の石垣（九）
串刺《クシサ》して人もこそまてこゝろして水口めぐれ天《アメ》の口利田《クチトダ》（十）
古はあとだにわかずなりゆかん餘所にうつるな園の谷守
千世ふべき操も知らで呉竹《クレタケ》のうてなにさわぐむらすゞめかな（十二）

をきゝ、襷かけて出陣したのであつた。手記中佳作の上たるもの。

（八） 今や御一新をめざす動亂の兆が發したとの意を歌つてゐる。しかも悲しいことを思はれた異常の歌である。蓋し下つ石根は動かぬもののためしである。

（九） 橿の落葉が雨とふつて、つひに池の石垣をくづすだらう、との意。何かの寓意ならん。

（十） 日本紀、神代上、一書に曰、（大意）「日神の田三處皆良田也、素戔嗚尊の田また三處あり、天樴田、天川依《カハヨリ》田、天口鋭田、これ皆やせどころなり、尊ねたみ給ひ、御姉の大神の田を害《ヤブ》る、春は云々、秋は則ちくしさし云々」天口鋭田といふのは水の急に流れる田、串《クシ》さしといふのは、串をさして田を耕す者を害す意、又別に田の境を争ふこととともいふ、後説の方も宜しいと思へるが、この歌は前説によられた。

（十一） 前の歌と二つ合はせると心境の悲痛さがわかる。前歌は慨嘆絶望を思つた作であるが、後の歌には神州不滅、道理一貫の信念を歌ふ。公武合體派の醜状をあはれんで、彼らの志のないところを嗤はれた。呉竹のうてなは朝廷の御事と推察したい。操も知らでは、みたみとしての操もまだ知らぬ者の時局便乗ぶりをいはれた

書學ぶ園の雀のさへづりも千世に八
千世を重ねしものを

都初冬

水柳《ミヤナギ》を淡緒《アハヲ》により(一)てうすら(二)ひのむす
びそめたる鴨の川面《カハツラ》

梟の聲のしぐれをさきだてゝ嵐にぬ
るゝ岡ざきの松(三)

友千鳥あらしにむせぶ聲すなり鴨の
川瀬やいまこほるらん

しぐれゆく夕日の岡(四)の初紅葉ときめ
く色もあはれいつまで

いつはりを(五)糺のもりの夕月夜木の葉
も雨もふりまがひつゝ

のである。次に出る歌は、千世ふべきの歌の心持をさらに深く註したもので、操を知らぬむらすずめを一そう深くうちきためられた。

(一) 紐のより方、うち紐の如く中を虚ろに搓り合せる。萬葉集四に「玉の緒を沫緒に搓りて結べれば在りののちにもあはざらめやも」清少納言「薄氷水あわにむすべるひもなればかざす日かげにゆるふばかりを」

(二) 薄氷

(三) 京都の名所。

(四) 普通名詞であらう。

(五) いつはりを、たゞすの縁である。糺森は京都。この都初冬の一聯は悲懷をたゝへて、時局を諷した作である。

鴨川や鷺だにしらぬいろくづ(六)をあさるか人の落葉まじりに

亂れゆく時雨のおくにきこゆなり北白川(七)のさを鹿のこゑ

在明もはてはくらま(八)の峰傳ひ木葉まじりに時雨ふるなり

堀川(九)の芹根の清水凍りゐて下にのどけき春やまつらん

火燒《ヒタキ》せし跡かあらぬか紅葉《モミヂバ》のちりてこぼるる岩座《イハクラ》(十)の山

十日　快晴　鳥語喈々(十一)、暖意不レ讓ラ春ニ。

十一日　朝來、陰雲模糊、不レ見二一點之晴色ヲ一。

(六) 魚
(七) 古く京都鴨川以東一帯の呼び名だつた。
(八) 在明にも、山深い北の鞍馬山だけはなほ暗い。
(九) 一條戻橋邊りの堀割川。
(十) 岩倉
(十一) 喈《カイ》々、鳥聲の和かな形容。

仇浪は餘所《ヨソ》にしぐれてますらをの打《ウチ》
出《デ》(一)の里も冬さびにけり
茂立《シミタ》ちし松は仆れぬ今よりは何を千
歳の目標にせん(二)
珠はやす(三)武庫山おろし冬立ぬ名碁《ナゴ》の
浦(四)船心してこげ
唐船(五)を出見《イデミ》(六)の濱は夢なれや磯ふく風
に千鳥むれたつ
車(七)船餘所にめぐりぬ燈火《トモシビ》の赤石《アカシ》とい
ふも甲斐やなからん(八)
播ならす琴の浦(九)浪古に立ちかへるべ
きおともきこへず
近よりて袖なぬらしそ仇波の高石《タカシ》の

(一) 打出濱は攝津國。「ますらをの」は打出にか丶る枕詞。
(二) 何事をさして申されたか定かでないが、心境の悲痛さは明かである。
(三) 珠はやす、むこの枕言葉。むくの葉を以て玉を磨くからと云ふ。
(四) 名碁浦は、難波の海の古の歌枕。
(五) 唐船は安政元年九月露船大阪灣に入つたことをいふか。
(六) 住吉神社の海岸を出見濱と呼ぶ。高燈籠のあるあたり。
(七) 露艦のこと。
(八) 明石、ともしびは明石の枕言葉。この歌は攘夷の志をこめ、失望の意あり。
(九) 琴の浦の地名は、一二所にあれど、こ丶はたゞ浦浪の序として使はれてゐるのであらう。

濱(十)に庵りさす兒等
うきことの大津(十一)のさとの苫庇《トマビサシ》とまれ
かくまれやどりてゆかむ
駒おきてかへれ(十二)防人《サキモリ》神のます石津が
原(十三)はうごく世もなし
行末を津守の浦(十四)のうらへでも千代の
榮はまさしかりけり

以上總計九十首

なほ此世に存らむほどは、見るものきくものにつけて、おもひうかぶまゝを、筆のかぎり紙のかぎり、書きもし記しもしつべし。(十五)

神無月十一日

(十) 和泉國、今の泉北郡の海岸、百人一首に「音にきく高師の濱の仇波はかけじや袖の濡れもこそすれ」

(十一) 高石濱の南の海岸にあり。憂きことが多い、といふのを大津とつづけた。

(十二) 駒おきて、は諸本一定せぬが、ともかく安心して郷國へ歸れ、皇國は萬古不動だといふ意味。

(十三) 和泉國石津原に坐す神は、大鳥神社のことで、大鳥連祖神を祭る。別には日本武尊を祭るとの傳へもある。

(十四) 津守の浦は住吉浦の別名。萬葉集に、「大船の津守が占にのらむとはかねてを知りて我が二人ねし」とあり。津守が占に占ふまでもなく、皇國は萬代不易必ず榮える國だとの意味。この終り三首は聲なき慟哭に始り、次の二首は萬代不易の信仰を泣哭として、二つとないこの悲痛の書を閉ぢられた。讀む人の腸を斷つ作といふべし。

(十五) 筆紙のかぎり記すべしといふ志のほどこそ、文人なりし先生の眞髓である。文人の道に執する丈夫ぶりといふべく、以て萬代有志を激發せん。

伴林六郎（花押）

花のなごり　附録　殘花餘語

一

伴信友が「殘櫻記」を著して、南方御皇胤のその後と、宮方遺臣の末路を誌したあとに、「芳野山花のなごりのこのもとをなほさりあへぬ人もありけり」と題し、千秋盡きざる歎息をもらしたことは、然しながらこれを深く考へる時、なほ人のうへを眺める歎きと云ふべきほどであつた。これの著されたのは文政四年春の末日のことであつた。それより四十餘年の後なる文久三年秋、五條の陣を撤回した天忠組が、退いて十津川に入らうとした日、まづ途次に賀名生の皇居跡を拜したが、その一行中にゐた伴林光平は、こゝでわが師なりし信友の「殘櫻記」を、その日のわがいのちの上で最も深刻に感銘したのであつた。その師の一首に「なほさりあへぬ人もありけり」と歌はれたものを、この時の光平はひし〲と深く、激しく、さらに切なく回想されたことと思はれる。けだしその師の歎聲こそ、南山の史蹟を考へた者の窮極の聲とも申すべく、誦して悲しい歌であるが、この日以後に形づくられてゆく光平の、刻々いのちをかけた思想を考へるなら、なほかつ師の歎きの聲は、志ある文人が道の學びとして味つた、文學の上の切なさと見える。南山の悲史の、一きは悲史たるものは、けだし「殘櫻記」の史蹟に極まるものであつたが、こゝに史蹟の前後をみだりに較べて、かりそめにその輕重を云ふには、あまりにゆゝしいと思へることが、さらに南山悲史の大悲史たる所以であつた。

天忠組の志士數十の中で、光平と同じ心持から、花のなごりの木の下をなほ去りあへなかつた古人の身の上を、己の上にひきくらべたのは、果して誰々であつたか。けだしこの想像はかりそめのことでないが、定かに云ふほどにきはだつた證據はなかつたのに、光平の「南山踏雲錄」によつて、この日の人々に、わが國學の思想から見て、最も重大な點についての囘想のあつた事情が明らかとなつた。國學は道の學であるから、史蹟を己の生きる生命のみちとして學ぶ學問に他ならぬ。信友が道を思ふ懸命の思索に、身も心も疲れはてたのち、千秋に不盡の歎きとして、漸く卷末に題した歌の言靈こそ、すでにその日の光平にあつては、わが殘りの生命の出發點として、第一步の對決として考へられたものであつた。直情徑行にして血氣猛勇の若人の場合にしても、誰だつて必ずそれを本能的に考へたことだらうが、時代にすぐれた國學者だつたためにも、光平のその日の學問の態度と思索には、切ないものがあつたと思はれる。さうしてその日に、道を行ずることの神意といふものを感じたのである。思索では解ききれぬものを、日夜の行が泰然とひらいてくれた。

志士の心ざしは、壯士の思ひではなく、されば浮きたる花やかさではない。わけても高名の學者だつた光平は、このことを深く痛感して、わが行爲が浮きたるものでない由を、切々の調子で文中にも述べられてゐる。思ふに國學者としての光平の立場を以てして、國學の文久年間の思想を見るためには、文久三年秋八月の末に、光平の心の中に、そのいのちの原理として描かれた「殘櫻記」中の史蹟と、それをわが足で踏んでゆかれたといふ事實を、深く考へる必要があると私には思はれる。

その時に當つて、楠氏一族の代々勤皇の志といふものを、光平は最も深い深淵をまへにして考へねばならなかつたのである。師の信友が、その「殘櫻記」に題された歎聲のみでは、己が思ひの中に重疊する密雲を果して一排し得たものか、この點を痛く味ふ時、今日の大御世に生命を樂しむ私には、なほ心中にたゞ茫漠彷彿と動くものを味ふばかりである。

老杉怪巖、茅檐を圍繞し、密竹幽松、庭除を遮斷す。鳥語ハ含ミ二元弘之餘愁ヲ一、水聲訟フ二建武之殘恨ヲ一。天下慷慨之士、誰不ランヤレ發セ二思古之幽情ヲ一乎。若掃ツテ二愁涙ヲ一、聊述ベン二懷舊之蓄念ヲ一。かく光平は吟じて、短歌四首を歌はれた。

宮人の足結《アユヒ》ふれけんあとならしきよげになびく園の篠原
行幸《イデマシ》しあとさへ見えて秋風になびくも清き苔の簾《スダレ》や
摘とりて昔を忍ぶ人もなし柴垣づたひ菊は咲けども
ますらをの世を歎きつるをたけびにたぐふか今も峰の木枯

苔の簾といふのは、苔の生えたさまをいふ歌の方の形容である。さて初めの二首は往時の回顧の作だが、假の行宮を歌はれた作にもかゝはらず、特に皇居のみやびをあらはされ、次に咲く菊を今摘みとつて昔をしのぶ人もないと歌はれたのは、大いに意のあるところと思はれる。菊を採るといふことには、色々の故事のあることだが、この宮趾の柴垣に咲く菊の一枝を、誰一人採みとらうとせぬことを、翁は嘆かれたのである。何か身邊の意もあつたのではないかと、祕にわが想像を交へたい。かうしてやゝに激してきた三首の後で、四首目にくると、今や一轉してすでにこれは、吉野朝廷の史蹟感覺よりも、さらに後なる「殘櫻記」の感覺であり、又天忠組の感動と考へざるを得ぬ。

「殘櫻記」に描かれた思想は「花のなごりの木の下をなほ去りあへぬ人もありけり」といふのみのものではなかつた。それは謂はゞ信友が、身魂を傾けた懸命の思索に疲れ果てたのちの結語の感動である。けだし師翁はこゝで、つひにたゞ歌のもつ言靈に賴られたのであつた。我國の歌の德用はかういふ點に重大なものがあつたのだ。「殘櫻記」は最も重大なことにふれてゐる史書だからである。さうして光平は己が師の歎息を生命を以て行ずるといふ意を、わが忠誠の神意の上から大悟し、その心を雄たけびにたぐふ峰の木枯でうけとめたのであつた。

しかしながら光平が、わが師の歎聲をうけとめた根據は、實に師の教へたまゝなる神道の歷史の教へであつた。大直毘の靈の信仰であつた。神の道のあるゆゑに、わが人のまごころは、國のまなか、大地の中心に不動に立つにちがひない。しかもそれをくだ〳〵しく云ふことは、今でも私には忌々しい思ひがする。

その日は八月二十日、卽ち京都政變の報のあつた翌日に當つてゐる。すでに朝命として、浪士追討の命が下つてゐた。その確聞はないが、情報のあつた時から一同は、事理かくなること火を見るより明らかと感じたであらう。即ち光平が「殘櫻記」をしかと回想しつゝ、師の教へのまゝに神道の歴史の教へを深く〳〵心にをさめて、わがゆくみちの千代の古道を念じられた所以である。こゝで痛感されたやうな已を行ふといふことの重大さは、すでに言外のもので、その日の人々の、神意をふみ行ふといふ心持は、切々と我々にも傳はる。

この十八日政變の日、三條實美は親兵を率ゐ、その他の尊攘派諸公卿も、續々關白鷹司邸に參集し長州兵また參る。形勢漸次不穩となつたが、敕使鷹司邸に下り、益田右衞門、眞木和泉等は、敕旨を奉戴する旨を陳べると共に、三條公以下の復職を奏請する書を上つた。さらに敕使下り、一同の解散を命ぜられたが、尙衆散せず不穩の狀態は續いた。このさき堺町御門を中心にして、長藩は大砲四門を整列して御門に向ひ、會津薩州二藩の兵と淀藩の兵がこれに對峙した。しかるに關白邸に於ける會議の結果は、「概觀維新史」にも「遂に朝旨を奉ずるに決し」とあつて、こゝに鷹司邸を退却した。しかも諸兵はなほ解散せず、公卿を擁して隊伍をなし妙法院に向つた。かくて七卿の長州落ちとなつたわけであるが、既に十八日朝、尊攘派公卿は、參內、他行、及び他人面會を禁ぜられてゐた。封建的道德から云へば、鷹司邸參集、妙法院集合、長州落ちと、この三度に大命に抗したこととなる。卽ち封建の道德を以てしては、この間の正義のあり方は、身のおき方や歷史の理法としても解し得ず、それを認めることは、卽ちさやうな歷史觀を崩壞せしめることである。しかも我々は成敗によつて、後よりこの事を合理化し辯護するのではない。攘夷は不變なりとの敕語の下つたことを以てしても、解散の大命を拜辭するといふことは、神意に通じない幕府的封建儒教の思想によつては、思ひよらぬ身の處し方である。さらに天忠組の場合は改めて云ふを要しない。こゝを思ふなら、わが皇國の道として、神命を奉行する志の何たるかを、ほゞ解するに足らんか。この志が卽ち維新を行じた根柢に他ならぬ。さらに感ずべきは、この日長州の四砲、堺町御門に整列して未だ發せず、翌年七月十九日の變に於ては、つひに砲火發して、「概觀維新史」にも、「尊攘の志士は遂に禁闕を犯すに至る」と敍した。善事禍事のいづれも、堅氷の到る、必ず霜を踏んで來ると云ふべきであらう。

信友や、さらに先師宣長にしても、いづれも大化改新の功臣の儒風の思想を好まれなかつたが、その志と神機發動については、極力これを明白にされた。凡そ儒風の封建的大義名分論を以てしては、この間大廷御側近に於て刀槍の動く神意と志とを解し得ず、たゞ形式を考へてまづ恐れたのである。しかも神意を神機としてみることに、わが古學の道の學の眞髓があつた。わが皇朝の志と、封建儒教の大義名分論の異るところを、深く念ずることこそ、道の學の起點と考へられたのである。しかるにこの點について、未だ我々は一言をも挾み得ない。言をはさむことは必ず當世の理に陥り、不測の罪をなすに到る。すべて漢意を一掃し、たゞ古言より古事を知つてその所作に學ぶべしとの、教への大義はこゝにあると考へらる。古の所作に學ぶものは、かゝる情態に對する合理的想像といふ人爲人工の思辨を、大いに無視しうるのである。

光平が八月二十日の感動は、別に七卿及び長藩周圍尊攘志士の心境に通ずる狀態のものであつた。然るに七卿落ち、禁門の變に亙る時代の志士の棟梁にして、また責任者といふべき眞木和泉は、「文久元年九月何傷録」の「楠子論」に於て、「天命の去就は固より人力の爲す所に非ず」と唱へ、楠公自刃の志は、子孫を感奮激勵するにあつたと云つた。この主節については影山正治氏が、「人力の空しきを知つて、神意に從ふ」と釋いてゐる。この後文の大意は一族殉難の精神を云ふのである。「而して子あり、孫あり、進討、退衞、數世を歴《へ》て替《カハ》らず、皆此に死して、南北一統に及んで後已《ヤ》む。則ち一楠氏の世に遺る者莫きなり」と和泉は論じてゐる。この最後の一句、必ず深い思慮あつたものと思はれるところである。

嘉吉三年九月の禁闕の變のことについては、賴山陽の「日本外史」にもこれを云ひ、一統以後楠氏の餘燼については、また和泉も必ずこれを知つてゐたことではなからうか。しかるうへにてなほ一楠氏なしと申されたものなるか、この「一楠氏の世に遺る者なし」は、「なほさりあへぬ人もありけり」とは、また趣の異るものがある。大正四年に到つて、大正天皇の御贈位を忝くした楠木正勝は、正儀の子と云ひ、その系譜なほ私見に詳かでないが、我々は密かに、一統以後に於ける十津川郷及び北山郷の宮方遺臣の志を憐まれての御追贈ならんかとも思惟し奉つた。

けだし嘉吉禁闕の變に對し、我々は滿腔の同情を味ひつゝ、なほ大きなことわりを思辨する時、「一楠氏なし」と「なほ去りあへぬ人もありけり」といふ二つの表現の間を、彷徨困憊する感を禁じ得ぬからである。しかも禁門の變に於ける和泉を考へる時、禁門の變は必ずしも天忠組の如くでない。さりながら、元治禁門の變の、嘉吉禁闕の變と異ることも申すまでもないが、南方の古のことは、今も谷間に埋れた餘芳として望まねばならぬとの感も亦多いのである。

しかるに天忠組の思想の一つを代表する光平は、窮極に於て、一統以後の宮方のことを、最後のいのちの斷崖で考へねばならなかつた。そして「南山踏雲錄」の描いてゐるその思想は、最も具體的な歷史の事實によつて、それを現してゐるのである。年來この文章を、文學として深く愛誦した私は、さらにその思想について、深く畏むものがあつた。私がこの日記の註解を志した意は、こゝにあつたのである。一統以後の宮方を考へることは、まことに古人の眺めた最も深い深淵を見るに似てゐる。かつて師の信友が「長柄の山風」を著して、人麻呂にあらはれた言靈の風雅を以て、その日の絕對唯一の身のおきどころとしたが、今や光平は、師の神道の歷史の教に生きるために、己のいのちを以て描いた思想を、まことに師の教へたまゝの、文藝の言靈のみやびによつて描いた。「南山踏雲錄」にあらはれた思想は、この言靈の風雅をよむすべを知らず、又その德用を己にうける志のないものには、つひに汲みとれぬものと信じらる。卽ちこれを今日の常識で云へば、誰一人として理の上で解決し得たものではなかつたのである。今日の理としての言擧げはないが、光平が「殘櫻記」の史蹟の中に於て、己のいのちを確乎と思ひ抱いた日の心持の敍述を通して、我々は生々發展の道のあり方を知り、己は己なりにそれを味ふ。その敍述とは何か、卽ち「南山踏雲錄」である。この意趣をかやうにさとらねば、先代の志士の詩文から、思想をよむといふことは殆ど不可能である。國學の道の釋き方は、神の所作を學ぶものゆゑ、國史の史蹟を優に美しく敍す間に、思想の精密を描く。皇國はすべてことを先とし、理をあとするといふ眞淵の道の學の趣旨も、亦こゝを申されたものである。

眞木和泉が、文久元年に楠子論をなして、建武以前のことは人の云ふに委ねて、己はことさら云はぬと申され、文久三年天忠組の光平が、一統以後宮方の勤皇の志を専ら回想されたことは、これをそのさきの山陽の楠氏論と、三者合せて考へるなら、維新思想の激化を痛感して、ひそかに私は畏み怖れるのであつた。

光平が伴信友の江戸矢來の邸で學んだのは、僅か一年であつたが、その事は重大な決定を與へた。單に光平の歌風を以て、加納諸平の影響のみを重視することは、光平の維新思想について深く思ひ到らぬものである。しかるに一方、光平が新古今風のよみぶりを重んじたことも、かの新古今の歌風のもつ切ない熱禱歌的なもの、わけても後鳥羽院の申された、執する者の禱りのしらべが、當時の時世にあたつて、その時代の泣哭の禱りを、神の受納されるみやびとしてひらくに際し、最もふさはしい風と考へられたものと私は考へる。即ち「殘櫻記」の時代の志のあつさは、これこそかの院の申された執心といふか、しめつた切なさに、身のちゞまるやうな思ひである。事々にふれては、壯士の雄叫が、山谷にこだましたにちがひないが、概觀すれば、切ないばかりの谷底の志であつた。

八月二十日、賀名生で四首の作のあつた日は、光平は、その日附の下へ、「殘櫻記」「南山巡狩錄」「櫻雲記」といふ三つの書物の題のみをしるされた。いづれも南方宮方の遺裔をも誌した史書である。それより轉戰の記錄に、大塔宮十津川の遺蹟を慕はれ、さらに自天王、忠義王の御ことを誌されてゐるが、その御方々の史蹟の地を轉戰してゐる我身のことが、一そう切なく思はれたのであらう。さうして奈良の獄中生活の最後に近いころの歌の中では、つひに藤原廣嗣のことを回想し、その鏡宮に祈願の歌を奉つてゐられるが、こゝでは歌の傍へ、廣嗣といふ名を註されてゐるのである。この廣嗣のことについては、わが著「萬葉集の精神」の中で述べた。この鏡宮に祀られた廣嗣の所作の意味も、今の人の大方忘れたことの一つである。

光平の「南山踏雲錄」を一貫する思想を、我々は史蹟と故人の所作に照らして考へてきたのである。今日の思想を語る類のことばで、故人が己の思想を云はなかつたのは、彼らがあまりな深淵に臨んで、ものを體驗し、いのちを支へたからである。今日に於て、我々さへ、未だこれを理として云ふすべを知らぬのは、理として云ひ難いいはれをまづ了知して、神意を考へるからである。かうして「殘櫻記」の事實には、壬申の「長柄の山風」よりもさらに深く、なほしばらく立どまつてためらふばかりのものがあつた。全く今も私は浮々とそれを云ふすべを知らぬのである。

けだしその史蹟は、自ら進んで南山の奥深くにかくれたが、かてて加へて、武家の賊手で千尋の谷底に埋められた。「南山巡狩錄」の著者は、江戸の武臣だつたが、ひそかに志を立て丶これを明らめようとしたのである。わが鄕里の先學は、「埋れ木も花さく世とはなりにけり」云々と題したが、ひそかに思へば、南山の霧にはなほ深いものがあつた。

「殘櫻記」の成立は、この大草公弼の「南山巡狩錄」の附錄に、宮方後胤と南方遺臣のことを述べ、嘉吉禁闕の變を敍したのに對し、「よき書にしてまことよき人のしわざ」であるが、その記述にやゝまぎらはしい點のあるのにきづかれたことと、同時にこの變の後の神璽の御ことについて、ゆゝしい說をなす者のあるのを歎かれ、事情を明らかにして、皇國の尊さをいやが上にも正し示さんとされたのである。しかもそれ以上の志の祈願として、皇國の臣の道を明らめ、これを儒風の名分論の處生と、あざやかに對決せしめたところに、その國意がさらに深く動いてゐたことは、「殘櫻記」の附錄として、安德天皇の西國行幸、及び赤間關の御事を誌されたところによつて、十分に察せられる。神道の歷史のあり方と、神意に生きる生き方といふものを、深く窮めんとの意趣の深かつたことは申すまでもない。さりながら亂れた世のことゆゑ、誌された書どもも委しからず、くもり夜のおぼつかなく、まぎらはしいことの多い由は、しきりに歎息せられたことであつた。

今にしてさへ、「殘櫻記」に卽し、鄕土の傳說も併せ考へつゝ、その史蹟をさぐつてゆくとき、私の心にも暗淚耐へがたいものがあつた。さうしていくらかそれをくだいて敍述することには、方今困難なものを味ふのである。しかも拙い性を以て、未熟の筆をあへて敍述しようと思ふ心は、たしかなみちをこれ〳〵と示すためでなく、已の激動と傾斜の瞬間の危なさを示して、他人の感奮興起に待たんと願ふのでもなく、たゞかつ〴〵已を修めたい志からである。理の決をとらずに事を云ふのが、增長と評されるなら、又止むを得ないが、國學思想の動きとしては、少くとも事情としても知つてほしい願ひがあるからである。かけまくも畏き神の御寶については、あなかしこ、決も理もなく永世變らず、そこなはぬものであるゆゑ、わが云はんとすることは、たゞ一すぢの臣の道を旨として申すのみである。しかもさしもの信友すらも、すでに文中で事を決しかねて、しきりに歎聲をくりかへすばかりのことであつた。さうしてたま〳〵思想上からなされた判決のあとには、必ずさりながらといふことばで始めて、故人の志を憐み、つひには已の歎きをのべられたのである。されば光平もまた、史蹟を文中に散綴して、たゞ一みちに言靈の徳用を祈られたやうにも見られるのである。しかもそのことがらのきれ〴〵の散綴が、實にきらびやかな光輝をなしてゐるのは、まさしくその志の神に通うて、言靈の徳用に他ならぬと思へたことであつた。かくの如くゆゑ、我らの未熟は、あらかじめこのことの事實のみを申せばよいと思ひ、わけのぼるたよりにすべき手草だにないと云ふのは、あるひは未熟未修の増長と申さるるか、未だ考へないことであつた。

わけ行かむ手草もなくてさぎりこむ千尋の谷はなほ晴れぬなり

二

延元元年十二月二十一日、後醍醐天皇には神器を奉て、吉野行宮に幸せられた。身人部《ムトベ》氏家譜に、この時、日野資朝卿、身人部の祖清鷹に仰せて、まねびつくりしものを、假におほみみに隨へさせ給ひ、まことのみしるしは比叡の横川の經藏に隱藏め置せ給うたが、翌二年三月五日に、資朝卿、清鷹、及びその妻と女《ムスメ》として守護奉り、石山越を吉野に參向うたが、途中で清鷹は、去歳叡山の戰に蒙つた右股の矢疵が病發してつひに山中に卒る。

かくて資朝卿は二人の女を隨へ十三日吉野行宮に恙なく參着き、神器をさゝげ奉つた。この身人部氏は水口《ミナグチ》氏の祖である。しかしこゝに出る資朝卿は、さきに元弘二年佐渡にて斬られ給ひし由、諸書にも云ふが、或ひはかく云ひつゝ、實は佐渡を逃れ出でられてゐたものか、又は家譜が資朝卿の子資光卿のことを謬り誌したものなるか。上の件は、いともかしこきおほむみそか事であるから、勿論世に聞ゆべきことではない。從つてこの家譜の外には、いづれの書にも出ない事實であつて、今そのあらましを申すさへ、畏き極みであるが、今日のめでたい大御世にそのかみの御ことを、かしこくもおもひやり奉るの餘りに書き添へるのであつて、あなかしこ、み吉野の花の名殘りの香を偲ぶ人の、まづ心謹むべきところである。

神器に對する尊崇の情は、鎌倉に幕府のあつた時代の中頃から俄に昂揚したのである。兩統交立の御事に卽したと思はれるが、この尊崇の情が激越に昂揚したといふ事實は、吉野時代のことを考へる上で深く慮らねばならぬ。天つ御光の曇りがちの日だつたが、しかすがに名分を懸命に念じた日であつたことは、禍事のかげに正道の現れる神意を示すほどであつた。鎌倉初期の武臣と、その末期から吉野時代にかけての武臣に於ては、名分に對する尊崇と畏怖の情に於て、格段に昂つたものがあつたのである。親房卿も「神皇正統記」に於て、專ら神器のことを述べられたが、この時代の神器尊崇思想の表現としては、却つて少し前の佛家の虎關の說に、間然するものなしと評したいほどのものであつた。虎關は、後醍醐天皇に奉つた「元亨釋書」の中で、神鏡の御由來を述べたあとへ、「我國雖二東方海極之域一、其統御之靈也、與二天地之開闢一同レ兆乎、不レ然三般神器、何出二於鑄刻之先一、而降二於天《ヨリ》一乎。是我國運之自然者也」と誌し、「彼支那號二大邦一者、雖二土地曠遠一、而受命之符皆人工也、非二天造一也。我國雖レ小、開レ基之神也、傳レ器之靈也、不レ可二同レ日而語一矣」と云うてゐるのは、非常によい論であつて、この「元亨釋書」の中にはいかゞはしいところも多いが、この天造自然の國體觀は、この時代によくもあらはれたと思はれる。

今日の文化の思想も、これを天造自然の悟り方から考へねばならぬのであつて、卽ち虎關は、我國體が天造自然なるゆゑに、我が國の尊さが支那などと比較すべきでないことを、數百年の昔に云うてゐるのである。さうして虎關のかういふ考へ方が生れたことは、神器に對する尊崇畏怖の情の濃かだつた時代を思想の面で示すが、時代の史蹟がさらにこれを濃厚に示してゐるのである。このことについては信友が旨として申されたことであつた。

光嚴院に僞器をさづけらるとの傳は以前にもあつて、この身人部家譜の御祕事も、嘉吉禁闕の變と合せ考へられねばならぬといふことが、まことに名殘の櫻の歎きの深さを示す一つの例であつた。またさしも宮方に志厚かつた人々の、名殘りの木の下を立ち去り難くした思ひの果は、不祥のことのゆゑとて、むげに申すべきでないなどとも、合せて思はれるのである。あなかしこ。

延元の年より五十七年に當る元中九年、つひに一統成就した時の御契については、大正の初めに「近衛家文庫」の中から始めて發見せられた足利義滿の書狀案によれば、まづ正統を正統として言立て、兩統迭立のことと、御領の安堵を誓つてゐる。これを以てみれば、一統以後の宮方遺臣の擧兵名目が理にかなつてゐたことも明らかとなつた。さりながらこれは、たゞ〳〵後龜山天皇の御還幸を仰がうと願つた義滿の、一時のよこしまの虚言に過ぎず、行ふ心の誓文では勿論なかつたのである。

しかも、信友も光平も、一統の條件としては、ほゞこゝにあるまゝを、諸書によつて考證せられたが、ともにこの「近衞家文庫」の義滿書狀案の實物については、これを知られるすべもなく、もしも知られたならば、如何ばかりか彼の南山の遺臣の志のために喜ばれたことかと、例へ二翁のそのいのちのあらはれは異るとも、いづれも志の深い學者であつただけに、そのことが思はれるのであつた。義滿が姦策を以て宮方勤皇の士を欺いたことは、以前はたゞ想像のものだつたが、今日では逆賊は自己を明らかにする證據を示したのである。しかしながらこの證據を以てしても、なほ嘉吉禁闕の變をつゝむ深い霧の、必ずしも一掃されると云ひ難いのが、依然として歎きの史蹟たる所以であつた。慟哭と歎きが我が國風としていかに近いものかは、光平の歌つた萬葉ぶりと、新古今調の二つが、身をすりよせてゐるやうな、そのありさまから考へるのもよいと私はこゝでも思ふ。その歴史觀を考へないで、歌を歌としてだけみることは、もはや我々のゆくべき文學の道ではないし、また古人は、かりそめの思ひつきから、あのしらべこのしらべを恣にうつしたのではなかつた。しかも光平には、門人に歌の體を教へるために作られた擬體の作さへもあるだけに、この點については、深く思ひをこらして、謬るところないやうに考へおくべきところである。

元中九年十月二十八日、後亀山天皇賀名生の行宮を出たたせ給ひ、閏十月二日京都に還幸せらる。かくて後小松天皇に御譲位の儀を以て、神器を御譲遊ばされた。「東寺王代記」に、この時御鎮座の儀ののち三日に亙つて、御神樂を獻られたる由が見えるといふ。後亀山天皇これより大覺寺殿を仙居と定めさせ給うて、新院と稱奉らる。かくて一統のことは、深い御本意には非じと推慮り参らせど、止むなき亂世のさまにしたがひ給ひ、かつは天の下の萬民のために、深き叡慮になると拜察し奉る。しかし「その初めをふかく推はかり思ひ奉れば、ひとへに、ひさかたの、天照座す大御神の、大御慮にこそはありしなるべけれ、しかはあれど、吉野の前朝より、父祖《オヤノ》代々《ツギツギ》大義《コトワリ》を重《オモミ》し、忠心《マメゴコロ》なりし武士らは、なほ憤はれがたく、かつは武家の謀計によりて、御和合の事に及びたりけむ、といふかひなく口をしき事に思ふ心の深かりければ、其の御方ざまの宮々を申とゞめまゐらせて、猶吉野わたりに潜り仕奉りて、世のありさまをなむ候《ウカヾ》ひける。然るに武家ます〱威權《イキホヒ》を恣に振ひて、上皇を始奉り、南方の宮々を蔑如しまゐらせ、何より重き御契約に違ひて、上皇の皇子を立太子の御事もなく、また其方ざまの武士をばあるにもあられず、なほ仇敵のごとくにさへもてなしければ、宮々も御憤あり、武士どももいよゝ怒を益して」企つる意の止み難いものがあつたと、「殘櫻記」に誌されてゐる。

こゝに一統ののちは、そのかみの吉野の王子たちの、あくがれておはしませるを、南方宮と申し、またその宮たちに、心よせて仕へまつる武士どもを、南方の人と呼ぶやうになつた。一時はさしも志の深かつた伊勢國司さへ、今は義満の一字をうけて、義泰と名を改め、一族敍爵の恩典を蒙つた程だが、なほ延元陵の御ことなどを思ふと、悲涙とゞまらず、憤りのわき立つのも當然であつた。かつ鎭西、信州、野州、奥州を初めとする遠國には、南方の人ひそかに志を恢弘に勞し、わけて大和吉野の地は、今度も新院の御領となつたから、四條、日野等の公卿を始め、越智、三輪、楠木、和田等、大和河内の宮方は、いかでか武家の粟を食むまじとて、この地に入つたこと、「十津川記」などに詳しく見えてゐるといふが、さもあるべくも思はれつゝも、未だ確證のないことが多かつた。

新院の皇子寛成親王の立太子を信じた南方の人々は、あくまでと云へば心安からず思ひつゝも、大御位につき給ふ日を待ち奉つたのである。しかし重なる例から武家が神聖の誓約をさへ棄てて顧みぬことを知るや、御讓位繼嗣の事ある度に、南方の人々は擾亂を起し、それに應じて吉野の山民は必ず與黨として立つのであつた。

戊子歳（應永十五年）義滿死するや、後村上天皇の皇子の說成親王とて、一統後も吉野川上鄕に御座した皇子が、川上三村の民を率ゐて恢復をはかり給うた。しかるに如何なるわけがあつてか、（恐らくはさきの壞滅より復興ならなかつたのであらう）かつては吉野朝廷に限りない忠勤を勵んだ吉水院さへこれに應ぜず、反つて寺家の者集つて苦しめ奉り、つひに義擧破る。この翌歳六月鎌倉府火し、ついで七月、新田武藏守、千葉兼胤鎌倉府に捕はれ斬られたのは、何事かかゝはりあるさまであつた。

次いで庚寅歳（應永十七年）十一月二十七日、新院（後龜山院）嵯峨を出でて、奈良に幸され、ついで吉野に入り給うた。原因は御料の問題と云はれたが、丙申歳（應永二十三年）九月十六日まで、吉野に御留御座したのは、遠大の御計畫あつての御還御かと推測られる。

しかく云ふのは、そのほどに、壬辰歳（應永十九年）の御讓位をあきず思つた南方執心の人々は、伊勢國司北畠滿雅の旗下に集り、つひに甲午歳（應永二十一年）秋九月、大和、伊勢、志摩の宮方は兵を起し、坂内城等を收めてその勢旺んとなつた、武家これを攻めあぐみ、翌年四月幕府大兵を出して克つことを得ず、さきの上野宮説成親王の京都に御座したのに乞奉り、その年八月に到つて説服講和し得たが、この時に當つて武家は、説成親王に對し、前の元中九年一統の時の御契約を確認したとの噂であつた。しかしながらこれ亦確認のないところである。しかるにあたかもこの先癸巳歳（應永二十年）、陸奥に於ては、伊達氏及び懸田氏が幕府に反抗した。この伊達氏は、北條緣故の者であつたが、つとに宮方として、吉野朝廷に仕奉つてゐた。かくてこの東西の擧兵には、必ず南方の人の間に於ける大計畫を伴ふものの如く見られ、それを以て吉野に御座した後龜山院の御雄圖を推察し奉らんとするのである。

さらに年紀をくりのぼるなら、新院の吉野に還幸あらせられた翌年の辛卯歳七月には、飛驒國司姉小路尹綱幕府に反抗し、同年十月關東に於て小山氏も亦關東管領の命を拒んで亂をなしてゐる。かくして癸巳歳伊達氏陸奧で擧兵し、これに應ずる如く村岡氏出羽にあつて幕府に抗した。ついで翌歳甲午歳（應永二十一年）を期して、かの伊勢國司の討幕擧兵は決行せられたのであつた。こゝに於て天下騷然とし、かつ新院の吉野に御座すあり、今や吉野時代の再現を思はせるものがあつたが、この時に上野宮の御周旋あり、又南方の後援つひに續かなかつたのであらう、丙申歳（應永二十三年）九月、後龜山院吉野を御出になり、京都に還幸遊ばさる。

かゝる程に十二年を終て、なほ各地に騷動の絶え間なく、騷動の背後には必ず南方の人の畫策があつたが、つひに戊申歳（正長元年）七月六日、後龜山天皇の皇子小倉宮は御子尊義王と共に、京都を御脱出になり、伊勢國司の許に赴かれた。あたかもこの時關東管領持氏幕府に逆くあり、再び天下大亂し南北對立する觀があつたが、その年十二月二十一日滿雅はあへなく討死せられ、小倉宮も再び京師に歸ります。

しかしながらも、なほ南方の人は、延元のみかどの御叡念を思うて、如何にしても武家を亡し、南方の宮の御世となさんとの志を失はなかつた。滿雅の小倉宮を奉じての伊勢擧兵の失敗した翌年、將軍義教は南都春日神社に詣でた。時に楠木五郎右衛門光正といふ人、法體して南都に忍んでゐたが、義教に近より、これを刺さんとしてつひに捕へられる。己酉歳（永享元年）九月十一日のことであつた。それより光正は京都に送られ、九月二十四日の夕方六條河原で首を刎らる。この刑場を警護するのに、侍所赤松の手の者七百人とあつて、必ず光正の背後に大なる規模の行動のあつたことが察せらる。光正は最後に臨んで硯紙を求め、次のやうな頌を作つた。「幸哉、依二小人虚詐一、成二大望高譽一珍重々々、不來不去楠眞空、萬物乾坤皆一同、即是甚深無二法、秋霜三尺斬二西風一。」この頌は佛家の悟道を以て辭世の心懷としたものだが、小人の虛詐によつて、大望をなしたとの譽を得たのは珍重だといふ辭には、却つて黨與を隱匿したはかりごとの內心が察せらる。同じ日の辭世の歌として

ながⅡやすゑ野の原の草のうへに身のよそならできゆる露かな

我のみかたが秋の世もすゑの露もとのしづくのかゝるためしぞ

夢のうちにみやこの秋のはてはみつこゝろは西にあり明の月

この光正の處刑については、南都よりしきりに催促があつた由である。この一件の記錄は「後崇光院御記」に出る他、未だ他書に見ないので、從つて光正といふ人の系譜は考へやうないが、正儀の子か孫かと思はる。後崇光院は伏見宮貞成親王の御こと、後花園天皇の御父に當らせらる。大むね南方宮及び南方の人のことについての、この時代の記錄は、努めて失はれてゐるが、さもあり得べきことであつた。

光正が六條河原で斬られた九月には、又々伊勢の北畠教具が幕府に對して事を計つて破れた。ところが一方では、永享の五年から六年にかけて、この以前よりくりかへされてきた比叡山と三井寺の僧兵の爭鬪は、つひに幕府對叡山の合戰に轉じ、六年の暮に一度は僧徒降伏と決定したが、つひに翌永享七年二月僧徒は根本中堂を燒いて、多數火中に自殺するといふ地獄の慘狀を呈した。この先年甲寅の歲には、又全國に爭亂多く、その根柢に南北對立の傳統を見るが、この六年冬には、菊池持朝が筑後で大友少貳と戰つて敗れ、大和では越智維通が再び兵を擧げ武家方筒井氏を破つた。

さうして丙辰歳（永享八年）になると、大和一圓の南黨宮方の者らは、また頻に動き、幕府しば〳〵兵を出してこれを討つ。年と共に重なり加ふる宮方の悲運に面して、つひに最後の反撥は、やはり宮方ゆかりの地大和に集結したわけだが、今や狂瀾の怒濤は、草莽の隻手の如何ともなしうるところでなかつたのは、あはれのきはみであつた。けだしこの大和の合戰の主體は越智氏の一族を主將とし、南和一帶の鄕士の奮起にあつた。

越智氏は、傳統的な反幕府派であつた。かつて正中の變を去る八年程の以前、正和の頃に鎌倉に抗し、當時大和、攝津、紀伊に分布した、渡邊、保田等の諸氏と聯絡して畿內を騷し、建武中興の陳勝吳廣となつた一件は、「南朝太平記」に脚色されたところだが、以來代々の宮方として、遂に史上の巨族とはならなかつた。さる程に宮方諸將漸次失墜の頃は、己も一時領地を失つて諸國を彷浪してゐたが、今や大和の一黨の中心とし、河內の楠木氏の餘裔と共に、つひに宮方囘天の遠謀奇略を、一大奇道によつて遂行せんと企てた。その久しい宮方勤皇の心情を思へば、あはれに悲しいものと云ふべきである。

丙辰歳（永享八年）に大和の兵亂起るや、深い緣のあつた信濃に於ても、宮方武家に別れて兵を構へ、これを機緣として武家自體が今や二つの勢力に二分せんとする兆は、まづ關東管領家にきざしたが、幕府辛くもこれを壓へる時、大和の宮方の兵は大いに振ひ、翌年正月、幕府大軍を發して高取城に據る越智維通を攻める。しかも未だ克たない時、秋七月十一日、將軍義敎の弟、義昭忽ち大和に奔る。その理由は陰謀の露見にありと云ふ。卽ち後村上天皇の御孫僧圓胤を奉じ大和の宮方と呼應して、その兵をひき入れ、幕府の顚覆を討つた由と云ふ。義昭は圓胤と共に、越智氏に投じ、兵を十津川天ノ川に擧ぐ。越智維通は多武峯に進み、吉野時代の忠臣三輪西阿の孤忠の古戰場を收め、天下ために大いに騒然となる時、またも楠氏の遺族河内に擧兵し、幕府つひに恐怖に陷る。しかしこの畿內の一擧も年を越えて南軍十津川を堅く守り、つひに外に向つて成功しなかつたが、この年の擧兵こそ實に次に斷行せられた一大事の前兆であつた。卽ち事志に違ひ、つひに南方宮方の形勢は次第に日々に惡く、今は坐してその自滅をまつか、はた一大壯擧に、論を滅するみちに生きるかの斷崖にあると感じられた。

三

南方宮方の人らは、幾度の擧兵に失敗をかさねたが、なほ吉野の山深い奧地にあつて、その深い志に燃えつゝ、あくまで時機をねらつてゐたのである。しかしその身を削るやうな苦心にもかゝはらず、日とともに味方は逆境悲運に向ひ、焦躁の極度に於て、最期の壯擧を考へるに到つた。かゝる狀態にあつたとは云へ、悲痛を絕した壯擧の奇道を選んで、前代未聞の一擧に宮方の最後を爆發せしめたことは、しかもその心情と境遇を思へば思ふほどに、心かきくもつてことばに困るものであつた。

辛酉歲、嘉吉元年六月二十四日、將軍義教は赤松滿祐のために誘殺せられ、幕府は義教の子義勝の漸く八歲になるのを立てて、赤松をうつ。ついで翌年は、幕府諸將幼弱の將軍を擁し、危惧の情深かつたが、この年全國靜寂として一兵も動かなかつたのは、翌癸亥歲以後の動亂のまゝの靜けさと思ひ合せられる。しかるに癸亥歳嘉吉三年七月二十一日、將軍義勝死す、齡僅かに十歳、幕府は弟義成を立てて將軍とす。義成は後の義政にして、時にその齡僅かに八歳。まことに幕府の危急にして、宮方蹶起の好機であつた。然して宮方がこの機を捕へて直ちに乘じ得たのは、すでに前年來の用意のほどが察せられるのであつた。

この癸亥歳、嘉吉三年は、元中九年より數へて五十二年目に當る。元中九年は一統の年であり、この年正月、楠木正勝が千早城を棄てて南山に逃れ、この冬南北の合一なつたが、年號は北の明德を用ゐられ、しかも元中九年を直ちに明德三年としてつがれたことも、南方に志深かつた人の不本意と思ひ、さらに將來の暗影を豫感したにちがひない。その日より既にして五十二年、人の代で云へば、三代からまさに四代目にかゝる。さらに稱光天皇の崩御させられた正長元年より數へるも、十六年に當つた。時に吉野十津川の宮方の者は、越智氏を中心とし、天險の守りを賴みとしたから、楠木一族を初め、承久以來宮方執心の河內、紀伊の黨は、時こそ今と勇み立つた。

こゝに彼らは小倉宮の第二の御子で、萬壽寺にまし〳〵た金藏王を奉じた。御還俗せられて尊義王と申さる。この王の御子尊秀王を南方宮と稱へ、御父尊義王を太上天皇と申し上げた。かくて宮も今こそ武家を倒して、積年の志を行ひ、再び宮方の世となさんと思召され、又京都にては、日野一位入道藤原有光卿がこれに同意され、密かに示し合せられてゐた。

かくて南方宮方は、尊義王御父子御自陣頭に立たれて、不敵の軍兵三百人ばかり、密に身をやつして京都にしのび入り、九月二十三日の夜半に、土御門の內裏へ參よせて、西門よりうち上つた。一手は楠木次郎將となり、一手は越智某これを率ゐ、楠木は清涼殿に參り、越智は局町より打入る。此時有光卿もこれに加はり、禁廷忽ち騷亂する。

この嘉吉禁闕の變については、「殘櫻記」に詳述されるところであつて、卽ち當時の諸記錄を修して、この振古未曾有の變を分明にせられ、國體の無垢を明らかに示されて、生史學者のいだきがちな疑惑を一掃せられてゐる。さてもこゝに南方宮方は、癸亥歲嘉吉三年に到つて、つひに禁闕を侵し奉て打火をはなたれた。

幕府やがてこれを聞いて驚愕し、忽ち兵を發し、漸く退かんとする宮方勢を追討つて、五十數人を討つ、武家の死傷又甚大であつた。かくして南方宮方の軍勢は、比叡山の根本中堂に立てこもり、四方に牒送せられ、今度の一擧の趣旨を宣言して、宮方執心の徒に呼びかけた。

しかるに山門僧徒は南方に加擔せず、やがて幕軍來攻するや、勢を合せて宮方勢を攻めたので、二十五日つひに中堂陷り、尊義王は御討死せられ、有光卿、楠木次郎、越智某もみな討死し或ひは自害したが、殘黨は尊秀王を守護奉り、神璽を擁《ト》りて、大和をさして落ちのびる。さて「皇年代略記裏書」に、此時神璽寶劍紛失と記し、後長祿二年神璽歸洛とあるのは、寶劍の所在についてまぎらはしいが、癸亥歲に當つて寶劍は京洛を出でまさず、心月房が清水寺の堂中にみいだして宮中に奉つたものは、錦の袋にかへ入れられた鞘卷繪の御太刀にて、もとより寶劍とは異る御劍だつたが、寄手の南方宮方もしか知りつゝ、これを寶劍の如く扱ひ、京都方にても、これを迎へるに明德の神器御歸座の例にならつて、二十八日夜歸座の式をとり行はせられたのは、當時世の疑を晴れしめんとの計であつた。

この二十八日、叡山で生虜た兵ども五十四人を六條河原に斬る。この數五十三人とも云ふ、又四十人とも云ふ、この時有光卿の息にて參議右大辨資親卿も斬らる。さきに一度は遠島と決められたが、今日改めて斬に處せられたのである。その斬首の場所は、六條河原とも云ひ、又八條河原とも云ふ、九條高倉のあたりといふ説が正しいやうに傳へられてゐる。其頃伊勢よりの通信に、この二十八日の夜、神宮の櫪《イタガヒ》の御馬はなれ出て馳廻り、汗を流して御厩に歸つた。調べると鞍をおいたあとさへあつた由、宮方武家各々にわが方になぞへて賴もしく思つたが、一般は畏み怖れたことであつた。

さて南方宮方の人々は、すでにして吉野に歸り、尊秀王に仕奉るに、南方新皇と稱へ、また自天大王と稱し參らせ、北山鄕大河內に御在所を作つて、北山宮と稱へ、北山殿とも南方一宮とも稱して仕奉る。また尊義王の第二子にて、尊秀王の御弟なる忠義王を、北山より八里餘隔る河野谷に置奉り、河野宮、或ひは南方二宮と申し、心厚く守護し參らせて、宮方年號をたて、天靖元年といふ。これは卽ち癸亥の歳、嘉吉三年である。

明くる甲子歳、文安元年、後村上天皇の第六の皇子、上野宮説成親王の御子の前圓滿院門主大僧正圓悟、或ひは圓胤と申す方が還俗して、義有王と名のり給ひ、大和、河內、和泉等の國民を召し寄せられて、尊秀王を援け給ふべく、大和北山鄕と隣接する紀伊國牟婁郡の北山といふ地に御旗をあげ給ひ、八幡城にたてこもり給ふ。

幕府大いに驚き、是を攻めて破る。しかるに義有王湯淺城に移られ、堅く守護せられたので、幕府つねに大いに敗北し、幕府さかんにこれを攻めては必ず破れる。この湯淺の地は、建武を去る十五年の昔、正和の年、さきがけて北條幕府に抗した保田氏の故地ゆゑ、鄕士の志に深く宮方をしたふものがあつて、孤城よく堅持されること三年、丁卯歳文安四年十二月二十二日に到つて落城し、義有王ここに討死され、楠木二郎その他討死の武士も多かつた。この二郎はさきの嘉吉の變の楠木次郎の弟であらうか、未だその名を知らないのである。義有王のみぐしは明る戊辰正月十日京都に上送し、莊嚴寺に置奉る。しかるにその御處置については、武家懼れてこれを公家に奉る。但し宮方の御子なれば、うちまかせて朝敵に准らふべからざるよし議定せられた。

こゝに去る嘉吉元年六月二十四日、將軍義教を誘殺した赤松滿祐は、播磨木山城で幕軍と戰ふ。八月に到つて城陷り一族殆ど死したが、その二男の教康は、相語らふことありとて、伊勢國司北畠教具の許へ亡命する。教具はもとより南方宮方の者であつたから、その間に複雜の策動があつたかとも思へる。しかるにこの時教具が教康の首を刎ねて、これを幕府に送つたのは、幕府と和睦の直後の故なるか、又何ごとか思ふところがあつたものであらうか。

ところがこの滿祐の一族家人にして、主家の再興を計らんとする、中村彈正忠貞友、石見太郎左衛門尉等、三條內大臣實量を通じて、神器御座のために仕奉ることを以て、そのこと成就の上は恩賞として主家再興を許されたき由を願ひ出たところ、これを許可され、内々の御差汰を賜つた。かくて丙子歳康正二年十二月二十一日、一同は勇躍して結黨し、中村、石見等一揆の着到を記《シル》して、大和をさして出發した。

その頃尊秀王の令書として、諸國宮方に下し給つた文書の一が、熊野の色河氏に傳つてゐる。色河氏は古くよりの宮方勤皇の者であつた。又同じ年に熊野那智に奉られた御願文も世に傳り、忠義王の御自署の花押があつて、年號は用ひ給はず、たゞ干支のみで誌されたのは、さきにたてられた天靖と申す宮方の私年號を何故にさけられたのであらうか、その心持はいろ〳〵に考へらるが、さらばとて、又時の年號をも用ひられなかつたことも、おもきことわりを以てみれば如何かとも思へるが、此宮のおもひつめ給うた雄ごころの切ないものが我々をうつのである。山陽の外史の楠氏の列記に於ても、一統以後の楠木氏が南方宮への仕奉つた忠節のことどもを誌すところでは、みな年號を用ひず、たゞ干支のみで誌してゐる。そのことは如何かと思はれるが、楠木遺族の志を悲しんで、心を彼と一つにしたからであらう。

さて赤松の黨類三十三名は、心を一つにし、數人のものを都と播州の故地に殘し、彼地と大和との連絡を保つて、一黨の結束を堅めた。そのうち二人ほどは一黨より去る者も出て、あれこれ日數を空しくしたが、或るものは身なりをかへ、あるものは赤松の族の悲運を歎き訴へ、大和の宮方を欺き、その許に入り込むことに成功し、つひに南方宮にも出仕することを許される者もあつたが、人數多ければ計畫も露見するであらうと考へ、數人の者のみが、兩宮に仕へ他は山間にかくれて、辛苦の生活をしながら機を待つてゐたのは、逆賊の末とは云へその律義には憐れむべく、さればまた怖るべきものがあつた。

かくて翌年丁丑歳長祿元年十二月、山中は雪の深く積つた二日の夜、一揆の者らは二手に別れて、同時に大河內と河野谷に夜懸し、兩宮を弑奉り、神璽を奉じて逃れんとしたが、宮の伺候人を始め、吉野十八鄕の者ども追懸り、雪になやむ賊を伯母谷に追つめて、鄕人井口太郎左衞門よく戰つて、みぐしも神璽もつゝがなく奪返奉る。

かくて南方宮では、同時に二方の宮を失つたけれど、なほ心弱ることなく、楠木正理等は尊義王の第三の御子尊雅王を奉じて、十津川吉野にこれを守護奉る。

こゝに大和の越智の雜黨に入つてゐた小寺性説といふのは、かの赤松の一味一黨、身をやつし人を欺いて仕へてゐたが、そのほどに仲間を語つて、吉野の民を欺き宮の御在所を襲ひ奉つた。不意のことゆゑ宮方は十津川に移られたが、小寺は巧みに味方をひき入れたので、合戰中に宮は傷手を蒙り給うて北山に逃れ、遂にこゝで薨じ給ひ、かくて小寺の謀計によつて、嘉吉禁闕の變以來久しく京都を離れ給うた神璽は、再び宮中に御歸座せられたのである。卽ち三十日京に參上り、卽日內裏に歸入らせらる。明德の例に從つて、御歸座の儀式をめでたくとり行はさる。あなかしこ、あなたふと、時に後花園天皇の大御世なる長祿二年八月三十日のことであつた。嘉吉の變に禁廷を御出させ給ひてより十六年、まことに畏多い大禍事ではあつたが、つら〳〵事件の跡を見れば、神の正道かき曇ることもなく、當時の世の人の神器に對する畏怖の心は、その事件の中に自らに一きは深く現るるものがあり、「亂世の極みの、たぶれ足利がともがらの心にも、神寶を神寶として、しかすがにその尊き御事を、わすれはてざりけるは、いとも畏くいとも尊き皇國がらになむありける」と信友は申され、さらに續けて、神道の眞理の趣きを極めずば、世に凶事も相交り、しばしは凶事の行はれる幽《フカ》き縁由は知り難いと、その後には國の臣の身の處し方をさとされてゐる。

しかしながらそののちも、吉野宮方の者や、楠木遺族の志は深く傳へられ、長祿二年より二年をへた寛正元年二月、後花園天皇が義政に下し賜つた御製詩にも、

殘民爭採首陽蕨。處々閉レ爐鎖ニ竹扉一。詩興吟酸春二月。滿城紅綠爲レ誰肥。

と申され、起句二句によつて、宮方遺臣の志を察すべきであるが、義政も亦これを賜つて恐懼して直ちに普請中の造營を中止した。しかもこの年三月に幕府は楠氏の一族を捕へてこれを斬つてゐるから、なほしきりに南方の人の動きのあつたことが知らる。

さらに寛正二年にも南方蜂起のことを云々する記録が、東寺古文書中に殘つてゐる。一方赤松のその後は、政則が賞によつて祿を賜り、家を再興したが、不吉がつゞき、つひにさきの石見太郎左衞門尉は何者とも知れぬ者の手によつて、路傍に斬り棄てられた。そのころ山名宗全は赤松政則に遺恨あつたところ、赤松政則が細川勝元と親しかつたことから、遂にこれが應仁の大亂の原因となる。この時應仁二年六月、幕府に抗した楠木原城落つとの記事が見え、但しその名は不明である。ついで文明二年三月に、紀州の南方宮方は、後醍醐天皇の後裔なる小倉宮の御子孫の日尊と申す御方を奉じて、紀伊藤白に擧兵し、事は

破れたが、なほ小倉宮の御遺子なる御方を奉じて越智氏は大和橘寺の近くに據り、近隣の豪族これに加つたが、文明三年この王は西軍の主として京に迎へられた。けだし東軍が將軍を擁し、內裏を奉じたのに對し、西軍には未だ名分の堂々たるものがなかつたからであるが、遂に名を南北對抗に假らんとしたものにすぎず、こゝに遂に南方宮方の歴史は終焉したのである。時に延元の年より數へて百四十六年であつた。けだし一統以後のことわりは知らず、かの宮方執心の者らが、まごころにこゝろざしたおもむきの深さは、限りないあはれを切々と味はせることであつた。

さて伴林光平が天忠組の一人として、雲を踏み嵐を攀てわけ行つた南山の風景は、すべて南方宮と南方の人達の史蹟の地であつた。卽ち「殘櫻記」の歴史の風景である。十津川を脱出た光平が、九月二十一日川上の武木里で、宿の老翁から聞いた大河內《オコチ》の忠義王の御祭の故實は、足利の世より德川の世を經るまで、南方宮緣りの山民によつて傳へられた慟哭の物語であつた。「武木邑にて午飯《ヒルヤシナヒ》す、やどの翁に往事を問へば、翁、霜のやうなる眉かきたり、海松《ミル》なす布、肩衣の袖かきあはせて、具に古の事どもを語る、かの大河內の御所に在《イマ》そかりし忠義王の御具足を、神崩の後、廿四ケ村に持分て、社頭に祭て、年々二月五日朝拜と云こと仕へ奉る、此武木村は、御鎧の大袖を齋きまつるといへり、朝拜の時、廿四村御具足を持集て、如レ形粧立て、村民涙ながら是を拜み、且つ山僧を喚迎へて、誦經せしむ」と、後によむ者よりも先づこれを書いた人の涙を思はせるやうなことを誌されてゐる。「巡狩錄」の附錄及び、「殘櫻記」の註にも、この傳古の祭事のことはしるされてゐるが、忠義王のみならず、自天王の祭も共に行れたのである。それはともかく、かゝる時、かゝる老翁より、そのことを教へられた光平の感慨は如何ばかりであつただらうか。語る人も、聞く人も、まことに神の如くに思はれる。

この祭事については、仕へる村々と家々に筋目の者といふのがあつた。長祿元年に奮戰した吉野十八鄕の者の末裔と云はれてゐる。彼らの祖先が、生きては宮を深く慕ひ奉り、死して後もその子孫の者ら祭りを絶やすことなく、數百年變らぬ忠心を傳へたことは、事理のことわりを云ふことはない、皇國の深く尊い情とし、まづさきにことにあはれを催すことであつた。さらにその朝拜に仕奉る具足の故實は、この世のいのちの歎きをつくすものといふべきであらう。久しい間も人の知らぬ谷間には代々をへてくりかへされ、まことに國の基となる人のみさをがかをつてゐたのである。しかも花にはさかず、雙葉の稚さに薫つて、そのまゝ年の霜に枯れはてるやうなものであつた。禁闕の變のことを思ふ時の仕方のないくらさは、吉野北山鄕の土民たちの傳承の祭典のあはれさによつて、今やほとほとぬぐはれるほどではないか。けだし北山鄕山民の志こそ、草かげに生きる民の情である。明治御一新の純潔を確立して、眞の討幕思想を立て、幕府も諸侯もおしくるめて、中間の妖雲のすべての一掃と神政の再興を唱へた天忠組の大本は、この山民の純情に必ず貫流してゆくべきものであつた。この北山鄕に傳へられた、自天王忠義王の御招魂の祭事こそ、我國に傳へられた尊いことの中でも、最も大きいものの一つと考へられるのである。さうしてこれ以上に悲しい國のおもひは世にもないことだと考へる。

「花のなごり」の物語には、諸説紛々として、決しかねるところが少くないが、その原因はたゞ一つ、武家が宮方の記録を失ふやうに計つたからである。殊に長祿元年の事情や、なほ南方宮尊雅王の御ことについては、諸書に誌す趣にも混雜あつて、尊雅王の御事を尊秀王と稱へ、又長祿元年に神寶の御歸座あつたやうに紛しく誌したものもあるが、それらは申すまでもなく間違つてゐる。なほこの物語には、ゆゝしいことを誌すため、事柄をつゝむあまり、拙い筆のさらにのびきらぬところが多々あるが、あらましこの物語にふれることによつて、やゝ光平の文久三年に於ける國學思想の概略を彷彿たらしめ得ると信じ、誌す者にさへゆゝしく悲しみに耐へない物語りをあへて草したが、その大禍事の中にも、皇國のみちと理のいよ〳〵深くあらはれ出てゐるさまに痛感し、これを讀む人にも、それの傳ることを信ずるのである。南山の悲史はまことにことばに耐へがたいものである。

よしのやま常蔭《トカゲ》の谷に代々をへて花には咲かぬ菊のひこばえ

昭和十八年三月

殘花餘語（花のなごり附錄）

「花のなごり」の物語を誌して、人に示したのち、なほわが文章にあきぬ心のしきりに動くものがあつて、「心あらば花に問はまし木がくれて神のみたからありしその世を」とひそかに口にしたのである。この歌に、問はまほしいと云ふ時代は、「花のなごり」の描く期間に當るけれど、なほこれを以て「花のなごり」の文章に題しようといふ心にはなり得なかつたのである。その意を云ふことは、再び「花のなごり」の意趣を云うて、この後篇をくりかへす始末となる。

私は流暢に筆の走ることを樂しみ得ぬやうな文章を、今も考へてゐたのである。心ある花に問ふといふことさへ、浮々と云ひきつて了ふには、なほ私の心はものに謹む思ひが先立つてゐた。所詮今の未熟さでは「花には咲かぬ菊のひこばえ」の心に、道を思ふ情を確かめておく方が、なほ心安らかに思つたことであつた。さてこゝに餘語と題して、漸く「花に問はまし」と口にし得るほどである。

その南方の人々の志は、言葉を絶して憐れであつたけれど、なほ今の大御世のわれらの心には、理と情との相そぐはぬやうな深いきれめが味へ、さらに考へてゐる自分が、あまりに激しく頻りな傾斜に、わが立つ場所を定め難いと思ふ切なさを、やはり無下には否定も裁決もできないのである。しかしこゝに云ふ理とは、漢意にいふ理ではない。やはり理といふより、國の自然の情の一面かもしれぬ。それは理と云うても、漢意の場合の如くに、理として行ひの指針とならぬものを指すのである。

史蹟から身の所作を學ぶといふ考へ方にしても、史蹟を先例としてみるのみであつてはならない。先例としてみて、その大義名分を論ひ、彼の先人の爲たことは我も行ふべきであると考へ、或ひは我も行つて正しいと思ひ、形の結果を明らめて人爲の策を立てるといふことは、やはり漢意である。さういふ考へ方の中には、わが國の教への自然と神意は現れてゐないのである。先例から理をたて、それをかやうな形で云ふのは、幕府風のものの考へ方である。また過去の史蹟を、あらぬ方にまで想像し、その想像が觀念上で合理的だといふことから、その想像された場面を先人の志を楯として合理づけ、今の己の上に强辯することも、私意として私は排斥する。我々は過去の史蹟に、人の志を切なくすることが、何より大切だと考へた。それは形を見るまへに、志と神意をみることである。

過去の志の所作として形をみず、形のみをつよく先例として說くのは、儒風の大義名分論である。大化の時に、大廷を驚愕させた事實を、形の上でみるといふ例から、今日の所作を合理づけるといふやうな考へ方なら、これは儒風の論理であつて、神意奉行の者の論理ではない筈である。

しかし我々が古き壬申の日の臣であれば、又南方執心の民であれば、其日に如何に己を處したら宜しからうか。さういふ疑問に直面するなら、「殘櫻記」の著者が大いに苦心彷徨せられたのは、實にこゝであつたことを知る。さうして信友はこゝで國史の學び方を教へてゐるのである。

吉野時代の一統以後に於て、我々はこの世の民としては如何したらよいか、しかもそのことを、さらに具體的に人は問うてゐる。しかしさういふ問に、形を定めるより、さやうに云ひつゝ、歎きの情を燃やしうるほどの心ざしがあれば、道の學の言擧としての範圍限界は、すでにそれでよいと考へらる。しかしこの情は、さらに深い一大事にわたるものであつた。

他の人は知らないが、當時の武家のしたことは明らかだつた。さうして我々の血の先祖のしたことも、我々に明らかである。我々にあつては、南方宮方執心者の奉行を大義の論ひとして云々するまへに、既に決定された傳承を身近にうけてゐるのであるから、多少人と考へ方も異るかもしれない。

今日の歴史の通念から云へば、一つの千早城であるが、この千早城を中心にして、吉野山中の前線を横に貫き、紀伊半島の東西の海を縫ふ交通路があつた。これが承久以後、宮方勤皇の幹線となつたのである。東西に海の口をもつてゐたことと、山を背にした要害の第一線だつたことが、その特長である。この線上の豪族は、今日の歴史では、楠公と千早城が代表してゐるが、それは楠公の偉大がそれを代表するにふさはしいからであつた。他にも無數の盡忠の英雄豪傑が出て、この線を守護したのであつた。

承久の精神を元弘にうけられ、元弘の悲願を近世に繼承したといふわが國史の思想は、我々の皆が幼童の日に鄕國の傳承として教へられ、しかも少年期の文化教育によつてそれを疑ふべき方法を教へられ、青年期になつて感奮して再び囘復した歷史の精神であつた。しかし我々の生國祖先の勤皇路の歷史では、承久の悲願をすでに建武の以前十五年に爆發させ、統一以後も南方宮方恢復の策源地として、一統の後も百年に近く維持したものである。それは延元より數へると百四十六年間に亙つた、思ふだけでも涙の止らぬ祖先の史蹟であつた。しかもそれは抽象的に云ふ悲願でなく、血涙で描かれた事實の史蹟と古戰場である。

さうして近世の始の大阪と江戸の決戰に於ては、わが鄕里は殆ど大阪方に加つて、この勤皇路は德川幕府から寸斷せられた。こゝに於て我々の鄕土の歷史と系圖は遂に湮滅し、傳承は記憶の中に辛く傳へられた。幕府がこの勤皇路をどのやうに切斷したかは、この線上に配置した大名領地の狀態によつてみれば明らかである。

古代を考へると、紀和勢三國を貫通するこの線は、さらに重大な國の幹線であつた。上代史に現れる難波や紀州湯崎の溫泉と、伊勢は、大略に云うて、この幹線の兩端を現してゐる。伊勢、河內、和泉、紀伊、それに攝津南部は、大和を中心とする一帶の根據として、承久以來宮方の地盤だつた。さうして二つの海口によつて、奧羽、鎭西と交通支配したのであつた。伊勢、熊野と相對した聖地を考へても、それがわかる。熊野へゆく道は、田邊から入るみちと、十津川北山から出る道とがあつて、さきに云うた幹線に交錯する。このみちこそ上代から近世にかけて、皇室と最もゆかり深い、執心の者らの道であつた。今も吉野の故宮址より四邊を眺めると、北に越智氏の高取城や多武峯が間近くに聳え立ち、西には金剛山城が泰然と位置して、そゞろ當時の狀を思はせるものである。

さうしてこの交通路の人々は、一統の後も、あくまでも宮方に志を厚くした者らであつた。これが大義から云うて如何なることとなるか。しかもそれが他國のことでないと云ふ以上に、我々にとつては、我身のこととして、その業蹟と悲志は批判を絶して迫つてくる。

當時は今の世やその以前の世と異つて、神器を大義名分論から解し、畏怖尊崇の念には缺けるものがなかつたけれど、言擧云ふ時は、これを漢意より受命の符として考へ、わが神器の本質についての心得に缺けた點もあつて、しかもその時に於て、その寓意解釋には遺憾なものが多かつたのである。これは近世に於て、朝命を儒風の大義名分論によつて解して、一面では朝を尊びつゝ、却つて古道をくらくした趣きにもやゝ似通ふ點であつた。

しかしさしもの足利が、あくまで吉野を侵し得なかつたことは、神器が吉野に御座したからであつた。かくも神器尊崇の點で申せば、未だに例ないほどに激しい時代であつたことには、禍事の續いた日の、神意の御はからひと思へるものがあつた。さればまた高師直の如き無道の頑賊さへ、それを尊崇するのみか、畏み怖れる點で限りないものであつた。見解や思想としては、さかしら心より恣意の理として、異樣に申す者もあつたけれど、神として怖れ畏む心には、古とつゆも變らぬもののあつたのは、さりながらあなかしこ、畏くも尊き極みであつた。嘉吉禁闕の變の後さへ、幕府の敢て大軍を發して肉迫し得なかつたのは、その神を畏む恐怖心からであつた。しかも恐怖の心は、御座あるべきところに御座ます神意を畏怖したものに他ならぬとも思はれるのであつて、あなかしこ、これを深く思ひ従ふ時に、嘉吉禁闕の變の當事者の、心情に於て何の曇りのなかつたことの證されるものではなからうか。さらにこのことは、長祿の御歸座に當つて、明德の例にならはれたところにも察せられる。

我々が歷史に於て道の學を立てるといふことは、己もしその世にあれば如何に己を行ふべきかの志によつて史蹟に今を學ぶものであつた。しかしそれは形定つた後を、さかしらにうべなひ、さかしらの法を立てて、今の世にくりかへす類の論とはならぬとの大旨は、最も怖るべき深淵をみた者の明らかに知るところであらう。過去の史蹟と所作を、道の學として學ぶ者は、誠心を持して神意の自然に從ひ、己を行ひうる確信をもつのである。至誠は自ら形を創めるものである。至誠は必ず一貫し、舊習は必ずくりかへすものではない。

しかし善事も惡事も、必ず堅氷は霜を踏んで來るものであるから、元弘、建武に生をうけた者ならば、護良親王に從ひ參らすべきである。我國神州ならば、必ず護良親王が御座すのである。水戸の齊昭は、かやうな志をその和歌として述べてゐる。しかもその機を失すれば、楠木正成に從ふべきである。草莽すべてこの志をもてば、延元の餘愁の殘るいはれはないのである。尚も義貞に從ひ、顯家に從ひ、正行に從ひ、至誠あればその機を悉く失ふ筈とてはあり得ない。かゝる道理を知つて、今日に身を處すところに、道の學の本旨があつたのである。

それが嘉吉禁闕の變に到らさぬ理であり、延元の餘愁を殘さぬ理である。しかるに嘉吉の變の起つたことに、如何なる神意があつたことかを云へば、恐らくは國民がかゝる禍事を重ね〳〵放任したことに對する神意と思はれる。申すもゆゝしきことながら、恐らくは逆賊の野望は、これによつて九仞の下におひ落されたものに他ならぬのである。かくみれば、振古未曾有の大禍事にも、奇しくも國の道を護らせ給ふ神意の働くものが感じられる。

かくして、神璽めでたく御歸座あつた長祿二年より二年目の寛正元年二月に、後花園天皇が、將軍義政に下賜された御製の詩の起句に「殘民爭採首陽蕨、處々閉ㇾ盧鎖二竹扉一」とあるのは、思ふにゆゝしく畏多い御製であつた。十六年目の御歸座より僅かに二年、すでにこの御詩を拜すれば、義政の亂逆を訓諭し給ふのに、南方の人の動靜を以てせられてゐるのである。しかるにこのことが又嘉吉禁闕の變の意味を暗示するものであつた。

嘉吉のことを正しく思ふ者は、護良親王の機をみることの大事について、明らかに了知するわけであつた。不祥をみてその未萌の源を考へ、その機に當る志を立てることこそ、史蹟を見て道を學ぶ徒のなすべきところであつて、事の到るには必ず勢のある意を知り、その禍事を未萌に防ぐことが道の學の一大事なる理と知るべきである。

これを以てみれば、元治禁門の變を例としても、たゞその形をみて排する者も、又形をみることよりひき起される想像の場合を以て、あへて將來の典型視せんとする者も、いづれも未だ維新の勢の中にあつた神意をみぬ者である。その勢に神意を見た者は、必ず形をあへて典型とせず、己の至誠の創造力を今日に考へる筈である。神意は憤りに發するが、謹しむことを命とする。過去の史蹟を例とし、その場合に、かく〳〵のことも想像されるとし、その想像される事例を、策謀の根據とし、また辯解とする如き思想は、未だ至誠によつて行動を律する者とは云へないのである。それ故過去の史蹟によつて、たゞ一途至誠の國ぶりたる神意を思ひ、その神意を見知ることが、道の學の肝心と考へるべきである。

かく至誠志を立てて、なほ人工の形策を論議せぬことが、草莽の忠誠であり、これは神詠の考へ方と共通するのである。この立場に立てば、あらかじめ非常の策を立てて、内に至誠忠心あれば云々といふ如き論は出ぬ。かゝる論理は、北條泰時流の考へた論理であつて、それが逆心なることは明らかである。泰時は、君臣の別は天にあり、命を天にきくと稱して鎌倉を發したが、途中に於ても、なほこの儒教的大義名分論に對して、さすがに内心不安を禁じ難く、三島明神を拜して、神慮の裁判を乞ふとて、「我に罪あらば我を死なしめ給へ、我正しくば軍に勝たしめ給へ」と念じたと傳へてゐる。これは外形神意に聞くものの如くして、しからざるものであつた。彼は人爲の理をさきに立てて、すでに行爲を律し、しかもそれが元來忠心の祭祀より出てゐないからである。眞に神慮をきかんとするならば、靜かに謹んで上の遊ばすところと、國民の遇するところを待つことが、彼に至誠ある時の當然であつた。しかるに惡逆泰時が軍に勝つたのは何の意であつたか、これについては、國學者らは、神道の禍日と直毘の靈の作用を知らぬものには理解されぬと說いてゐるのである。

さて元弘建武から、延元の御世にかけては、國史無雙の偉人が輩出し、後代の教へとなることを自らの生命の上で行つてゐるが、その中で、萬里小路藤房卿の身の處し方は、異色あるものの一つであつた。

そのことについて、「太平記」の解釋するところは、いたく佛說にかたよつてゐるから、なほ今日の想像を以ておぎなふべきところが多いといふことは、改めて申すまでもない。護良親王が足利高氏の逆心を察せられ、更に維新斷行の政治の未しさを慮られて、その禍痕を一擧に去らうとの御決心から、信貴山に紀和河内の兵を召されたのは建武元年の初めだつた。高氏が親王の御志を知つてこれに對抗して兵を集め、中興治下の風雲が動搖したのは、その年六月のことで、この親王の御壯擧はつひに失敗に終つた。藤房卿が中興の動向に不滿を表して韜晦したと云ふのは、この年十月五日だつた。藤房卿の所謂韜晦が、何であつたかは不明であるが、こゝにあらかた想像される狀態がある。

彼の不本意が、主上の御政治に對する見解にあつたといふのは大むね當らないし、又この近世の想像を以て卿の臣節を疑ふことも不當である。卿は中興の場合に最も盡力せられた一人であり、その長老であつた。卽ち年齡から云へば建武元年なほ四十前後の壯年であつたが、それでゐて比較から云うて長老であり、正成がほゞ同年であつて、義貞は時に三十三、高氏は僅か三十歲であつた。明治御一新の戊辰歲、西鄕南洲は四十二で長老であつた。さて私はこの卿の所謂韜晦に、明治新政府にあきず思はれて薩南故地に歸鄕された南洲の心境と相通ずるものも感ずると、想像の二件をのべ、その想像的敍述は省略したいのである。こゝで往時の記述の外相を信じて、藤房卿の隱遁を佛敎的思想に發するものとしてゐるのは、その形を見てその志と時の情勢を見ぬ徒である。けだしかゝる人々は大西鄕の場合にもその壯士調漢詩のみをみて、その皇臣の衷情と志を解し得ぬであらう。まことにその世が惡かつたゆゑに、藤房卿もその時勢のまゝに佛教風の粧ひをとられたものがあつたかもしれぬし、又當時の傳記者はそのやうにしるしたであらうが、我々はかゝる時にこそ、外相を見ずにその志を見ねばならぬのである。佛教者風の思想によつて身を處せられたものでなく、志を時勢の形に現されたにすぎぬ。今ならばしかくはなされぬことであらう。

住み捨つる山をうき世の人とはばあらしや庭の松にこたへん

これは藤房卿が、一先づ身をかくされた北山岩藏の庵室に誌し殘された歌であつた。都から卿をひきとめ戻さうとのために來た人々は、岩藏の庵に誌されたこの一首をみつけ、本人の行方は知られぬまゝに、たゞこの歌を憶えて歸つたのであつた。この話もすでにおぼつかぬことだが、卿のその後のことはつひに知られぬまゝになつてゐる。

主上笠置を落ちさせられる時、藤房卿季房卿の兄弟が供奉せられて、そのほど三日まで供御の食もなく、御難儀の限りをつくされたが、その時の君臣唱和の御歌が世に知られてゐる。

さしてゆく笠置の山を出でしよりあめの下にはかくれがもなし　御　製

いかにせんたのむ蔭とて立よればなほ袖ぬらす松のしたつゆ　藤房上

この御唱和は、あまねく知られたことだし、以前は小學校の教科書にも出てゐたが、その藤房卿の終りについては、きはめておぼつかないことしか教へられなかつたのである。

この卿のことで世に知られてゐるのは、平等院に於ける武家との應待よりも、左衞門佐局との悲しい戀物語である。それは元弘の時のあはれな物語の一つであつた。

左衞門佐局は、中宮に仕へた女房であつたが、元亨の頃、主上が北山殿に幸された時の御賀の舞ひに、左衞門佐局は琵琶の役に召され、青海波を彈じた。供奉した藤房卿もこれを觀られたが、殊に容色世にすぐれた女房ゆゑ、以來深く心に染めて思うてゐられたが、つひに思ひかなつてある夜逢はれたところ、その翌朝、主上には俄に笠置に上らせられるといふので、藤房卿はかの女房をいま一度見て、如何がなるかも期し難いゆくすゑの別れを申したいと思はれ、その女房の住む西の對に行かれたところ、さき程急のお召があるとて、北山殿へ參つた後だつた。藤房卿は心殘りにもせん方なく思され、鬢の髮を少し切つて、それに歌を書き副へて置かれた。

黑髮の亂れん世までながらへばこれを今はのかたみとも見よ

かくして卿の出發された後に、局はこれをみて、跡を慕ひ申したい心はあれど、そのすべはなく、今は悲しみの餘り

書きおきし君が玉章《タマヅサ》身にそへて後の世までのかたみとやせん

と、さきの歌のあとに誌し、形見の髮を袖に入れて、大井川の深い淵に身を投げた。この大井川といふのは、山城葛野郡にある。

さて藤房卿が、初めて左衞門佐局を中宮の北山殿で見られたのは「去る元亨の秋の頃かとよ」と「太平記」に出てゐるから、元弘元年より、十年ないし七年の以前であつた。しかも初めてその女房に逢つた翌朝に、主上笠置に行幸になり、卿も戎衣を召して供奉す由

にあるから、殊さらに「太平記」には云うてゐないことだが、かねてこれを知つて、その夜が最後とは定かに思はれなかつたかもしれぬが、最後に近い都の思出に、長い間の心の戀をかなへんとて逢はれたものと思はれる。これほど久しい間の戀は、昔の物語にさへないことであるが、逢はれた卿の心を思ふと、さらに情の深いものであつた。

その昔は藤房卿の三十歳前のことであつて、「太平記」にその間を三年としたのは、數へちがひである。この戀の物語は、古の御世にもないやうな美しいためしで、主上の御壯擧の始終に畫策してゐた藤房卿が、いよ／＼最後に近づくころに初めてその女房に逢はれたといふことも、情の自然を現して、美しい戀物語であつた。「太平記」もこの女房を悲しんで、「爲㆓君一日恩㆒誤㆓妾百年身㆒」とはかやうなことであらうと云うてゐるが、藤房卿の人がらを考へる上では、この美しく果敢ない戀物語の主だといふことを別にしてはならぬのである。

しかしこのやうな戀も、そのやうな女の情もたゞの一例にすぎないが、「太平記」の戀物語には、切ない激情を描くものが多い。感情の昂ぶりから云へば、「平家物語」のあはれのもつやうな、のどかさは殆ど少くなつてゐるのである。同じ亂世と云うても、もののあはれの戀と、太平記風の亂世の戀とでは、その心もちには大いに異つてゐて、その美しさには變りなくとも、時代の敎へとしては異る。さういふ切迫した日に、長恨歌などの感情が、人々の身のおきどころとなつたことは、何とも云ひやうないほどに味ひふかいことだつた。しかもこの亂世の愛情の昂ぶり方や、思ひつめたものの現れ方は、ことばで云へぬほどに重要なことである。人倫道義の頽廢した、さういふ亂世を、辛く支へたものは、さうした一瞬に燃燒しきる愛情の火花ともいふべきものにあつた。今日今も、私はそれを思ふ心もちにふかいものがあるのである。教訓によつて、今を支へる代りに、昂つた感情の中に生れる自然のものの、一瞬にして無限な美しさによつて、この日の人倫を支へたいと、私はさういふ文藝を心がけてゐるのである。

しかしこの物語は、卿の隱遁と關係ないことである。ものの因果を云ふことを、特別の趣旨とした「太平記」さへ、これを結びつけては說いてゐない。「太平記」の藤房卿遁世の事を云ふ章のさきには、「龍馬進奏の事」といふ條がある。そしてこの條は、藤房卿の韜晦の心持を云ふために必要な前提であつた。しかも眞の條件としては、やはり護良親王の御失墜にあつたのであらう。

その頃のこと、佐々木鹽冶判官高貞が、千里をゆく天馬を奉獻した。この天馬出現について、色々の人が、御世の吉兆たる由を申し上げたのに、藤房卿は一人變亂の兆だと奏上した。卿は千里駒が太平に用なきものなることわりを申して、古語にある吉日には三十里ゆき、凶日には五十里を往くといふ故事のことを申上げてゐる。しかもこの中で、さらに悲しいことを、時局に關して云はれた。頃日多くの武士が默つて鄕國に歸つてゆくが、各自の心に不滿に思ふものがすでに外に現れてゐる、その理由は他でもない、これは親房卿の考へ方では、「元弘大亂のはじめ、天下の士卒こぞつて官軍に屬せし事、更に他なし、唯一戰の利を以て、勳功の賞に預らんと思へる故なり」と申されたところで、卽ち武士どもは、その初めの期待にはづれたゆゑ、各々國にかへつて、自らの利をなすために、すでに内心では、幕府擅權の頭首を立てんとしてゐるのである、と心に思ふ不吉のことを、あからさまに申されたのであつた。この藤房卿の申されたことは、不幸にも大いに當つてゐたのである。高時を倒して高氏を利すことは、討幕と云へない、武家を倒して公卿と替へることも、叡慮と申し得ない。藤房卿は新な幕府の起らんとする情勢を申し上げたのであつた。さうして天馬進獻のことは、必ず大亂の備へを警しめられるための前兆と解さねばならぬと申上げた。

後醍醐天皇も、つとに叡慮そこにあらせ、早くより根柢の兵力をかためるため、全國に皇子たちを配置奉られたが、なほ大御心が直ちに、武家の力の上に貫流せぬ情勢があつて、かた〴〵さきに護良親王の御事に御悲涙を味はせ給ひ、つゞいて藤房卿の所謂韜晦も起つたのである。

さてかの千里の駒は、後日高氏が關東で叛逆し、義貞これを攻めて勝たず、都に歸る時、主上義貞を急に迎へんとせられ、この馬を下さる。しかるに千里の駒は中途にして倒れて、つひに千里を往かなかつたのであつた。

なほ「芳野拾遺物語」巻一には、藤房卿の晩年のことが、二つの逸話として語られてゐる。その一つといふのは、越前國鷹巣山で藤房卿に遭つたといふ話で、新田義助が參内した折に報告してゐる。それによると義助が鷹巣山に城を築いてゐた時、部下の者に命じて山中をさぐらせたところ、山奥で行すましてゐる一人の入道に會つた。それが人がら貴げで藤房卿のやうに見られたといふので、改めて一條少將が求めゆくと、既にその僧はゐず、「此處もまた浮世の人のとひくれば空ゆく雲に宿もとめてん」との筆のあとのみ殘つてゐたが、少將の言によれば、これは藤房卿の筆蹟にちがひないと申された。しかしこの物語で、初め義助の部下の者が、一人の入道に會つて藤房卿でないかと思うたのは何によるか。想像すれば當時藤房卿の所在に關しての流言がかなりに廣く多く行はれてゐたらしくも見える話である。さうしてこの話のあとに、藤房卿の行方はその後は知られぬけれど、鷹巣山に居られたのは、越より筑紫へ出られる途中だつたやうに誌してゐるのも、おぼつかない話だが、世に行はれた話だつたのであらう。

この少しまへのことだが、大納言實世卿の許へ、草刈童が、痩せ衰へた修行者に托されたと云ふ文をことづけたが、それには「君が住むやどのあたりを來て見れば昔に濕らす墨染の袖」との一首が誌されてあつて、實世卿が見ると、まがふ方ない藤房卿の筆蹟だつたので、なつかしく思ひ、又驚かれて、その童を召して修行者の行方を問ひたゞし、自身に直ちに參內せられ、大和、紀伊、河內の關所關所に勅して、修行者を止められたが、それと覺しいものをとらへることは出來なかつた。

この二つの事件は前後して起つたことで、「君がすむ」の歌の方が先だつたと、「芳野拾遺」では云うてゐるが、記述では、この方を後にしてゐるのは、事理の上で定かにきめられなかつたからであらう。いづれにしても、藤房卿遁世後の物語としては、この二つのことが「芳野拾遺」に出てゐるが、その二つともにおぼつかないものであつたから、この卿のその後については、殆ど知るところがないのである。

藤房卿ほどに著名の人物ではないが、朴翁といふ隱士があつた。文學を以て後村上天皇に仕へ、亭叟子、遊和軒とも號した。古今の文學に通じてゐたと云はれてゐる。その當時のこと、武家に內爭があつて、山名時氏が幕府に不滿をもち、足利直冬を主と戴いて、高氏、義詮に抗するため、吉野の朝廷へ降服を願ひ出た。

この事件も相當面倒なことで、北の武家が內派爭から吉野に降ると、それに應じて吉野の內に於て不祥の爭が起ることが多かつた。この山名降服の時なども、大和の越智家澄がこれに對する待遇をあきず思ひ、變心して北に降つてゐる。これは越智氏の歷史にとつては、遺憾なことの一つだがこれらのことの原因は實に深所にあつた。

山名が直冬を主將として吉野へ降參したのは、綸旨を蒙つて高氏父子を討つことを乞うたものである。これに對し、吉野の朝廷では、その勢を利用するによきことと思召されて、綸旨を下されたのであるが、朴翁はこれを極めて遺憾と感じ、「忠臣は孝子の門に求むべきである。勳功閱歷があつても、不幸の子は任用すべきでない。直冬は子として、父兄を討たんとし、假りに朝命を乞ふのみ。しかるに朝廷これを容れて、直ちに大將の號を下さる。甚だいはれないことであつて、たとへ一戰に克つともその功を遂げうる筈がない。且つまた却つて御味方の士氣の統一を害するに到るだらう」と云うた。さうして朴翁は隱士として一切を斷念したと云はれてゐる。しかし吉野の側近にあつては、朴翁の憂ふるところを深く考へるには、すでにあまりにも焦躁の情態にゐたのであつた。

かくて官軍は一時京都を回復し、兵威も振つたけれど、結果は朴翁の云ふまゝとなり、越智家澄の如きさへ、山名らの命をきくを潔しとせず、却つて北方に逃れて、わが地盤の安全を計つたほどである。この家澄の北嚮には、必ず南歸の下心があつたことと思はれ、又越智氏の一族はその後もあくまで南方の人として、最後の南方の宮を奉じてゐたが、應仁の亂には、その宮を奉じて西軍の名目上の主となつたのである。しかしこの南方宮上京の日を以て、南方宮方の悲しい終焉と私は考へるのである。

さて南方諸豪の動静を、たゞ武家の繼嗣の抗争から解し、越智氏の場合の如きを、特にさういふ觀點から見るのは、當らぬことであつた。當らぬといふ理由は、冷静に史實を見れば、必ず了知することである。武家の結合は、功利上の利便だが、南方の結合には、切實な悲願と執心が一貫してゐる。しかしながら南風の競はぬ焦躁の中では、あまりにも策に走り、功に急がれたことが、却つてよからぬ始末となつたのはくりかへして遺憾なことであつた。即ち京都の回復をあせつた朝臣女官が、大節を自ら持して大義の明らかさに任じ得ず、武家内爭を彼の自滅に導くまでに、毅然の態度を持し得なかつたことである。それらの苦難を生きた人を排するのでなく、彼らの自信と神州の自覺に今一歩缺けるものを、私は悲しみとするのである。

吉野時代の歴史をみて、武家の反幕府要人の宮方に降服するさまを見、それに對する南方の處置をみる度に、我らは純然たる宮方忠臣のために腸を斷つ思ひを禁じ難いのである。まことに彼らはたゞ利を思ふ幕府勢力の一分派にすぎなかつた。吉野の大義とは雲泥相容れぬ徒輩だつたのである。彼らはもし力をもてば、先の幕府に代つて、己の幕府をうちたてるにちがひない者であつた。しかも吉野の宮方は、時にはそれら武家内部の現政權反對派の背景となり、或ひは援護となる始末であつた。彼らの舊勢力の善用によつて京都を回復せんとする如きは、すでに元弘延元の精神をつぐところの大義の軍でなく、却つて幕府的なものに資する小策である。けだし彼らは、今日は南方の援けをうけるとも、日をかへるなら必ず新しい幕府となるものであつた。しかもこの間の事理は、護良親王のつとに了知されたことにすぎないものであつた。その親王の精神が、南方に傳はらなかつたわけではないが、史實を見れば、焦躁の策謀が、幕府的利己慾心につひに破れ、ある場合は執心の南方忠臣の死も、幕府のために資した結果とさへなり、その原因を更に求めて、大御稜威を眞に萬腔より確信し得なかつた人々の上に思ひ到る時、思うて慟哭に耐へないものであつた。卽ち叡慮は民に及ばず、忠臣の多くは孤忠に死して、たゞ草蔭に哭してゐたのである。

これを眺めた朴翁の思ひと態度は、文人の道として止むなきものであらう。かやうに見てくる時、大楠公湊川の精神が、いやが上にも輝くものであつた。しかし大楠公の精神は、南山百五十年の歴史を通じて、無數無名の志士によつてうけつがれたものであつたことも、今日では疑ひ得ぬことであつた。朴翁の末路は不明であるが、朴翁の心情を持しつゝも、自身の湊川を、人知られぬ山蔭川畔に、生身で行つた忠臣は、なほ無數にあつた筈である。國の燈を百五十年にかゝげ得たものは、けだしかゝる人々の祈念である。

大和二見文書の中に、正平四年正月十日宣旨として、左衛門尉源光遠を從五位下に敍す由を誌した奉書がある。しかるにこの二見光遠の名は、この奉書に見えるのみで、「太平記」にその姓は誌されてゐるが、未だいづこにもあらはれぬものであるから、何處で何事をなした人なるかは、何一つ知るすべもない。たゞかくの如くその名のみをとゞめたといふ意味で、さらに無數にあつた、空しく倒れた草莽無名の忠臣を代表する如くに、なつかしく感じられる國史の遺品である。

元弘以來、勤皇に身を挺した大和の英雄としては、片岡八郎、竹原八郎、戸野兵衞、さらに高間行秀、快全の兄弟や、吉水院の宗信等の人々は、さきに大塔宮に仕奉つた忠臣であり、史書の上にその活躍を記錄された人々である。延元の後も、さきの宗信、西阿等は、吉野時代有數の英雄として傳り、さらに堀信增、秋山、芳野、澤の所謂宇陀三將、赤埴安賴等は、多少の事蹟も知られた鄕土的忠臣である。

それらの中で、この二見光遠ばかりは、何の記述も傳承もなく、たゞ六百年を傳へた一通の古文書によつて、その名のみを殘し、彼の忠志と勳功がほのかに世に知られる人であつた。もしこの一通の奉書がなければ、その名さへも空しく消え、今も草莽に眠る無數の忠魂の一つとなつたことであらう。私は平素南山の悲史を心に案じて、わが鄕黨祖先の遺志に感銘するとき、そのはてにこの二見光遠の名に思うて、とゞめ難い萬斛の悲淚の中に、なほかつほの〴〵としたなつかしさを禁じ難いものであつた。

「櫑の下」私抄

伴林光平の歌書としては、歌集及び歌學に關する書合せて十五種の書目を、土橋眞吉氏の「伴林光平」にあげてゐる。しかしその他の多くの論策隨筆、あるひは日記紀行文に於て、多數の歌を掲げ、また全篇歌を中心にしてなつたものもあり、そのうち一部のものは、翁の家集に收められてゐるといふ。これらの著作のうち、現在までに刊行されたものは十種に足らぬが、舊刊の小野利教氏の「伴林光平全集」は、全集と呼ぶよりも歌集といふべき體裁のものである。この私抄は大略それにより、他に所々で散見したものをさめた。秀詠と共に翁の性格の察せられるものを語る目的からである。

翁の家集は「篠屋詠艸」十卷、「篠屋家集」三卷、「櫑下詠草」一卷、みな寫本として傳り、一般にはみることの出來ない現在として、小野氏の全集に從つた理由である。この全集は世上で不完全と云はれてゐるが、私はこの本によつて大いに啓發せられた。翁の精神を知るには、これのみで殆ど足るものでもあるが、方今の如き世情に當つて、さらに完全の全集の現れるやう熱望することは、それとは自ら別である。

今この私抄に「橿の下」と題した理由は、翁の詠草にその名があつたことと、橿といふ木の尊さが古のものを思はせるからである。翁が「野山の歎き」と嘆じた畝傍の近くから、近ごろ多數に神代の橿の根株が發掘せられた。かつてそのあたりは、翁がその健脚を以て歩き廻り、「むかし誰神のみはかをそれとだに知らぬばかりに埋めたりけん」と歌ひ、或ひは「昔誰れ神のあらはか田に墾りてかかる歎きのたねをまきけん」と歎じたあたりである。しかも今日の發掘は、橿原の大宮の齋庭をひろめ嚴しくしたてて、そのかみの大御代の神の光りを祭るための工事の結果だから、死しての後もわが靈は、御陵の小笹の上にとゞめたいと歌はれた翁は、今の大御世に逢うて、定めしその靈は深い感慨を味つてゐられることゝ思はる。

さて全集に從つてこの私抄を作つてみたが、時々疑問が起つたところは止むを得ずにすました。この全集は、有志の人の編著である。しかも天覽を賜つたほどの本だから、十分注意されたものと思はれる。しかし「大君のみたゝむきてむあむはあれど蜻蛉はなきか秋津しま根に」といふ歌が全集に出てゐる。光平の研究家である土橋氏の本には「安政の頃世を憤りて」と題し「みたゝきくふ虻はあれど」と訂正して出てゐる。ところが今日一般には、この歌は藤本眞金の作として名高く、「大君の御たゝむき螫《サ》すあむをおきて蜻蛉《アキツ》はなきか秋のみそらに」といふ形で、自筆の短冊があると云はれてゐる。しかし眞金の短冊は吉野陣中のもののやうに聞いてゐる。尤もこのやうな名歌は誰の作であつてもよい上に、眞金でも光平でも、いづれにしてもそれを歌ふにふさはしい人である、しかも眞金と光平の場合なら、舊來より交友のあつた人だから、その作がこの程にいりまざるおそれも少くない。しかしこゝでは作者はともかくとして、かういふよい歌が、二人の名で傳つてゐるといふ一例としてあげたが、實はこれが大そうよい歌だから、こゝで註釋しておく。この歌は雄略天皇の故事から出たもので、その故事では、虻が天皇の御臂《タタムキ》を咋はうとすると、忽ち蜻蛉がきてその虻をくはへて飛んで行つた。

この歌は實に天忠組の精神の凝結したものである。一黨の主將中山忠光の歌にも「夷狄らと共に東夷もうたずしていかで皇國のけがれすゝがん」とある。しかもかういふ歌はすべて、孝明天皇の御製に奉和したものに他ならない。安政六年七月二十七日内侍所御法樂和歌に

　こと國もなづめる人も殘りなく攘ひつくさん神風もがな

また文久二年九月十一日春日社御法樂和歌には、

　異人と共とも拂へ神かぜや正しからずとわが忌ものを

さらに文久三年四月九日の賀茂社御法樂和歌には、

　矢すじもつよくはなたん時ぞ來ぬむべあやまたじ武士の道

ついで同年五月十一日神宮御法樂和歌には、

　五月雨のはれぬ思ひを時鳥われも心にかけてなくかな

安政六年七月のことは、どういふ事件に當つてゐるか今さら申すまでもなく、安政大獄の中心時代で、志士の大量的慘殺から始つた幕府の暴逆の毒手は、漸く堂上公卿に及んだ

ころである。次の文久二年は去年十二月東下された和宮御降嫁のことについて、二月頃まで餘波あり、春四月にそのことにつき勅諭を發せられてゐる。さうして九月二十一日には、廷議つひに攘夷に決したのである。文久三年四月十一日には石清水社に行幸あり、攘夷の叡願あつた。ついで二十一日には賀茂祭を行はしめ、外患一掃を祈願さる。外患に當つて、特に神祭神事をさかんにすることは、わが神政の根柢に外ならぬからである。光平は「三政一致説」といふ論に於て、名君は饑饉戰時等に當つていよ〳〵神祭りを興し、これに反し凡愚の諸侯大夫は、かゝる場合、神祭りをものの費えと考へて廢止すると云ふことを實例によつて云うてゐる。けだし方今でも、神祭りを行はないゆゑにその眞意を解さぬ者は、神祭りの徳用《サキハヒ》としての創造力の現れを知らぬのである。これは我國に於ては、國を危くする思想である。

　これらの御製は今日拜誦して恐懼に耐へないものであつて、しかもわが神國の天皇命の御製であることが畏き極みである。今日に拜誦沈思すれば、一しほ深く、臣子すべては斷腸の泣哭に耐へ得ぬ。以て當時有志の胸中を思ふべきである。天皇命の大御心は、大御稜威として、天日のごと民草にあまねくわたるものであるが、中空に浮雲ある時は、光りはさへぎられ、これを大祓ひに攘ふことが、尊攘の思想である。けだし天忠組は、このはらひについて、特に清醇高潔な考を持し、いのち死して神拂ひを熱禱した人々である。大御稜威を中間でさへぎるもの、これが幕府といふ存在である、幕府は制度としても、事實としても簡單である。幕府といふのは、大御心が卽座直接に民草に通ずることを怖れる野望者の思想と體制である。しかるにわが神道の教へでは、さういふものが禍としてあることも了知して、大祓の思想がある。尊攘の精神は、大祓の精神である。この大祓の精神を了知すれば、かつて幕府があり、又叛臣賊子があつたことをかくさうとする必要ない。怖れることも不安とすることもない。さういふ最惡人の史蹟によつて、我々の國史は晦冥とはならず、又不安とならず、却つていよ〳〵強くあきらけくなるのである。たゞ我國の叛臣賊子は、異國と異つて、異國の論法でこれをみれば、發端に於てはむしろ善意の政治上の革新家と思へるものもあるが、我國に於て彼らは、異國の大義名分論風の見解による叛臣賊子より、はるかに許し難いものである。

文久三年八月には、つひに大和行幸の大詔が發せられた。この行幸仰出しを中心とする政局の始末は、史上の事件としては複雜を極めて、これを情勢を中心に考へるなら、ことつひに解明の方法はない。解明とは、我らの生命の道として行ふ上での解明である。しかしこれをわが萬世一系の神命の大眼目より考へるなら、われらの臣民道を只今も判然律する教へを明らかにそこに知りうる。けだし大和行幸は、無窮の神命の發露であつた。このことによつて、維新翼贊を決行せんとした人爲は、多少紆餘屈曲したこともあつたが、維新決定の絶對要因は、この大議決定の瞬間に、國の精神の血脈を貫流したのである。前代の史蹟を知る今日の臣民は、すべてこゝに於て、情勢を云々するまへにこの大義のあり方を、心魂を傾けて奉戴奉行せねばならぬ。

大和行幸の御様式は、神武天皇山陵に御親拜遊され、攘夷御親征を祈願し、軍議を敕裁せられて、ついで伊勢神宮に御親拜になるといふ御要綱であつた。實に御親拜こそ國史未曾有の大事件であつたが、十八日の政變によつて不發に終つた。けだし御親拜の大御心は當時の幕府の、非違無能なるを御憂慮遊ばされ、討幕攘夷を併せ行はんと遊ばされたものである。しかも討幕攘夷こそ、神政に立脚する三政歸一の大道を明らかならしめるわが大なるまつりごとである。

天皇御親拜が、國史に於て、如何に重大事なるかは、國史の前例に見て明らかである。しかるにこの御親拜が、實に御親征の神政なる眼目の點について、大御心が中途でさへぎられてゐたゆゑに、遍く民草に傳はらなかつた。草莽は天つ日の光を熱禱しつゝ、中間をさへぎられてゐたのである。卽ちその中間にあるものは、あらゆる意味の幕府である。中山卿建白にあらはれた天忠組精神が、臣草すべてによつて行はれる代りに、むしろ多少の危惧を內心にもつた建策周旋者流の橫行する中で機を失した感があるのは、神政に畏むものに缺けたとあへて云ふべきである。

さてこれらの御製を拜誦することによつて、明治維新志士の熱禱のあらはれを了解すべきである。けだしことが、臣子のみだりに口にすべからざるものであるから、特に沈思して念々これを思ふべきである。しかしこれらの御製に奉和して、維新志士の詩歌はその志をのべたのであつた。

さて光平の歌風を知る上では、その師加納諸平の詠風を考へ、その丈高さをさらに淸明にしたものを考へるとよからう。諸平といふ人は、近世歌壇上でも重大な作家だが、明治以後歌壇では極めて不遇だつたのは、その歌風趣味の高尙さに原因があつた。諸平の歌を學ぶ人も今後おひおひに出るだらうが、光平が諸平、信友と云ふやうな人達に國學歌學を學んだといふことは、光平を考へる上では重要なことであつた。しかしこの私抄では諸平の歌をひき合ひに出すことはしなかつた。非常に類似してゐるやうで、全然別箇のものであることは、「南山踏雲錄」の歌と、諸平の熊野紀行歌をひき合せても忽ちにわかる。しかし諸平に學ばなかつた場合といふことは、想像の外のことだが、興味深く空想しうるところである。

つまり光平の歌が、掛詞や緣語、冠辭や序詞を心してゐるやうなところが、近代の世評にのらぬ原因だつた。けだし近代の新派短歌は、歌の本流を學習した者でないから、かういふものはわからぬのである。さういふ點では諸平も世評の外にゐたが、これからの日本人が、氣宇大となるにつれて、盛時の文藝を思ふやうになれば、さういふことも必ずうけ入れ得るに到るし、最も尊く思はれることであらうと私は考へてゐる。しかしさういふ技巧の點でも、光平には諸平とは異つたものがある。それがどういふ點かといふことについて、こゝで具體的に概括して云ふほどには、まだ季節が熟してゐない。今後その時にふれてもし氣づけば云ふこととする。光平は、この諸平のあとをうけて紀國國學館總裁を少し兼ねたことがあるが、その間も、給與は當然うけるが、諸侯の祿はうけないと云つて、大切にその證據を殘しておいた。光平はさういふ人である。生死の境で作つた「南山踏雲錄」の歌の中でも、いつも師翁の歌を學ぶ心を忘れてゐない。もつと驚くべきことは、平群山中で奈良奉行の役人に擁せられ、捕へられた時、さういふ異常の時にさへ、悠然として「梶を無み乘りて遁れむ世ならねば岩船山も甲斐なかりけり」といふやうな、大様にかまへた趣向の歌をなして、その技巧には机上學者の作るやうな仕かけを平氣で詠んでゐる。周知のやうに、この岩船山は神代の故事をかけて、緣語を巧みに使つてゐる。さうして捕へられて茶店にゐる間にも、捕吏の乞ふまゝに、この歌を何枚もかき誌して、彼らに與へてやつたと云はれてゐる。よほど氣象のたしかな人物でないと出來ないことだが、光平の場合は、たゞの氣象のたしかさといふやうなことで說き明せぬ。國の道を信ずる至誠は神の如きものである。

私はなほ、志ある人の風雅といふことと、盛時の文藝の風體といふものを語つてみたい。これらの翁の歌は近代風の俗な寫生歌と大いにちがふから、そのつもりでよんで欲しい。それから近頃のやうに、手輕な讀本めいた選集で、他人の歌をあらまし知つてゐる人々が、一人の氣のきいた作家の、家集をよむ時には、十分注意してよんでもらひたい。一名家の家集といふのは、さういふ人の眼に、氣に入るとか、意にかなふやうな歌ばかりで、出來てゐるわけでないし、さういふ觀點でみると、初めてみる古の名家の家集は大そう散漫で、退屈に思へるにちがひない。

この私抄では、大體世俗の讀本とならぬやうに、十分の注意をしたつもりである。從つて初學の人をあやまることもないと思ふ。また說明の長短によつて、作品に差級あるわけでもない。當節の風にあはないやうな歌で、實は大へんよい歌があり、日本人の美の感じ方の上で大切と思ふやうな作も少くないが、それらも注意しておいた筈である。その激情の方の歌のよさは、今日では誰でも一讀あきらかと信じてゐる。しかし翁の憂國の至情については、もつと別の深いところから、わが思想史上の重大點として明らかにすべきものがあり、これは多少ふれたところもあるが、そのことは踏雲錄の「評註」や、「花のなごり」といふ篇で、一そう子細に云ふこととした。これまでの光平の研究家の仕事は、全集の編者も合せて六人の人の本を見たが、私の考へ方は、光平に於ける國學の思想の展開といふ點を、信友から考へたのである。

この點で今までの本とはあらかた違ふものを本書では評註したのである。近頃の註釋といふ概念では、本書の構想は理解できぬかもしれぬ。信友と光平といふ二家の思想上の關係は、國學、國史、歌學、神道思想といふ上で、十分に考へられるが、これが十分に考へられるといふことは、日本の思想の現れ方といふものを、宣長の道の敎へにもとづいて、よく知つておかぬと見定め得ない。けだしこれらの人々は、みな宣長の敎へに從つて、古の道のまゝに生きんとし、思想を理窟として言擧げしなかつたのである。しかも言擧げをせねば人眼につかぬかと云ふに、さういふことは少しもないのである。かういふ形で問ひ正し、理を通さねば合點できない人々には、なかなかに國學の道といふことはわからぬだらう。さういふ日本思想は、說き明し難いから困るといふ人には、わが道の敎へはあらゆる萬般に現れるものであるといふことを云へばよい。文藝にもあらはれ、行爲にもあらはれる、生命の原理そのものである。言擧げでしかものを明し得ぬと思ふのは、それが一つの考へ方にすぎないからである。それは謬つた考へ方である。光平は史蹟と自己の行爲と歌の言靈によつて、國學を繼承した已の思想をほゞ完全に明らかにしてゐるのである。

近世國學の末期の思想の本流は、大別して宣長から信友へ伸びる脈と、篤胤へのびる脈とがあり、兩者は別箇でないが、樣相やゝ異つて、合せてみるとき、國學といふ全體の精緻さに感銘禁じ難いものがある。光平は信友の流である。さういふ意味も明らかにして、多少今日の我々の立脚するところに說き進みたい念願があつた。

こゝで光平の歌の思想が、どういふものなるかを云ふなら、第一に重要なことは、神詠の思想を明らかにされたことで、これはわが國の詩人の傳統に立脚しつゝ、先人の上に加へて大きい意義を立てられた。歌をなすといふことは、「神の所行を見習ふにて、神の心を我心とする也」と申され、これは日本の創造思想の大本を云ふものである。卽ちこゝに「日本魂」といふものに考へを進められるわけである。この神詠觀を、眞向から說いて、古今集序文の精神を、草莽のみちより逆に立てた點が、實に大なる手柄であつて、わが上代以後の神詠觀は、ほゞこゝで創造の考へ方として完成せられた感がある。「やまとだましひを深く身にたくはへ、たけ高く、はゞ廣く、野鄙なることを捨てて、品高く、神の受納したまふべき歌よむべき」ことを、詠歌眼目と考へられた。これは文藝のみちも亦、神祭りする外ないとの思想である。皇神の道義は、それを理論として說くべきものでなく、言靈の風雅に現はるものであるといふ教とほゞ同じである。卽ち一般に廣くみいつとしての皇神の道義は、理論として教へるものでなく、みやびとして、又さきはひとして、創造として働くものである。こゝに於て、その心を體して日本人の道の學を考へる必要が、今日特に肝要である。この神詠思想と竝んで云はれてゐるところの、神の受納し給ふ如くよむといふことは、これは重大な思想で、これをよくさとらねば光平の歌の心は不晦迷になるほどのものである。大體藝能といふ考へは、かういふ神の受納といふところの考へ方から生れた。この藝能を大いに加味するといふ、技巧的傾向は、しかしながら今日云ふところの、娯樂の概念をつけ加へるといふことでは全然ないのである。しかしこの點から見ると光平は、多少飄逸の性にとまれてゐたし、又歌に於ても、近世調の本流をよくあきらめようとされた。近世調については、歌壇的には色々に云ふが、私はこれを、情の深いものと、智のかつたものとの二つに分つて考へたい。同じ國學でも、傳統文化の濃厚な上方の風では、情にとんで、やさしく、執心のくりかへしの中に、一面では藝能的なゆとりが加つてゐる。しかしこれらは、をかしさや笑ひといつた人間論からきたものの加味でなく、神の受納されるやうに、謹しんで考へたところから出てくる、藝能興行の考へ方と共通するあらはれである。

光平の歌は、近世調の國學派であつて、古今風の御世のゆたかな美しさと共に、新古今集風の切ない祈りを歌ふことも尊ばれた。今日世間では翁のいきどほりの歌を旨として珍重し、これはまさにさうあるべく、正しいことだが、翁のいきどほりの歌には、非常に情がかつてゐる。情がかつてゐるから、いきどほりのはげしさは却つていのりの切ない歌となり、またかうした時代のゆゑに、自らも切ない新古今集調を尊ばれたのは當然のことであつた。さうしてこのいのりの切なさと情の深さは、幕末の和歌の一つの特色である。けだし日本人の至誠は、實に情だからである。この祈りの切なさといふことや、それに伴ふ諸問題は、新古今集の中でも、特にその神祇歌の成因を考へ、後鳥羽上皇の藝道の御思想を思ふとよくわかる。しかもこの新古今集の熱禱歌の切ない執拗な云ひ廻しと、そこからかもされる唯美調は、大體に「新葉集」の主調となり、幕末歌の一傾向となつてゐる。これについて、我々は近代の歌壇のやうに、たゞ近世の歌論だけをとりあげ、しかもそれを文藝學的に考へてゐると大いに間違ふことである。これは日本人の志といふ點に今の人が思ひいたらぬからであつたと私は思ふ。近世國學者の歌は、今日の歌壇的歌論では、その祈りの切なさも、信仰の希望も、大體わからぬものであらう。

さうしてそれがわからぬと、光平の和歌が、國學者の和歌の本流だつたこともわかりかねるし、國學者が和歌を作ることによつて、道の修業をしたといふことの、思想上の意味も、切實に理解されぬと思ふ。我々はこの道の學びといふ點に注目して、今日歌の批評をしてゐるのである。

さてこの私抄の體裁は、作歌年月の明らかにわかつたものを第一部に収め、それを大略年次順にならべ、作年月の未調査不明のものをそのあとにおいて、第二部とし、これは通常の季別によつた。しかしこゝに年月明白というたのも、現行の刊本によつて調査したもので、また必ずしも時日の嚴密には從つてゐない。今後完全の全集が出るやうな場合は、不明といふのも分明となり、分明とした方の分も竝べ變へられねばならぬかもしれぬ。しかし大體に於て、その作歌の年次に、重大性があると思へるものについては、注意考慮した。さうして今はさういふ點の疑問は殘つてゐない。又他の人の類型歌とまぎれたものがあるやうであるが、さういふ點でも、作者を嚴重に考證する必要については、今深く考へ得ない。幕末和歌の類型歌傾向は、述志に原因するから、作者考證は將來のこととし、第二義のこととしてよいと思ふ。考證發見といふ研究の面に關しては、多少近代の學風や理論の風儀を考へたが、その式で說を進めるわけでないから、さういふ習慣による危惧は何らこの私抄にはない。

一

ところ得て醜のよもぎの茂らずば淸き麻生の里ならましを

「東都四時の歌の中」としてゐるから、天保十年四月から弘化元年三月にかけて、光平が江戶にゐた時の作である。年齡で云へば、二十七歲から二十八歲の頃である。當時光平は矢來の伴信友の邸にあつたが、靑年國事を談じ、幕府を論議することが多かつたと云はれてゐる。この一首に於てもその志が見られる。かやうなこともあつて、行狀が西本願寺に傳り、本山大いに驚き、家兄を通じて警めたため、兄の懇望によつて、光平は江戶滯在一歳程で再び田舎に歸ることゝなつた。光平はこの歸郷を喜ばなかつたが、師信友に諭され、信友から山陵調査のことを託されたのである。さうしてこの山陵の調査復原の事業こそ、この後光平の生涯をかける念願となつたのである。

　有明の月影白し小篠原葉分の風や霜さそふらむ

天保十二年霜月十七日兼題の中に「篠霜」との題で二首あり、そのうちの一つ。天保十二年頃は、加納諸平の紹介で知つた河内の歌人岩崎美隆を中心にして、河内社友の會を結び、例月の歌會があつた。天保十二年は二十九歳、江戸の信友の門を辭して歸つた直後である。この一首は、題詠臭が極めて濃いが、近世體の細やかな精緻をめざす點で、また、一首のもつ雰圍氣に於て、ほゞ後年の風格を揮つてゐる。同じ時の作の今一つに

　朝鳥の塒を出づる羽風より垣根の小篠霜ぞこぼるゝ

といふのがあるが、この方はさらに技巧に墮した感があつて、先の歌より一そうこま〲しい。なほ歌の獨自境は必ず清明自然のものである。

　あすさかん花の梢に夕月の面影ながらそゝぐ雨かな（夕春雨）

　かげさむき苗代小田の朝月夜しらむかたよりとぶ燕かな（燕）

いづれも天保十三年の作であつて、靜寂の中に鋭氣を藏し、近世體の風雅と文技を學ぶ上で典型とするに足る。近世風體の唯美調の一端を明らかにしてゐる。光平の文學的風格は、都雅の技巧が高尚である。水のもつ如き白さを十分に描かれるときに、獨自の美もほゞ明らかに示される。

冬枯の草香《クサカ》の蓼津ほのかにもむかしの波のかへらましかば

天保十三年正月、河内の人尾崎正明宅の歌會で、「懷古」の題で作つた。草香江は最も古い歌枕の地。その草香の蓼津は、「古事記」に「浪速の渡りをへて、靑雲の白肩の津に泊て給ひき。此時登美の那賀須泥毘古《ナガスネ》、軍を興して待ち向ひて戰ひしかば、御舟に入れたる楯を取りて、下り立ちたまひき。かれその地を號けて楯津《タテツ》と謂ひき。今に日下《クサカ》の蓼津となもいふ」。冬枯の蓼津に立つて、ほのかに古の波を思ふ、さういふところに、日本人の美と文學の情緒の根源があるが、冬枯とほのかにもといふ言葉の對比が、光平の文藝の情である。このみやびによつて、我々が心に描く皇神のみちの情緒は、はじめて生きて世界に働きかけ、何ものかを生み、よむ者を感じさせる。ことだまと、そのみやびの重んじられる理は、大むねかゝるところにある。かういふ激しい史蹟に立つて、沈湎してゆくやうな冷靜の花やかさを描いた點に、光平の作風があるが、これらもほゞ同時代の諸平・依平らに通じるものがある。かへらましかばに、上方國學派の情の深さが出てゐる。この情の深さは絕對である。歌として云々しても仕方ないのである。同じ時の他の一首に

草香江やはてし御舟のほのかにも昔のあとの殘らましかば

しかしこれは先に出た方の作がよい。さきの一首の方が、肅殺の感にみちて何氣ないところが、懷古作として上乘と信じらる。兩方とも「ほのかにも」といふ情を歌つてゐる。

白橿の尾の上に茂る蔭みれば畝火の山は昔ともなし

樫が枝の若枝もゆくか平群《ヘグリ》山うずにさすべき人はなくして

同じく天保十三年作、「名所山」と題する懐古の歌であるが、さきの一首は、神武天皇橿原宮の懐古である。昔ともなしの語にやはり情が濃い。これは自然の情であつて、されば忽ちに轉じて神代は今にありとの歎きから祈りへと展かれてゆく。このやうに情を出し祈るところに、回顧はすでにある願望と開拓のことだまとして現はれるのである。後の一首は日本武尊の御最後の時の國しのび歌をふまへた懐古歌。日本武尊の御歌は「命の、全《マタ》けむ人は、疊菰、平群の山の、隱白檮《クマカシ》が葉を、髻華《ウズ》に挿せ、その子」。近世歌人の懐古の本質は、戀闕の情にあり、その時の己が志の歎きと憤りに、あはれを思ひ描いたものである。既に中世以後の藝術觀としてのわびさびは、一變してなげきといきどほりの露はさとなり、しかもそこで國學の人々は、都雅の國ぶりにことだまを描かうとしたのである。そのころの光平の懐古作中には、さらに「古戰場」と題し、神武天皇御東征を懷うた作がある。

　孔舍衙《クサカ》坂みだれにし世はしらねども今日も日かげの身にぞしむなる

　これは題詠ではあるが、光平の場合は聖蹟實地を幾度も歩いてゐる。但し早春の實景と思はれ、大いに慨世の情あり、しかも述懷の高雅なるは、述懷者の回顧の姿態さへあり〱眼に見えるやうで、今日とあるのが情に深い。

　すきかへす乙女が髮よ我おもふ心のたけになびきあはなん（寄髮戀）

　同じ天保十三年頃の作、巧に墮して、淺い俗に終つた感がある。なびきあはなんの結句によつて漸く、をかしみと興のある作となつた。かういふ題詠の戀の歌も少くないが、概して拙く、無くもがなに思へる。

今こそあれ我も昔は草枕旅より旅へ十歳へにけり

光平が八尾の教恩寺に移り住んだのは弘化二年、三十三歳の年であつた。結婚はその前年であつた。この歌は恐らくその頃の作と思へる。十年放浪の生活は、常人を絶した勉學の旅だつたが、一方では國難に當面した青春が、自らに國史の回想と自覺をめざした精神の放浪でもあつた。その思想的遍歷時代も終つて、今では皇學の道に、切迫の雄心の發露こそ味はないまゝにも、大方心志の定まるものがあつた。今では貧寺で、光平は佛典を説く代りに、國史歌道の國學を教へてゐた。さういふ間の靜かに落ついたものが、この一首から感じられる。雄心の發露は、さういふ落つきによる。非常に沈着な作で、歌がらも不動、隱士調の方には先例がある。なごやかで賴りのある歌である。

さゝの屋の窓の小すずめ打羽ぶき千世の初聲けふ立つるなり

弘化二年十一月四日、長男光雄の生れた時の喜びの歌で、同じ時の作に、

筍の生さきこもる窓の内に獨笑みして今日も暮しつ

八尾の教恩寺へ入つたのは、この弘化二年の六月某日であつた。「今こそあれ」と歌つたのは、妻千代を娶つたころと云ふより、やはりそのころのことであらうと思ふ。後から見れば、おちつきは責任の感に伴つて生じてくる。これは生活の安定のことではない。昔の人は今ほど生活のことを考へなかつた。それは人心ものんびりしてゐたせゐもあるが、世の中がある點住みよく、志のある者ならば何とかなるといふやうな、しくみに出來てゐたやうである。

御陵探る醜の髮長逃げにけるかも諾な〱かゝれとてこそわが裂ける利目《トメ》

光平が、諸平に國學を學んだのは、その先の國學の師飯田秀雄に教示されたからだが、これは天保十年頃のことで、次いで江戸に出て信友の門に入つた。江戸から歸つて後、天保十三年に光平は、諸平を訪うてゐる。諸平は弘化三年春三月、八尾へ立寄り、光平は師を案内して、河内の古陵傳説地を巡拜した。その時長野の近くの仲津山の邊で、法師らが野遊びの酒宴をしたあげくに、小鍬をとり出して、附近の土中から勾玉などを拾つてゐるのを見、諸平がいたく憤つて「汝行きて制せよ、ものきかずばなさんやうこそあらめ」と申された。諸平はこの時、太刀に手をかけられたのであらう。そこで光平が馳せつけて、眼をみはつて怒ると、法師らは平身低頭して詫びつゝ、一目散に逃げだした。その時のことを光平はこのやうに歌はれた。髮長とは僧侶をいふ隱語。光平の眼が、世に稀な大眼玉だつたことは、その自畫像にもよく寫されてゐる。翁はなかなか諸藝に通じたが、繪畫がまた得意で遺作も多い。尙このころから翁はしきりに京師に出て、諸國の志士文人とも交つた。

春鳥の花にさまよふ聲さびてものなげかしき雲の上かな
三千とせに咲くてふ桃の花蔭も甲斐なき色にかすむ春かな

「御諒闇の三月ばかり京にのぼりて」と題した歌である。仁孝天皇の崩御は弘化三年一月二十六日のことであつた。ついでこの春三月四日、泉涌寺に於て御大葬を行はせられる。この御儀を拜さうとして、和歌山の師翁加納諸平は上京したが、その途次河内を訪うて、光平と共に山陵を拜した。二首は光平も師に從つて上京され、その時の作と思はれる。他事ながらこの弘化三年の冬十月十四日に信友は卒してゐる。

なほ、「光格天皇の神あがりましける頃」と題する歌に

わたる日のかげうらさびて天雲のよそ目かなしき年の暮かな

とあり、光格天皇の崩御は、御讓位後の天保十一年十一月十九日、仁孝天皇の御世で、この天保十一年師走は、光平は家鄉を遠く離れて、江戸の信友の矢來の邸に學んでゐた。越えて天保十二年春に鄉里に喚歸されてゐる。これは二十九歲の時であつた。しかしさきに出た、御諒闇の三月云々の歌は、仁孝天皇の御諒闇の時の作であらう。

天津日のかげあらたまる雲の上に八千代と鳴きて田鶴わたるなり

題に「御卽位のありけるころ、鶴のわたるのをみて」とある。孝明天皇御卽位は弘化四年九月二十三日で、天皇御齡御十七。しかもこの弘化四年は、既に御一新の豫兆が一般にあつた。世情次第に一新の氣をはらんで、御稚きみかどの御卽位を慶祝し、希望を胸にひきしめたのである。以來時運に高低上下あつても、大筋は一貫して御一新に到るのである。

憂きふしも一つ二つと數へつゝこの笹の屋も四歲へにけり

八尾の住居は三十三歲から四十歲までつゞいた。しかしその教恩寺は豐かな寺ではなかつた。赤貧といふのが文字通り當つてゐた。さきに「今こそあれ」と歌つたことは、決して世俗の安心でない。この歌は八尾に住んで四年目の作である。寺の四圍に竹が多かつたので、自ら「笹の屋」の主と國學者風に唱へてゐた。この歌からは當時の光平の生活もわ

かる。この歌も、まさに當時の風體であつて、憂きふしを竹の節にかけてゐるのが技巧の常襲だが、上より讀み下して素直に眞情もとほり、讀むにたへる作である。

世の中の春にはもれじ笹の屋のひさし隱れも梅咲きにけり
うぐひすの聲を枕に朝寝するわがさゝの屋は浮世ともなし

憂きふしを數へる笹の屋の暮しは、同じやうにうぐひすの聲を枕にきゝつゝ、朝寝のできる暮しだつた。浮世といふのは憂き世である。さうしてこゝの意味として、世間ばなれしてゐると、太平樂をとなへてゐる隱士の感である。

吉野へといざや立たまし旅衣いつかと待ちしころもきにけり
藤原の大宮所跡たえて乙女らどもは春田打つなり
渡守この岩村に舟つなげ流れ來し世の浮瀨語らん
三代を終し昔の春も見るべきを御垣の櫻とく散りにけり（吉水院）
山水の石切る音を栞にて千早の御城をきてみつるかな（千早城）

嘉永三年春三月門人と共に吉野の悲史を訪ひ、歸途に千早村に出て、楠公の遺跡を拜した。その時の紀行は、「吉野道記」と云ひ、その中にこれらの歌が入つてゐる由。この記は未刊であるが、學者だつたから、道次の地名を記紀萬葉によつて考證し、歌には多感の悲涙をこめてゐる。これについで「垣内の七草」といふ歌學の書を著した。その歌論の本旨は、時代の風を棄てずして、しかも古の風雅を失はないことを說いてゐられる。「古意を失はず習俗になづまず、すなほに心のそこをよみいづべし」といふのが、光平の歌の教へである。

そをだにとをろがむ御衣のにほひさへ雨障してみえぬけふかな

同じ時の吉野紀行中の作であつて、吉水院で御衣を拜した。折からの青空が雨になつて了つた。わが心も涙の雨にかきくもり、眼ひらき得ぬといふ心である。同じ旅に楠公の墓での作に、

跡のこす御墓の松の下つゝじこがれて咲くもあはれなりけり

このつゝじは囑目した實景だつたと思へる。こゝへ詣でる途中、千早川の岸にさく山吹の花を歌つてゐられるが、山吹きのあはれより、下つゝじのあはれの方が、楠公の匂ひである。山吹は楠公ゆかりの花だが、時世を思ふと、山吹はこのさきの承久のあはれのやうに思はれる。

春かけてこむといひけむえびすらに見せばや御代の花の盛りを

「甲寅年試筆に」といふ題があつて、嘉永七年正月（安政元年）の作である。攘夷論が封建的鎖國論と、發想の異なるところを考へるべきである。けだし勤皇志士の攘夷論は、八紘爲宇の神敕を奉じ、しかる故に神州の聖天子と神州の尊貴に立脚して攘夷馭戎を論じ行じたのである。しかしこの歌は大そう大様で、時流を抜き出てゐて、多少危惧すべきものさへ思へるが、この信念は永遠不動のものである。なほ嘉永六年に異國船の來た時には

神風の伊豆の海とも知らねばやことくに人の舟きほひする

慨世の志の中にも國ぶりの大様さを歌つた翁は、この一首で、實に神州不滅の大自信を

のべてゐる。これは國學派の歌である。しかしこの大自信を根柢として、おもむろに翁の憂國の氣魄は振起せられ、つひに文人の筆をとるのは、武人の矛をとるに異るものでないと、蹶起殉難の一歩をふみ出された。しかしながら、この歌、今日くりかへしよんでもめでたい歌で、こゝの大自信には敵の實力を輕んじるとか蔑るとかいふやうな、つまらぬ危惧は何らないのである。卽ちたゞ道を云はれてゐる。發想異るから、さういふ情勢論より雄大な思想を藏しうる可能性が見られる。われ〳〵の先人はたゞ天ツ神のことよさせ給うた神敕の無限を生命の原理とし、御世の萬世一代を信念とし、淡として難に赴いたのである。議論を異常とし、死ぬことを自然だと思つてゐたのである。

　常世べにかへるかりがねことづてんわれ夷らを待ちわびぬとよ

同じやうな大様な作であるが作年月は明でない。あへて想像して年月をあてる必要はない。有名な「碎けてかへれ沖つ白浪」と同じ心である。同じ心が、このやうにあらはれる。すべてが國體信念に發し、その道の信念は不動不滅だからである。

　から人がこゝろつくして作りつる水城も御代のたからとなりぬ

　ゐびすらが思ひふかめて造りつる水城も御代のまもりに成ぬ

すでに當年の光平は、神州のみちを信じて、馭戎の大道を確念しつゝ、西戎もやがて大御稜威によつて生息するといふことを、自覺するに到ることを深く信じ考へてゐた。あとの歌は「軍艦」を歌つたものである。今日から見れば感ずる點の多い作である。

　何かそのえみしがともを恐るべきとくも皇國につかへ來にけり

これは「虎」といふ題で歌はれた詠であつて、作年は不明。翁は輕く見えるやうなことばで云へるほどに、深く國がらを信じてゐたのである。世界にたぐひないわが皇國の大君のもとへに、やがてはあらゆる國々の者が臣従してくるといふことを確信してゐた。これは「大なる師」宣長の「直毘靈」を、奈良や京都の獄中でもなほ講じてゐた光平が、その道として宣長の馭戎の教へのまゝを確信せられてゐた大精神である。

つみすてし垣根の草はもえにけりいにしその子よなど歸りこぬ

安政二年春の作と思はれる。翁の前妻千枝の沒したのは、安政元年の十二月だつた。安政元年は嘉永七年十一月二十七日に改元せられた。その冬の頃翁一家は疫病に臥してゐたが、つひに妻を年内に失ひ、一子を年あけて失つた。この歌は亡くなつた妻子を哀悼したもので、あはれな歌である。

なげきても泣きてもさらにかへらぬはくれゆく年といもとなりけり

かういふ歌を、その妻の死の直後に歌はれてゐる。その後も子孫天壽にめぐまれなかつたが、光平には四男一女あつて、二子は夭折し、光雄信丸も若くして死んでゐる。光平には四男一女あつて、二子は夭折し、後嗣は今は二家に別れてゐる由である。翁は前妻千枝の死後、安政四年に郡山藩士小澤某の姪を後妻とした。このイキといふ女は、南山踏雲錄に出る不貞の妻のことで、光平の出陣中に出奔してゐた。

木がくれもにほふばかりのつるぎ大刀身にとり添へて夜もゆかまし

安政三年十一月二十日、加納諸平から、山陵調査について激勵の書狀が到着し、同時に諸平の門下で、玉造の佐々木春夫がその費用を助けることとなつた。この佐々木は玉造の素封家で、萬屋と號し、諸平に國學を學び、歌道に深かつたが、武技にも通じ、勤皇の志に厚く、後には天忠組の兵糧軍資の方で大いに援助するところがあつた。こゝにあげた歌は、萬屋から費用と共に、陵墓巡拜の時の料にとて、刀脇差を送つてきたのを、光平が喜んで歌はれた作である。大刀に對する尊貴の情がよく歌はれ、よろこびの思ひが手にとるやうな作である。翁は寺家の出だから、大刀といふものを、殊にめでたく尊く思はれたのであらう。當時武士でなかつた草莽の志士が、大刀を歌つて尊攘の雄心を描いてゐることは、前後に例ない歌心である。さういふ感覺に描かれた大刀は、武士が武士道的護身の具と考へた大刀でなく、攘夷の神劍といふ國ぶりの感覺である。上代の人のつるぎたちの思想、さらに云へば、かのふつの靈の祈念に通じるやうな、神異を直接に味ふ情緒であつた。さうしてわけて寺家や農家や商家から出た人々の志に於ては、大刀を眺めつゝ、さういふ古代の精神をしみ〴〵味ふといふ心が深かつた。「木がくれも匂ふばかりの劍大刀」といふやうな感覺は、大刀自體のもつ神劍の靈異についての、しみ〴〵した眺めに發してゐる。これは大へんよい歌で、こゝには本當の維新に當つた草莽の感銘がある。やはり商家の出だつた曙覽の歌には、特にさういふ大刀の歌が多いが、この人の大刀の歌の感動も、遠い高いところのものを手にとつてみる、己の神劍として見ることが出來る、といふ歡喜に發してゐる、さうしてさういふ感覺が、維新の一つの土臺だと私は思ふ。曙覽の歌の「大刀佩くは何の爲ぞも天皇の敕のさきを畏むがため」といふやうな歌にしても、これは自問自答の決意歌と考へられるが、實は一般に無學で、せい〴〵武士道しか知らぬ武士を教へる意圖も多かつた筈である。曙覽が人から大刀を贈られた時の歌に「拔くからに身をさむくする秋の霜こゝろにしみてうれしかりけり」といふよい歌がある。光平のこの歌と雙璧をなすやうな佳作だが、その心にしむよろこびは、かつて武士が佩刀を誇つた感覺とはちがつてゐて、かういふ情緒と、神劍の思想とが結ばれ、今までは遠くにあつたやうな何か尊いものを身近に出來る感覺を考へると、大和や但馬の義擧の根柢となつたものは、政治や策動では勿論なく、さらに所謂指導者といふ人々の人格だけでもなく、かういふ武士でなかつた人々が、直接に正直に感じた、神劍の感覺を、根元でしめつけてゐるやうな廣い感動で、具體的に草莽の赤心に道が通じたといふ維新感覺である。卽ち皇民自覺だつた。この大刀の歌にしても武器に對する批判からくる感嘆でなく、すでに一つの熱狂である。だからこれらの歌の大刀は、刀劍といふ人工物に對する感覺でなく、維新根柢となつた草莽の思想を示してゐる。我々はそこに歌はれたものから絶大の歡喜を見るのである。

くも迷ふみたにの底のゆづかつらいつの神代に種はこぼれし

安政六年春二月、月瀨に探梅して、笠置に上つた時の作の中にある。月瀨より奥が原、柳生をへて笠置に出る途中谷底に一本の大木があつた。柴を刈る翁が物語つて、「そは桂と申す木にて侍るが、枝も木立も悉く御山の方にうちなびきつゝ、今に皇居に仕へまつれり、すべて植木は日のさす方に靡くものにて侍るを、心なき木には侍れど、昔をわすれぬ心ばへ、げにありがたうこそさむらへ」と云うた。どのやうな大木か、今もあるかどうかも知らぬが、笠置から柳生をへて月瀬へ出る道は、私も前年訪れたことがある。歌でみれば、神代を思はすとあるほどだから、ずゐ分の大木のやうに思ふ。木を見て神を思ふことは、日本の審美観の極致であり、この感覺は巖に對するに劣らぬものである。けだし我國には神代よりあると思へるほどの大木巨樹が、今日でも殘つてゐるからである。さうして上代人の美觀の極致を知らうと思へば、樹木や巖や山嶽河川のそのまゝを味つて、そこに神を見ねばならぬ。上代の歌に、吉野をよしとほめられたのも、その自然であり、花は後の世の俗だと、さきにも光平が描いてゐる。

足ふめばしたくづれするまなこ谷いのちとたのむ手草だになし
ゆく水の音こそかをれかの見ゆる雲の直路や月の瀬のやま
影かすむ月の渡瀬に舟うけて春二月は酒みづきせん
梅の花や、ちりがたになりぬらむ岩根に薫る瀧の白泡
こゝろなくときなあらそひ旅衣しめしかをりのあせもこそすれ

月瀬紀行の中の歌であるが、そのあるものは同時代の最も美しい繪畫と一脈を通じてゐるところ、爭ひがたい時代性である。例へば、やゝ散りがたになりぬらんといふやうな形は極めて近世風だが、下句のやさしいみやびが、低俗を抑へてゐる。酒みづきと云ふのは、酒をしきりに酌むこと。萬葉集などに出る古いことばである。

塔尾の御陵のさくらいまもなほはれぬ深霧にやつれてぞさく

安政六年二月、月瀬から笠置を巡つた後、三月には春の吉野に登り、延元御陵に詣でた。

今もはれぬ深霧といふのは、なほ幕府的存在が、日の御光を覆うてゐることである。幕府的存在といふのは、大御心を中途でさへぎる浮雲を云ふのである。そのために、延元のみかどの叡慮をしのび奉つたのである。慷慨の志士ならば、漢詩の壯士調で嘆くべきところを、みやびを思ひわびてゐる。さびに生きようとした傳統の風雅では、詩人はかういふ形で悲史を嘆いてきたのである。光平も亦、詩人の傳統と國學の精神から、維新に殉じた一人であつた。この歎きはすでに祈りに通じてゐる。

　負征箭《オフソヤ》のそやとしいはゞ荒野らの露と碎けんことをのみこそ

　南山踏雲錄に出で、先年三條實美東下の時の作とある。三條卿の敕使としての東下は文久二年十一月であつた。その時の敕書に「朕親征之」の四字始めて見ゆ由を拜聞し、壯士言志との題でこの一首を作つたのである。志とは、歴史の道を生きむとする、平素の身のおきどころである。それを正しく考へ行ふことである。それは無限の深さをもつてゐる。さうしてつねに一大事の時を考へてたゆむことがない。これが日本人の口にせぬ常住である。そやとし云はゞは、「それと云はば」といふ意で、一大事の時を云ふ。それを念々に道として心に期するところに志がある。

　世をなげく神のいぶきに吉野山岨《ソバ》もいはほもくだけけりとふ

　文久二年の年は、正月十五日坂下門の變あつた。前年來の和宮降嫁問題を中心にして志士の奮起したものだつた。この事件は事必ず大ではないが、前後の構想遠大で、天下草莽の志士に、一己の力のなほよくなすあるの道を教へた。さらに四月には寺田屋事件あつて、島津久光の公武合體運動が尊攘派を彈壓した。先年末には東北常野志士江戸に彈壓され、今西南志士京師より一掃された。そのさき四月七日、皇妹降嫁に關する聖諭が下されてゐる。この九月十一日、春日社御法樂和歌には

　異人と共とも拂へ神かぜや正しからずとわが忌ものを　　御製

といふ恐懼に耐へない御製を拜誦する。

　この文久二年十一月十三日、山陵奉行が勅命によつて後醍醐天皇塔尾御陵を修理した。これはさきに山陵鳴動し、鳥居瑞垣等が仆壞したからである。山陵奉行といふのは、この年十月十日に正親町三條實愛等を御用掛とし、山陵修理を司らせられたが、ついで山陵奉行を置かれたのである。

　光平のこの一首は、塔尾御陵の仆壞の由を聞いた時の作である。しかも塔尾御陵の異變は、時が時であるから、全國の志士を激動せしめ、さらに感奮興起せしめたものであつた。

　塔尾の神のいぶきは、同時に都にます天皇の御いぶきである。この一首の出來た瞬間の白熱した皇神の道の囘顧こそ、明治御一新の動因であつて、維新の根柢は必ずかうした草莽の、自らな慟哭にあるのである。建策斡旋の勞はすでにこゝに於て第二義である。大本根柢なくして末も策もない。神道は生々發展の生産《ムスビ》のみちである。

　尋《トメ》行かん千代の古道荒果ててしらぬ野山のなげきをぞする

　文久二年十二月十日、光平は「野山のなげき」一巻を撰した。本書は翁が天保十二年二月より、安政年間に到る十九年間に至る山陵調査の事由、紀行、及び和歌をしるし、大い

に自傳的趣きもある。野山のなげきの題意は、この歌によつて明らかである。翁は山陵の荒廢を慨嘆し、この顯揚を生涯の使命とし、それによつて古道の發揚を信じてゐた。南山にあつて生死の間を彷徨する日にも、歿後悲願として、山陵調査のことを云うてゐるほどである。この書に現れた思想を、「南山踏雲錄」に併せみる時、わが維新の源となる草莽の心情が明らかとなる。近世の思想を云ふ上で重大な作であるが、必ずしも今日云ふやうな思想の書として描かれてはゐない。それは草莽の心情を切々とうつしつゝ、近世の維新根柢たる思想を明らかにしてゐる。この歌一首、心のひきしまる深いなげきの作であるが、踏雲錄は、つねに師信友の「殘櫻記」を念頭にして出來た作で、信友がつひに如何とも論斷し難いなげきで終つたところを、光平は悲痛な臣道から、かゝる日の祈りのみちを了知した。けだしそれこそ悲劇によつて崇高を得たといふべきである。

仲津山小笹がなかの竹むらにうづもれし世のあとをみるかな（河内國志紀郡）

まつ風の此世にも似ぬ音すなりほど近からし琴引のはら（鳥屋村白鳥陵）

こゝろして松のおち葉はかきはらへ千代の名殘のまじりもぞする（近江國蒲生野）

野山のなげきの志は、かういふ現狀から生れた。その他數多い山陵關係の詠歌の中には、今日の大御世に、なほ古のこととしてさへ、こゝにひいて申すのも畏多いほどのさまのものがある。しかしかういふ大御世のありがたさを身にしみて思ふためにも、私はこれらの古のことを申すべきだと思ふ。しかしそれを現に我眼で眺めて暗涙悲咽にむせび、慷慨慟哭の情をもやした翁の心は、如何ばかりだつたかと思はれる。こゝにはたゞその中の一つを次にあげるに止める。

むかし誰神の荒陵田に墾りてかゝるなげきのたねはまきけん

これは畝傍山の北で作られた歌である。光平の十九年に亙る山陵の調査は、後に文久三年二月二十七日、孝明天皇の叡聞に達し、敕諚を拜してゐる。草莽地下の文人の志が、神聖に通ずることは、我國の歌の道の本質とされるところである。

われはもや御敕たばりぬ天津日のみこの尊の御敕たばりぬ

敕諚の御差汰書を賜つた時の感動の歌である。この事情については南山踏雲錄の中に出てゐる。歌は何とも云ふ必要のないよい歌である。日本とは何かと云はれたなら、この一首を以て答へるがよいと思ふ。高山彥九郎の「われをわれと知しめすかやすべらぎの玉の御聲のかゝるうれしさ」と非常に共感する歌である。又藤原鎌足の「われはもや安見兒得たりみな人の得がてにすてふ安見兒えたり」にしらべが卽してゐる。朝廷に於ける山陵奉行は文久二年十月に設置され、越えて文久三年二月二十日、下情上達の路を開き、草莽微賤の者に對して、その國事を憂ふる志を憐まれて、學習院に詣つて時事を建言することを許された。當時の學習院は、志士建議の中心だつたのである。さらに同月二十二日、敕使德大寺實則を神武天皇山陵に遣はされ、山陵修造を奉告され、特に敕使發遣を以て、沿道の民草を賑給さる。二十四日には四方拜に準ずる御儀を以て、神武天皇山陵及び綏靖天皇以下の諸陵を拝し給うた。越えて三月二十八日にも、東庭に下御、神武天皇山陵を拝し給ひ、此日に東照宮例幣使の發遣日時を定め、舊例の參議東下を改め、敕使は四位殿上人とさる。翌二十九日も東庭に下御、神功皇后山陵を御拝せらる。山陵御拝は、攘夷親征に當つての上代よりの古風だつたのである。かうした時局の中で、光平は御差汰書を拝し、感憤興起したものである。この調査については、諸平が朝廷の内命をうけて、光平に調査を命じたと云ふ。かく紀伊國學所より委囑せられ、又大阪天滿與力服部五郎右衞門よりも依頼されたことは、光平の書簡に見えてゐる。當時藤堂藩は大和古市の北浦定政に、幕府は奈良奉行所與力中條良藏に調査を命ず。良藏も後に御差汰書を拝受してゐる。

文久三年の春、光平は「歎の重荷」と題する一書を著し、關白鷹司輔熙に獻じたところ、公その志に感じ、孝明天皇の天覽に奉つたと云はれてゐる。この書は攘夷御親征の方策を論じたといふ。

身につもる賤が歎の荷を重み道のままにや行つかれなん

書名はこの歌に由來する。その志は悲痛であるが、そのあらはし方に於て、わが國民の皇方によせるみやびの思ひの深さを思ふべきである。思ふに天忠組の精神はこゝにあつて、それがこと破れつゝもよく維新を決定した意味は、この歸一の志のみやびにあると思はる。志を廟堂に行ふ代りに、草莽に奉じる精神である。殊にあはれの深い歌である。

大きみのおほみ御言をかゝぶりてわが行く道は千代の古道

同じく敕諚を拝した時の作であらう。さきの感動から轉じてこれは述志である。不動の安心である。しかもこの草莽の不動心は、つねに敕を奉じて事に當る大臣將軍の不斷にいだくべきところと思へるのに、却つてなか〳〵見あたらぬのである。さりながら、この志こそわが神政の政治が、異國や封建の體制と異るところと思へる。そしてこの不動の安心は、人工の安心と異り、わがいのちの實相にふれて、皇國の民たることを自覺した時の、悠久の生命につながる安心である。光平の「本は是れ神州清潔の民」といふ自覺はこゝにある。その安心については、人工の論理も思辨も不用であつて、それを味つた時、そこに忽ち「おのづから」といふ感動がわき上るやうな、實行と創造の母胎となる安心である。こゝに於ては人工によつて、又は思辨によつて、歴史觀とか世界觀といふ安心の論理を云ふ必要がないといふことがわかり、それを云ふものの未しさと冒瀆が直ちに了解せられる。わが心の中、いのちの底からわき上るこの安心は、民族であり、血であり、又歴史である。つまり千代の古道に結ばれる。後に南山の陣中に於て一黨の人々が集つて、各自歿後の志を述べた時、翁は山陵に心をよせた二首の歌を以て、已の志を云うてゐる。その歌は南山踏雲錄に出てゐる。南山陣中でさへ、翁の最後までいだいた志は、山陵の復興にあつた。けだしそれを古道をゆく祭事だと考へられたものである。それは、理でなく、情より發してゐる。さうしてその志が、翁をかつて天忠組に走らせ、又無限の雄心の根柢となつたものである。卽ち南山踏雲錄の初めにこのことを誌してゐるのは、翁はその歌のこゝろによつて、義擧に死すことを自然に行つたといふ趣旨を云はうとされたもので、これが最も深く我々の心をうつのである。その歌の心、卽ち草莽の情緖がなければ、思想や指導者があつても、維新は行はれぬ。かゝる草莽の心こそ維新の根柢である。
ぬけいでてみさき追はゞや櫃の實の一人はせめてわれもともなへ
天忠組の通知が、平岡鳩平から大阪にゐた翁のもとへとゞくと、翁は直ちにその夜中出發、十三峠を越えて約束の時間正午に辛く法隆寺に到着したところ、そこには鳩平の置手紙があつた。早曉既に同志青木精一郎と共に先發してゐた。翁は手紙を一見して撫然として、成敗の機或ひはかくの如きだらうと云ふ。鳩平の妻三枝子はそれを聞きとがめて、「夫も失敗に終る場合を考へて出向いたのでせうか」と問ふ。翁は「然り」と答へ、しかし今やかりそめにも安處すべき時でないと云ひ、この一首をかきつけて早々と五條へ向つて出發した。鳩平は後の北畠治房、御一新の後に男爵となつた。その「古蹟辯妄」の中で云うたことはともかくとして、この出發に當つての志士の往來には、なか〱さわやかなものがある。當時の鳩平の心情には、志士の心が十分にあつた。
ときの間にいばらからたち刈り除けて埋れし御代の道ひらきせん
南山踏雲錄に出てゐる。翁が平岡の急報をうけ、夜中に出發したまゝ、長驅十八里、翌日の夜五條に着し、ついで中山卿に初めて謁した時に、卿に奉つた一首である。わが皇國は、道の神ながらにある國だから、誓ひは祈りと述志以外にないのである。雄心の自然な、悠々たる自負と自信を歌はれてゐるところ、大そうありがたい歌である。門出の歌だから
この堂々たる大樣さがよい。
ますらをの屍草むすあらのらに咲きこそにほへやまとなでしこ

南山踏雲錄中に出ない吉野陣中の作である。同志小川佐吉に乞はれるまゝにその胴服の背に書いたと云ひ、(三句を荒野邊にとよんでゐる) 又陣中から盟友今村文吾の男宗陽、甥宗達に送つた手紙に誌したともいふ。(この手紙は事件後押收を恐れて火中にしたといふことで、軍資輸送に對する謝禮狀であつた由)

いづれにしてもこの歌は、今日のやうな日によんでありがたい作である。日本の丈夫の歌として、これほどに美しい作は數少い。屍のみだれふす戰場にも、やまとなでしこよ咲き匂へといふ心持は、情景としてよいが、象徵的に考へても涙のこぼれるほどである。この場合もやまとなでしこを、日本の乙女としてよむ最も通俗にされてゐるよみ方に、私はもとより贊成である。戰場と殉難勇士を材として、これほどにやさしく美しい無限生命觀を歌つた作は少ないと思ふ。どのやうに通俗的によんでもよい。今日に愛誦すべき作と思ふが、そのまへに愛誦に耐へるだけの心の美しさが、今日の通俗の中にあることを求める。

しかしこの歌の背景環境は考へるまでもなく、悲愁にみちてゐたのである。幕末の壯士調ならば、悲風蕭々と千里の秋野を驅るさまに歌ひだしたいところだつた。しかしこの一首では、すでに哀愁と悲哭は、一つの美しさによつてなごめられてゐる。まことに國學流の風雅の歌の典型と云ひうる。しかし翁はその神の美のわざのために、自ら己を死なせてゐるのである。悲劇は崇高に轉じ、その極致に到つて、今や美のおほらかな祭典となつてゐる。皇神の道義が働くとき、すべてがみやびの美として現れるといふことを實證するやうな、國風のことだまの濃かな歌である。卽ちこれを誦する者は、悲痛の極なるものが、それらを一切をさめて、みやびの美を描いたところに、國風の尊さをみるべきである。

光平時に齢五十一歳、しかも自分らの境涯を土臺にして、教訓と拘束を道徳的に強要する言をなす代りに、讃歌を歌つて、無限な生命を祝福し、祭つてゐるのである。今の世のことを云ふのでない、私は昔の殉忠義士が、強ひられて難に當つたのでなく、自らの志と生命から道に殉じ、死ぬことの自然さを教へ、その困憊と逆境の中で、よくこの種の祝福の讃歌をなしたところを、わが風雅の道の現れとして喜ぶのである。これは天忠組忠士に一貫する唯美の祭りである。文藝の祭りとはかゝる讃歌と賞嘆であつて、絶對に批評的拘束や教訓ではない。深くつゝしんで、この美しさの根柢を味ふべきである。

我靈はなほ世にしげる御陵の小笹の上におかんとぞ思ふ

くづをれてよしや死すとも御陵の小笹分けつゝ行かむとぞ思ふ

この歌二つは十津川陣中での作であつて、「あらざらんこの世の心構」と題してゐる。そしてこの題の詞は平安朝の女流が愛惜して、戀情の切なさを歌つたことばであつた。さうしたことばで、己の烈々不死の志を述べ、さらに獄中にあつて、最後の志をしるす文章の、その初めにこれをあげたのは、翁の志をふかく示すにたるものである。このやうな皇方によせる情緒が、翁の場合は、その實踐の根據だつたのであるから、特にこのことを初めに誌されてゐる。しかもこの二首をあげて、「いづれの方かよけん、後見ん人、よきに定めてよ」と申されてゐるのは、この歌が歌として歌はれた心の場所と時とが微妙に異つてゐて、それを各自の各のみちとして考へよとの意であつて、かりそめにも歌の技巧として考へよといふ意ではない。さうして私の心持からは、後者の方の多く世に執したものを愛惜してゐる。我々はかういふ態度を、後鳥羽上皇の美の御教へによつて學んだ文學者だ、といふ自負をもつからであつて、これは微妙なことだから、單に歌の學びのしらべとして、作品の結果だけで考へるのみの人には、我が文學的信條は多く理解されぬと思ふ。

大丈夫《マスラヲ》の世を歎きつる雄たけびにたぐふか今も峰の木枯

同じく南山踏雲錄の中に出てゐる。義軍が五條より天川辻に移る途中、賀名生の皇居を拜した時の作である。ますらをの悲懷の生き方を、賀名生の舊址で、切々と回想され、往年の忠臣義士の雄叫びを、今の眼前に見る峯の木枯のふきすさぶ響にひきくらべられた。云ふまでもなく、天忠義士の雄叫びである。木枯に雄たけぶ千古の大杉は、代々一貫する忠士の雄たけびをあらはしてゐるのである。しかも私はこの一首から、南方宮方に志をよせた人々に對する、光平の感銘と慟哭を味ふのである。このことについては別に云うた。

身を棄てて千代は祈らぬ大丈夫もさすがに菊はをりかざしつゝ

同じく南山踏雲錄に出づ。作られたのは重陽の日、しかもその日は翁五十一回目の誕生日だつた。重陽と菊については、長生の故事が多い。しかしすでに大義のために生命を奉還した丈夫には、わが現身のいのちの千代を祈る心は毛頭ない。しかし咲ききそふ花をみて、一枝を折つてかざすのは、陣中武人の自らな風雅であつた。さすがに菊の一枝は折りかざしたといふ、辭句よくとゝのひ、場所と云ひ、菊の花と云ふ、合せてまことに武人風雅の極致である。

鉾とりて夕越えくれば秋山の紅葉の間より月ぞきらめく

南山踏雲録中九月十三日夜長殿山を越える時の作。けだしこの作一首のみを以て、その作者の名は萬代に語り繼がれるにふさはしい絶唱であり、萬葉集の雄作に比肩する丈夫の歌である。鉾は愛用の眉尖刀、作は無銘なれど志津三郎、月は十三夜だから、月光の粛殺、紅葉の華麗、共に申し分ないことも、心憎いばかりの情景である。詩歌百年の榮光、この一時に放たれて、何のわだかまりもないよみぶりの中に、詩の思ひ、劍の心、自ら一體となり、日本詩歌の美の絶對境を示してゐる。

同じく天忠組陣中に於て、吉村虎太郎の作なる「秋なれば濃き紅葉をも散らすなりわがうつ太刀の血煙を見よ」の一首も、その丈夫ぶりの豪華艶麗に於て、如何なる雄篇長大の文藝にも勝つてゐる。彼ら志士の美觀の豪宕さは、自ら別風をなしつゝも、僅か三十一文字の言靈によつて、智積院風の桃山の大藝術に、大いに比肩するものがあつたのである。しかしこの吉村の作は、上句を「吉野山風にみだるゝもみぢばは」として傳へたものもある。私は「秋なれば」の方をとりたい。この二首、美觀の構造に於てはやゝ異るが、當代の雙璧である。このやうに雄大な美の感覺は未曾有の驚嘆である。天忠組の醇乎として醇なる孤忠の志には、この未曾有の花があつたのである。

そのかみをかゝげて見べき人もなし夜中の里の夜半の灯火

九月十日夜中の里での作、天忠組に徴發した人夫らが、さすが郷土の人だけに、この時に會つた感激から、古を回想して十津川郷に於ける大塔宮の御經營のあとを語りあつてゐる。彼らの大方は南方に志深かつた人々の遺裔だつた。それを眺めての光平の作である。十津川郷へは、その近年に郷士の有志によつて、大塔宮の歌碑が建てられたりしてゐた。大塔宮が十津川郷に入られたのは、元弘の時後醍醐天皇御西遷の後である。その時に當つて義軍復興に心を盡された宮の御精神は、事の成敗によつて論ずべきでなく、さらに封建的大義論ではつひに解決せぬ。護良親王の御志はつひに一應完遂したが、後南方の御志は、つひに恢興しなかつたのであつた。これを以て親王の元弘の後の一大決意はかりそめに考へられぬのである。まして今や違勅の罪名を負うた天忠組の義心は、大塔宮のその日を思うて切なかつたのである。光平はこゝで、かつて師信友の史論によつて知つた、わが神道の歴史の道を、今や痛切なわが身の生命の原理と考へた。そやとし云はゞ露と砕けんといふ志は、かういふ思想に生きること自體である。それに生きることは、あらゆる事態を人工の思想と論理で裁斷するのとは異るのである。さういふさかしらな漢意では、神意のあり方は知り得ぬのである。

ところで、この大塔宮は建武中興成立の日に、早くも新しい幕府的勢力擡頭の一大事を眺められ、中興政治の京都に入る代りに、大和信貴山に據つて、重ねて討幕の兵を近畿に召されたので、大和河内等の兵は續々參集した。足利高氏を討つとの意味は、公武合體政治の包藏する幕府的なものの芟除をめざされたものである。北條幕府は滅んでも、なほ幕府的なものや、さういふ考へ方は滅んでゐない、それが宮の看破された一大事であつた。その孤忠を守る精宮は中興の功臣たる代りに、あくまで孤忠の忠臣となられたのである。その孤忠を守る精神こそ、建武の頽勢の中で、眞維新の大精神を貫き、國の道のあり方を教へられた所以であつた。光平たちは、大塔宮の孤忠の精神を、大義名分論と對決して考へてゐたのである。それを考へることが、わが身のおきどころを決する道であつた。

長殿《ナガトノ》の木々の紅葉を今日見れば君が御旗を莊《カザ》るなりけり

南山踏雲錄九月十三日の歌。さきにあげた鉾とりての歌と同日の作である。秋の紅葉が、花よりも紅にかゞやく中を、錦の御旗のゆく情景を敍してゐる。花やかで美しい作であつて、これを見ると、すでに文藝上の「王政復古」は堂々と行進してゐる。その形さへ定つた感がある。天忠組五條義擧は討幕と王政復古を宣したが、この歌では、その精神が文藝として生づいてゐる。「今日みれば」といふことばの新鮮で無比な感覺が、大いに注目して味ふべきところである。光平自身が驚嘆して「今日みれば」と歌つてゐる。戰況が不利であるといふ事實よりも、重大な無朽の生命が歌はれてゐる。それはまさに「王政復古」の實感があつたといふ意味である。その感が我々に生々と傳つてくる。

三かさねの瀧の高機《タカハタ》來てみればみながら神の織れるなりけり

十津川脱出の行程の第二日、卽ち前鬼村に宿つた翌日、北山鄕へ出る途中の三重の瀧の景を歌はれた。瀧の兩側の紅葉を、高機に織りかけた錦に形容し、その神異に驚嘆された作である。作歌の情景が異常で激してゐたから、かういふ常踏的のみやび歌が、深いあはれをおもはせる。實景卽目の作だが、決して近代の云ふ寫生歌でない。囑目の中に古い歌の傳へを生かさうとされ、別に一風をなす、これが翁の新しい世の歌といふ趣旨である。

同じくは春の花瀬に存《ナガラ》へて御世の惠も汲まましものを

十七日の作、南山脱走途次、花瀬はよほど氣に入つたと見え、今一首、こゝをほめられた歌がある。歌のこゝろは、同志の心懷を云うてゐる。その悲懷は、そのやうな大御代の榮えを念ずるところに發し、同じくは皇威輝く太平の御世に、かゝる土地で平和に暮したい。さうしてやがてそのやうな日のくることを念じて疑はなかつたのである。天忠組の人々は、當時の志士みながさうだが、わけて草莽の詩心に富んだ人が多かつた。廟堂の功臣たるより草莽孤忠の臣たることに念々努めて、その外の生き方を考へず又知らなかつたのである。

この歌を見てもわかるが、光平の風雅は、傳統のものである。さうして自身の思想としても、和歌や文藝は、つひには神祭りのわざであるといふ、眞の藝能觀を濃厚にもつてゐた。さういふ心から文藝は神の受納し給ふにふさふ如くに詠まれねばならぬといふ點に、努力懸命だつたから、つねに傳統を尊び、古今風の賀歌のしらべや、新古今風の熱禱歌を、尊ばれた。特に新古今風のいのりとねぎごとを申す歌が、このころの志士によろこばれたのは、そのしらべのもつ切ないものが、時勢の下の人の氣持に大いに通じたからである。しかもさういふ草莽志士が、みな情よりして盡忠の道を思つたから、その意趣からも、都ぶりの文藝を喜んだのである。しかしあらはれの新古多少異つたのは云ふまでもない。これは世の移りとして、翁自身深く信じ、自負して說いてゐる。この自負は、草莽の熱禱が、王政復古を信じたところに發する。

文藝は神祭りであり、それが正しい時には必ず神に受納されるものだから、國の道としても、重大なのである。軍《イクサ》も政治もみなこの神祭りが中心にあつてあらはれるものであらねばならない。よくない文藝を目安にして、文藝の風雅を排斥することは、最も困つた謬つた俗論であつて、謬つたもののよくないことは文藝に限らず、軍政も民政もみな謬ればよくない。謬つた軍政といふのは、既往の幕府のことであつて、武のやうなものでも、これを楠公がとれば尊く正しいが、高氏がとれば賊となる。しかしそれが賊だと同時代の人が判斷することは、誠心の神祭りに奉仕してゐなければ出來ないのである。僅かの分岐點を謬ると、よき志さへ賊となりかねぬが、この分岐點を人爲人工の論理で考へると大いに不安となる可能性があるが、至誠さへあれば、自然不安はない。我國は道のある國だからである。

光平の歌學は、翁がすぐれた國學者としての學識に立つて、神祭りを念々に深く考へられたものだから、同時代の志士の立まへとした精神に較べてさへ、歌をはるかに濃度な藝能觀から解し考へられ又行つてゐるやうである。しかしこのことを、我々はわが藝文上の思想の上からもありがたく思ふ。祭りは傳統以外でないから、努めて傳統に深くなる。この祭りの考へ方も、上方と江戸では、同じ國學の立場としても少し異つてゐた、江戸の理論的萬葉調に對し、上方の國學では、古今新古今の敕撰集の傳統をも重んじてゐたが、これは生活還境も禁廷に近かつたからと思ふ。歌に於ける上方の皇神のみちや、神詠の思想、及び神祭りの藝能の思想を、最も濃厚に描いた人は、雅澄と光平で、兩翁共に萬葉集の學者としては、大きい自負をもち、その集を絶對無上と信じた人だが、作風には傳統的な堂上調のものさへ濃い。このことはより〳〵深く考へねば、間違ひ易いところである。しかし歌としては、必ずしも萬葉集の古語やその調子を模すことが主ではないのである。南山踏雲録の中にも、近世のしらべとことばで、萬葉集の精神を生かした作が少くない。それらは江戸歌壇の擬萬葉調よりはずつと濃厚に、萬葉集の志の高い調べを示してゐるものである。なほこの花瀬の歌と合せて、瀧川の歌を考へると、その心持がよくわかる。盡忠の志士の志は、事を好み亂を喜ぶところにあるのではない。

たまさかに粟のもちひの神祭りわれもひとつは出でて拾はん

二十一日入《シホ》の波《ハ》での作、この例祭があつて、その御供まきを見られた時の歌であるが、子供のころの心持を思ひ出されたやうな、やさしい歌である。翁は例祭と誌されてゐるが、この祭は實は天忠組のために徴せられた村民二人の無事歸郷を祈る臨時の祭りだと云ふことである。この歌は、童心を思ひ出すやうな歌だが、翁の南山脱出の旅も、この入の波へ着いて、やうやくこれからは、いくらか平かな山路へ出られるといふ安堵感があつたから、のどかな歌となつたのであらう。その上に山路で脚と腹をいため、ほと〳〵息づくばかりの山越えだつた。十津川から北山越のみちは、殆ど道のない道で、土地不案内の二三人の同勢では、脱出できないといふ方が當つてゐるやうな奥山であつた。恐らく平岡の氣象の無法な勇猛さがあつたので、本隊より先にこの道を出ようといふ決心も出來たのであつて、平岡にはよくないこともあつたかもしれぬが、彼の不屈さが、脱走成功の原因だつた。さうして彼はつひに身を全うした。平岡がなければ、光平も本隊と共に廿五日に鷲家に出るるといふこととなつたであらう。さうより他にすべのない山道だつた。

親ならぬ親をも親とおもひつゝ此としごろを子や頼みけむ

この歌の來由については、よむ者を斷腸せしめるやうな悲しい話が南山踏雲錄に出てゐる。しかしこの歌と似た歌が、今村松齋に殘した遺書の中にある。

父ならぬ父を父ともたのみつゝありけるものをあはれ我子や

となつてゐる。好みによつて、父ならぬといふ方をとる人が多いやうである。さきの親ならぬといふ親も、勿論父のことである。翁自身のことである。いづれにしても悲しい歌であるが、當時の志士の心には、この灼けつくやうな、人を狂はせる愛情の慟哭を、誰だつてもつてゐたことであらう。この松齋宛遺書のあとには、信丸に宛てて「魂は高天原に在りて金石不㆑碎、又此世に生れて再會せん」といふ一行の遺言が書かれてゐる。歌と云ひ、遺書と云ひ、涙止らぬものである。

神さぶる生駒の山のいこよかにあらまほしきは心なりけり

駒塚に平岡を待つてゐる時に、彼がすでに脱走したことを知らされ、一人平群《ヘグリ》から京をさして逃れんとされた時の作。捕縛せられる日の朝の歌であらう。あれこれと重なる傷心をいたはりつゝ、脚病に困じながらも、北をさして心いそがれつゝ、生駒の山を眺めて、己が最後の雄心を自ら鼓舞された歌である。身も情も病れ果てゝゐるが、わが心に、嚴しく強くあれと、最後の雄心を振ひ起して、都をめざしながら、重い脚をひかれた時の作である。

闇夜行く星の光りよおのれだにせめては照らせ武士の道

南山踏雲錄に出るものである。翁が捕へられて峠の茶屋から奈良奉行へ送られたその夜の、道のくらかつたさまを誌されたあとに出てゐる、この捕縛の日のことについては、島田氏の「光平先生傳」に、奈良の人澤井辨造氏の興味ふかい報告がかゝげてある。一つの傳説としてよめばよい。それによると、もう覺悟の上であつたやうに書いてある。

この歌のことはさきにも云うたが、星によびかけられた歌である。しかしこの武士《モノノフ》の道といふのは、所謂武士道とか、その儒意の大義名分論といふものでなく、わが萬葉集の中に歌はれた、もののふの悲しい志である。翁はこの南山踏雲錄の中で、さきには大塔宮を偲ばれ、ついで南山悲史を回想し、やがて楠木正勝から、楠氏遺族の孤忠を味ひ、自天王、忠義王の悲史を回想され、最後には廣嗣の鏡宮の故事をさへ追思せられた。この廣嗣に對する近世志士の感じ方については、天平の時局に於ける廣嗣の立場を考へると了解せられる。そのことについては、さきに拙著「萬葉集の精神」の中で詳述したものである。今日の教育では、光平ら維新志士の國史のよみ方とは、大いに異つた歴史のよみ方を教へられてゐる。私はこのことについては、大いに世の注意をひきたいと思つてゐる。さうして今日の有志は、このことを深く考へておく必要がある。國史のよみ方とか、古典のよみ方といふものは、我々自身の志のおき方以外の何ものでもないのである。

賴山陽は、すでに早くに、源平の平治の亂以後の武士は、古來の武士《モノノフ》の道を失ひ、彼らには武士といふほどに名分伴つてゐないと断言してゐる。當時の志士で、この山陽の本を讀まなかつたものはない。今日いふやうな古武士道などといふことばで、この頃の人は丈夫の道を考へなかつた。彼らがいのちのみちとしたのは、もののふのみちである。

佐保山の柞《ハヽソ》の紅葉たをりもてうすき縁を人や恨みむ

述懷の歌として、奈良獄中での作だが、現實の事實に恨まれたものは不明である。何といふことはなく、可憐な女性の、哀愁の相聞歌としてもふさはしいやうな歌である。古代の丈高い高踏の情緒だが、今日の詩としても必ず斬新と評しうる。しかし必ず具體的なことにふれて歌はれた歌であると思ふが、やゝ危い歌である。このやうに現れたところに、翁の神詠觀と藝能觀があつた。

祭るべき神無月こそあはれなれ杜は落葉にうもれはてつゝ

「杜初冬」と題する獄中の作六首は、翁の家集中でも最も圓熟した境地に達した作である。肅然として象徴的な風致を描いてゐる。かういふ歌がもう數十首もあれば、翁の文藝と思想を云ふ上で、一段とありがたいのであるが、かういふ清透な象徴體の作は、翁の獄中の前後に始るものであつて、こゝにたゞその一端を示して逝かれたものと思はれる。すでに周圍の世界へ、已自身がとけこみ、清透な一境をなしてゐる歌風だが、さういふところから展かれた花やかさには、多少新古今美學の、神人一如の象徴美觀もあつたが、もし翁に晩年があれば、必ずかゝる點から、上方の文人の老境を展き描かれた一人にちがひないと、これらの作を見ると考へられる。こゝには嚴冷の氣にみなぎつた、肅殺の風景の中の花やかさがある。情景みな肅殺の意にみちてゐるが、歌としてよんだ人の情の深さやなごやかさをよく現してゐる。上方文人は、近世でさへ、近松、蕪村の古から、鐵齋の近頃まで、その老境に入つて、却つて華麗豪膽の雄渾と唯美を描いてゐる。光平の場合にも、この杜初冬の六首はさういふものを思はせる。

この歌は、祭るべき神のない十月、卽ち神無月とは、この月は神がみな出雲國へ集られるといふ俗信をかけた作だが、秋祭もみな終つたあとの神の杜のものさびしさを、紅葉のおちばと對照し、いかにも初冬の身のひきしまるあはれに深い。しかしどことなくなつかしい情味があふれてゐる。

火焼鳥《ヒタキドリ》なく聲さむし里巫の秋祭せし杜の木蔭に

里巫といふのは、平素は農家の少女で、祭事にだけ巫として神に仕へる者である。さういふ寒村の祠だから、ことにうらさびしい宮だが、それだけに民俗はなつかしい。祭の行事や、それに對する村民の喜びにも、心をひきしめるやうなあはれがある。常よりわびしい寒村が、一年の秋の祭りに賑つたあとは、ことにうらわびた感がする。郷村の田舎祭りのなつかしさが、身にしみるやうになつかしく、それがやるせない情にまで導かれる。

柊の花を朝開の神饌《ミクマ》にて吹く風さむし杜の廣庭
葉碗《ハモヒ》刺す人影もなし柏木の杜の遠近しぐれはてつゝ
神垣に賤が食稲《ヲシネ》もとりかけて田中の杜は冬さびにけり
柞ちる佐保田の杜をきてみればうすき夕日に食稲干したり

葉碗といふのは、神祭に用ひる、木の葉を刺して作り、折敷の用にあてる。賤が食稲といふのは、百姓のとり入れた稲のこと、いづれも心のをしまるやうな侘しい歌だが、中に美しさや花やかさがただよつてゐる。神の受納されるやう詠むべしといふ翁の詠歌の大旨は、かういふ形からも私に合點されるのである。これらはみなよい歌で、かういふ静かで深い歌を、文藝を學ぶ上の手本としたいと思ふ。こゝにくれば、技巧的とか何かといふ人工のものの、すべてが神の受納を念ずるといふ仕奉心に從ふのである。古人の技巧といふのは、神が受納さるやうにといふことを考へた上から出た、敬虔な思想であつた。それが歌に於て神人一如の橋を考へるのである。卽ちこゝに於て神詠觀が、過去の史蹟でなく、今の我々の現實の創造力の根源だといふことが理解されると思ふ。又この思想があるから、理として説き難い迄の心もちを、歌の言靈によつて、道として昭かに示し得るのである。國學者の歌には、さういふ形と思想から、ある論理の結語となる述懷作が少くない。かういふ學者の歌の意義は、明治以後すつかり忘れられてゐるのである。子規でさへその徳用《サキハヒ》を知つてゐないから、その後の人はみな知らないのである。しかしこのやうな歌の徳用も、神詠と言靈の思想によつて了解されるのである。しかもこれらは、草莽の至誠が味ふ自然の情の判斷である。漢意とは、かゝる自然の情を、人工の論によつてあらぬ方へ謬るものである。

　畝火山そのいでましを玉襷かけてまちしは夢かあらぬか

この獄中に於て、攘夷御親征大和行幸の朝議のことを回想して、夢かあらぬかと歌はれた心境は、満眼は悲涙にあふれて、その涙止め難かつたことと深く察せらる。玉襷は畝傍山にかゝる枕詞だが、こゝは縁語として用ひた。まさに翁たちは襷をかけ太刀をひつさげて、先驅の兵となつて、行幸を待ちまうけられたのである。表のやさしい、しかも心のはげしい、稀有の歌である。しかもさすがに修辭完璧である。

うきことの大津の里の苫庇《トマヒサシ》とまれかくまれやどりてゆかむ

駒とめてかへれ防人神のます石津が原はうごく世もなし

行末を津守《ツモリ》の浦のうらへでも千代の榮はまさしかりけり

南山踏雲錄に出てゐる最後の作で、奈良獄中での熱禱の歌である。けだし草莽の歌の上乘のものであらう。大津の里は南海泉州の濱、石津原には鳳神社が鎭座し坐す。津守浦は住吉浦の別名である。うきことの多き津とかけられてゐる。しかし憂きもやさしきも、とまれそのまゝ、そこに宿つてゆくといふ心持は、現世を思ひきはめた末の悲しい大願である。あくまで耐へるといふ以上に、深いこらへ方である。卽ち自然の情あざやかで、批評の餘地がない。しかし世は如何に動かうとも、神州は不動不滅である。駒をとめて、防人らは安心してかへるがよい。この駒とめてといふ語は、刊行の諸書に異同あつて、少し疑問がある、しかし立ち止ることと引返すこととは同じだから、このまゝで困ることはない。先生自筆本で校合したい所の一つである。さて終りの歌は、津守の浦を、津守の占《うら》といふのにかけた。津守といふのは、天武天皇の頃の大津皇子の御歌にも歌はれてゐる占卜の名人である。しかしさういふ名人が占ふまでもなく、神敕である皇國不朽の榮えは疑ふ餘地がない。

この三首、獄中記の最後に出たもので、この三段をなす悲懐と慟哭と熱禱こそ、翁及び一黨殉忠の志を現すものである。己が悲運を觀じつゝ、不滅の決意をひらき、つひに御代の熱禱に終つてゐる。この事破れた志士の獄中の悲懐と悲願をみるとき、今も神州の民にして、これをよんで泣かないものはないであらう、この歌三首で籠中日錄南山踏雲錄の和歌は終つてゐるが、このあとへ「なほ此世にあらむほどは、みるものきくものにつけて、おもひうかむまゝを、筆のかぎり、紙のかぎり、書もし記しもしつべし」としるし「神無月十一日伴林六郎」と署名されてゐる。文人志士の悲願こゝに決すといふべきである。しかもこの文人の道に執する志は、隱岐で御撰になつた後鳥羽院の御口傳書に、深く激しい高さで教へたまうたところの執心に通じてゐる。さうして翁ほどの佛學の大家が、このこゝろに當つて、一言も佛ぐさいことを申さず、その獄中の記を一貫する神州淸潔の思想は、深く畏むべきものと感銘せられる。しかも佛ぐさいものに、特にこだはつて抑へられたところもなく、平々淡々とした自然から、何らそれにかゝはつてゐないところが、非常に有難く思ふ。そこに大道を生命の道として信じてゐる達人の相があつて、それがまゝ飄逸に發したさまは、翁の生涯の文藝に見られる。細心であるがおほらかであつた。これは情にかつてゐられたからであらう。情は申すまでもなく自然のものである。自然のものを心に信じるから、信念も深くなるのである。

梅の花色をも香をも知る人のなしと知ればやつれなかるらん

この頃の風のたよりをしるべにてこゝにもかよへねやの梅が香

京都獄中に移つてからの作で、奇しくも隣室へきた平野次郎に贈つたものと云ふ。次郎は元治元年正月に京都の獄へ移されてきた。その時獄中でとりしらべのあつた時に、次郎は係りのものに梅の一枝を所望し、その時「心あらば春のしるしに人知れずひとやにおこせ梅の一枝」といふ歌を役人に與へてゐる。このことを知つた光平が、こゝにあげた二つの歌を次郎に贈つた。「いぶせきひとやのうちながら、此のごろの梅のはつ花を折らせて、御覽ずと、いと〳〵うらやましくて」といふ前書のあつた由が「歎涕和歌集」に出てゐる。初めの方の歌、おもては、次郎の如き丈夫に愛される梅の花を、花のために祝福したもので、その意をふくめて、翁自身も花のために名のりされてゐる。心ののび〳〵した作で、さすがに手練の歌よみの作爲である。

京都獄中での光平の生活は、奈良ほどではなかつたが、それでも舊知の堂上方よりの差入など始終絶えなかつた。さうして在獄中の同志に、古典や萬葉集や「直毘靈」の講義をしてゐたが、それらはみな暗記によつてせられたさうである。この歌はその獄中の作として傳つてゐるが、平野國臣との贈答歌であるといふことが、殊に感慨深い。ねやの梅が香などいふことばは、平素親しい歌の雅語をそのまゝつかはれたものだが、場所なり時なり、却つてつきない感銘が味へる。この歌に和へた次郎の作は「いかにふく風やとなりにつたへけんひとやのうちにひめし梅が香」。次郎は天忠組の同志の刑死ののちも獄中にゐて、櫻の花の季節になると、またそれを所望したりしてゐる。次郎は獄中で、大和義擧の同志の全部が斬られた由をきいてゐたのである。

なほこの京都六角の獄中でも、光平は何か一部の手記を誌されてゐたさうで、これは獄を出る人に托して外に出さうとしたが、寄托された某がいづこかにとりまぎれさせ、未だ世にあらはれない。

　　君が代はいはほとともに動かねばくだけてかへれ沖つ白浪

元治元年二月十六日、同志十數人と共に京都獄中にて斬られた。光平時に五十二歳、最年少者は二十の島村省吾であつた。死罪宣告書に對し一同は「私共此秋以來皇國ノ御爲ヲ存込候處返而蒙二御不審一今更致方無レ之依レ之御請如レ件」と請書を出した。この一首はその日の辭世として誦されたと云はれてゐる。

この歌のことは、今日では誰一人知らぬ者がないほどである。けだし今日云ふ必勝の信念と云うてもよいが、この歌の精神は、人工合理の信念でなく、神敕を念々に信じて、その道を生きるものの思想である。この思想はひとりよがりの慢心でなく、念々これ熱禱の信念である。これを慢心とみるものは、皇國體の原理についての信少ない者で、けだしさやうな者の巧僞の人工は何一つなすあることがないのである。さうして國學の思想は、つねに必勝信念をつくる考へ方でなく、神敕至上を念として、諸事を考へ行ふ學である。この點を謬つてはならぬ。翁の攘夷熱禱の志は、すべて國學の思想によるのである。

さてこの歌について、これを翁の辭世とされたことは、確證のあることだが、作られたのは元治の年でなく、嘉永の外寇の時だといふ證もあると云ふ。小野氏の「伴林光平全集」

にも、賀歌としてこの歌が出てゐる。河内畑中氏に藏する翁の自筆にも「寄世祝」の題のあるのを寫眞で見た。光平の師信友翁の歌にも「神さぶる大和島根によせくとも砕けてかへる沖つ白浪」と、攘夷を神州不滅の思想から歌はれた一首がある。國學の攘夷歌は、不滅の信念から出る。從つてそれは情勢論的な攘夷でなく、絶對攘夷論として、駁戎といふ思想となつて現れるのである。しかもかゝる攘夷歌はいきどほりのあらはれだから、時にふれて熱禱歌となる。その意味で精神は神を讃ふる賀歌である。個人の信念の悲歌でなくして、萬有に亙る道の祈りの歌である。

二

初若菜かずならぬ身も大君の千代をよそには摘まじとぞおもふ

初若菜をつむのは早春風流の一事。しかも數ならぬ身ながらもまづ、大君の千代を祈りたゝへて初若菜をつむ。生民萬般なべての生命の源は大君の御惠ならぬはないといふ心である。風雅の作としても上乘である。この歌とほゞ同型の作に、

吉備人とともにぞ摘まん初わか菜わが大君の千代をかぞへて

この歌には、「春の日、藤本眞金のもとへ」とある。何時の頃の作か明らかでないが、眞金はしばしば河内に來遊してゐる。同地方には現に遺墨遺作が少くない。天忠組の中では年も長じ、光平とは舊知だつた。翁の二首の歌はいづれも大略高低はないが、「わが大君の千代をかぞへて」といふ句は、初春の歌だから、心持が非常によく、歌としてもなかなか

尊く、凡手の及ぶところでない。眞金は、維新志士中でも、その信條思想ともに最も深く清醇、人となり高潔であつた。私はこの系列の志士を最も心からなつかしく感じる。論議建策の才によつて生きる代りに、むしろ道を草莽に行じ、漢詩風の慷慨より入つて、和風の風雅に深い詩心の持主であつた。眞金の畫は專門畫家の作として巧みであるが、一般的にも維新志士のもつてゐた、後期文人畫風の風雅といふものには、さすがによいものがある。その心持は私情の述懷にも展かれる。最も光平は書畫兩道の達人であつて、その畫も亦以前より多少名高く、境地にも見られる。さういふ風格は、光平の生涯の作歌の繪畫風な近ごろはしきりに珍重されてゐる。天忠組では松本奎堂の書が、書としても又近世に拔んでた地位をもち、三十歳あまりの若年の人の手になつたものとしては、怖ろしいほどのものを思はせる。卽ち天忠組浪士はかうした藝術から見ても第一流であつた。

なほ光平翁のこの歌の、若菜を吉備人と共につむといふのは、古事記、仁德天皇の御製に

山縣《ガタ》に　蒔ける菘《アヲナ》も　吉備人と　共にし摘《ツ》めば　樂しくもあるか　御製

とあつて、これは天皇が吉備の黑日賣《クロヒメ》に賜つた御製である。ことの子細は古事記下卷に出てゐるから、必ず一讀すべきである。それを一讀すると、一層この御製の背景のなつかしい物語によつて、歌意明らかとなる。この故事を思ふと、初菜を摘むのに、大君の千代をかぞへてと歌つた心もちの、國ぶりの典雅な詩美が、一段と深く明らかとなり、風雅の思ひは戀闕の情から發するといふわが國の詩心情緒の、美としての意味も非常に瞭然とする。

この故事を解さねば、かういふ傳統の詩美のなつかしい情も、輕薄なよみ方をする人からは、ことさらな理の教訓ととられるおそれがある。しかも我々が、文人として歴史を解し、古典を知るといふことは當然のことであつて、それに立脚して詩美を樹てることも亦當然のことである。

いさけふは野邊のなゝ草七かたま摘みつゝ君が千代を數へん

これもさきに云うた二つの歌に類する作である。さうしてこの歌になると、そのまゝ平安時代の戀愛歌に通じるやうな、ことば遣ひにも趣がある。云ふまでもないことだが、これは戀愛歌でない。しかし相聞の戀は、すべて自然の情に出るもので、近世の國學流の歌風の基調にある戀闕の情のあらはれ方は、平安風の相聞歌に相通じるやうな、人の情の自然に出たものであつた。眞淵はその作歌では情のうすい人だが、心もちでは、最も情のあらはれを尊び、戀の歌は、邪戀の歌でも、なほよいところがあるといふほどにまで申されてゐる。

大きみのふかきめぐみに生駒山ことしの春も花をみるかな

花を見て眼をよろこばすときにも、思ひ合せて、大君の大御世のみめぐみを感銘してゐる。しかしこの感覺は、日本人の花見にも遊山にも、古からあつたことで、今も邊土田舎の人々は普通にもつてゐる。實にすなほにもつてゐる。のみならず今日もさういふ人々は、皇神の道を風景に眺める古代人の自然觀を、心の中に殘してゐる。光平のこの歌は、かの古の法然が、名所を見て佛陀の惠みだけを歌つたといふやうな言擧でなく、これは實に土俗の口から出る感嘆のことばを歌とされたのである。土俗では今でも、花の美しさと、身の幸ひを、大君のみめぐみの一つにして、たんのうしてゐる。恐らく世情異常で、不安の日の作と思はれる。つまり歌として心持として、さう思はれるのである。

かげ寒きさゝのいほりの夕がすみ梅なつかしくなれる頃かな
妹《イモ》が織るしづはた山のあさ雲もうすむらさきに匂ふ春かな
ちりかひし淺茅の霜と見るばかり垣根のなづな花さきにけり
若菜つむ山田の畔《クロ》のふしくぬ木霜のふる葉も春めきにけり
春はまたあさ川岸のくちやなぎ朽ちしながらになびく頃かな
若くさの妻をり垣の露の上にひとりすみれは花さきにけり
草かげに匂ふすゞなの一もともふりすてがたく野は成にけり

光平の春の歌の中から、就中色どりの美しい、さうして樂しい、よい歌を少しばかり出してみた。色どりのよい作では、すつきりとしてゐて艶だといふべきものが多い。諸平時代の河內歌壇の一特色とも云へる。これらもみな春の美しい河內の野の思はれる作である。河內の地は、土が赤く美しく、野はひろく墾たがやされてゐて、家竝は外觀に大さう心がけられてゐて、風景としては今日でも最もよくゆきとゞき、自然の美しい土地である。翁の歌風には、一般にやさしいところがある。二首目の「妹が織る」は「しづはた山」の序詞だが、この一首の美しさなど、一寸何でもないやうで、手練れた作である。もつとも近世に於ては、工藝上の事物も絢爛になつたから、想像が一段と艶厚になるわけである。その作風は絢爛唯美で、規模も亦大様だが、さういふ大様さの根柢にも、垣根のなづなを、霜と見分けるといふやうな細い見所と技巧を用意してゐる。しかも俗になり易い歌を救つてゐるところは、翁の手柄といふより、人がらと思はれる。大略翁はさういふ技巧を歌の藝能として、つゝましく説いた側の人である。この事情の一つの現れを云ふと、翁の書は、獨歩獨往の工夫をなしたもので、未踏と評しうるが、嫌味はない。奎堂の書は、山陽とは異るにもかゝはらず、世間では山陽と比較され、山陽以後の第一人者などと云はれてゐる。しかしよく考へると、かういふ世間に向つて描くといふことは、大切でないが、描き得た精神は偉大である。近松、芭蕉など、近世の大文豪はみな、さういふ世間を描いて、しかも世俗より超然としてゐたのである。後鳥羽院の最高唯美の日本美論に於ては、さういふ場合の文人の生き方の勘所を、「まこと」といふ思想で教へられてゐる。たゞ「まこと」からそれを學ぶといふこと、この「神祭り」に結ばれる精神が、最も重要なところで、まことから己を修めてゆくのであつて、初めより世間を關心することは、絶對にさけねばならぬ。それは考へてはならぬことである。

すゞしろとすゞ菜の花の中垣に羽《ハネ》染めわけて飛ぶ胡蝶かな

この歌は色彩の豊かな、しかも歌ひ方の巧みな作で、友禪染のやうに美しい。近世に入つたのちの上方のみやこぶりの唯美の一極致を描いたやうな作で、それゆゑこの歌をほめる人は多い。つまり羽染めわけてといふ一句の力だが、何でもないやうで容易でない。かういふ歌をよむと、ことだまのみやびやさきはひを考へた古人の心持の一端が明らかとなる。ことだまの徳用はかういふところにもあるのである。歌のことば以外のものでは所詮現し得ぬ美であつて、どう説明しても、この一句の働きに及び難いから説明はせぬが、この心持は近世の美の一方を代表するやうな世界である。

六田《ムツタ》川渡し待つ間の手ずさびに結びて放つ青柳の糸

この歌については翁が、その門人の上司延美に、自分の歌の心持は、この一首にあらはれてゐる、と云うて與へたさうである。延美は、奈良の春日神社の祠宮だつたさうだが、小說家上司小劍の父に當られる。光平翁は武技を愛し相撲を好み、つね平素から、事あれば君の御楯とならうと、心がけてゐたやうな人で、その歌には剛々しい作も多いが、一面かういふ歌を示して自分の心持だと云うたやうな人である。この歌の六田は、吉野へ渡る六田の渡のことである。渡しを待つ間の手すさびに、青柳の垂枝をちぎつては、それを結へて川へ流してゐるといふ何でもない作だが、よく味ふと實によい作である。翁の生涯と文學からみて、私はまたこの翁の心もちを最も喜ぶのである。集中好きな歌の一つである。

度會の宮路に立てる五百枝杉かげ踏むほどは神代なりけり

伊勢に詣でた折の作である。神苑の杉の竝木の下を歩いてゐると、いつの程にか神代の心に我身我心もなりきつてしまふといふ意で、神宮參拜の心持を非常によくうつした名作である。五百枝杉といふのは、大枝が五百もある杉といふので、小さい枝を克明に數へて云うたのでない。古代にはさういふ大きい杉が澤山あつたのである。五百枝といふのは、古代のことばである。しかし我國は神國だから、現にもさういふ大きい木がある。土佐の杉村の大杉は、二本竝びたつてゐるが、いづれも樹齢三千年といふから、大凡神代からそのまゝ傳つて、今も生きてゐる木である。一見すると、まことに神代のことが思はれ、「神代なりけり」と私も感銘した次第だつた。樹そのものが神と思はれるのである。さうしてその感覺の中では、自分と木は一つとなる。これが「神代なりけり」の眞意と、私は深く感じ味つたのであつた。この大杉は、一般世間で大木と云はれるやうな大きい杉を八本ほど枝にしてゐる。實に畏怖すべき様相である。木に神がやどられるといふのみでなく、木そのものが神だといふ感がする。世界中で日本ほどにいたるところに巨木大樹の多い國は少いと云はれてゐる。大木を大切にすることの必要さなどいふことは、大木を見て神を知つた者は必ず切實に感じる。さうしてさう感じる心が、卽ち日本の本質である。さういふ心が日本を護り、日本の生々發展の神の創造力に奉行しうる。今日では神社や村里にあつて、久しく祀られてきた大木をみても、たゞこれを伐つて何に利用しようかといふやうに考へるたぐひの心持が、日本人の一部に動いてゐるが、私はこれを無限に悲しみ、憤つてゐる。さうした神のものを用ひるのは、あくまで最後のことである。今がその最後かと云へば、私はさらにふかく聖慮を恐懼すべき時だと思ふ。

さきの光平の歌は、伊勢の神宮の杉の木立の下を歩いてゐると、さながら神代の心になると歌はれたのである。この神苑の大杉は物でなく、神である。この感覺が永久に日本を支へる感覺である。深く畏み謹んで思はねばならない。

ながめやる吾世の末やいかならん花は老木ぞ見るべかりける

たちばなも枯花にのみなりゆくか昔をしのぶ人やすくなき
くひなのみ來てはとひけり朝宵に世をへだてたる竹のふしどを
あばら家の籬《マセ》の姫百合一はなはそむけて咲くもあはれなりけり

季節の眺めに卽して感懐を述べた類の作であるが、みな一くせの曲があつて見るべき歌である。たちばなはむかしをしのぶよすがとする木である。

卯の花のゆふしでかけて宿ごとに神まつりする夏は來にけり
あきつ羽のうすき袂にそめかけし夕かげぐさの花いろもよし
ひき汐のすがたのこして眞砂子はら涼しくしらむいそのまつ蔭
花うばら露ちる籬《マセ》に夕月のさすかげしろし夏や立つらん
おのれだに昔語らへほとゝぎす橘寺の雨のゆふぐれ

夏の歌はさわやかである。卯の花をゆふしでと見立てたのも心持の浮々する思ひがする。二首めも巧みである。橘寺は、實見の敍景で、別に「をりもをり所もところほととぎす橘寺のゆふぐれの雨」といふ作がある。橘寺は大和の越智氏が、南方宮方の皇子を奉じて、一統後も幕府に抗し、久しく孤守した土地である。そこには南方宮方遺臣の百年の血涙が注がれてゐる。

短か夜の月の影透《ス》く玉まりに酒は湛へて汲むべかりけり

まりは、酒を酌む古の器、玉まりは玉盃といふ意味である。この歌はなか〳〵よい歌だから註する必要がないと思ふ。牧水の歌にこれによく似た名歌があつて、ひろく喧傳されてゐる。いづれも劣らぬ名歌である。しかし翁の歌は同心の仲間集ひの宴に聲高くうたひ、牧水の方は一人かへりみて口誦む作のやうに感じられる。

石川の清き流れにみそぎしてけがれもうきものぞきたりけり

六月の晦の大祓の歌である。みそぎは、六月の晦のものは、平安時代を通じて大體殘つてゐて、和泉式部のやうな女流の歌人も、これを懸命に行つた歌が殘つてゐる。みそぎの歌として最も懸命の歌は、この女流が戀の歌として歌つたものに私はみるのである。しかし當時の風では、この日都人はみな川に出て水を浴びた。「みそぎぞ夏のしるしなりけり」といふのはこの夏越《ナゴシ》のみそぎの頃は、もう朝夕は秋色が多いからかく云うたのである。しかし十二月の時には川に出なかつたやうである。「大祓詞」は、延喜式の祝詞の中でも最も大切なもので、國學の攘夷討幕の思想は、これを根柢とする。

畏きことながら、この大祓は、復古神事の眼目として御一新と共に復活され、その兩度宮中に於て、天皇陛下御自、あまねき赤子の罪穢を祓ひ清め給ひ、御自みそぎ遊ばされるのである。まことに畏き御行事として、形代に記名する日には、必ずこのことを心肝に銘ずべきである。

なほ光平の歌の、石川は、石の多い河といふ意味である。一つの川の中にも石川があつて、石の多い所は流れが早いから、みそぎにふさはしいのである。神典では阿波岐原でみそぎされる時、中瀬を選ばれたとある。しかし後の世の民草が、流れの激しいところでみそぎするのは、志と願ひのあらはれである。なほこの石川といふ言葉は、日本書紀に高比賣命の御歌の中に、この言葉があらはれてゐる。高比賣命は、大國主神の御子下照比賣命のことである。さらに萬葉集には、石見國の川の名として出てゐるが、その場所はよくわからぬ。

民くさの末葉までさへなびくかな天の足る夜の月の下風

天の足夜といふことばは、萬葉集に見える。完全なよき夜といふ意味である。主客一體の感である。調子の高い歌である。

ますらをが命をつゆとあらそひし荒野の小草花咲きにけり

古戰場を歌つた題詠の作である。光平の住まれた河内、大和は、いづこを見ても、みな古の戰場でなかつた土地とてはない。しかもその古戰場は、南北の合戰に、盡忠の士がわが生命をつゆとなして戰ひ、賊を伐ち、自らは討死したあとである。卽ち大和河内の古戰場は、武士の私闘の仁俠の關ケ原ではなく、もつと深刻悲痛な精神の戰場である。こゝでは義戰忠死の古戰場といふことを考へるべきである。その武人の志の外形には多少共通したものもあるが、さういふものを抽象した德としてみることは漢意の考へである。しかしこの歌は必ずしもさういふ古戰場を歌つた作ではない。卽ち「あらそひし」といふ語は、さういふ崇高の意を云ふにふさはぬことばである。後に南山の陣中で、これにことばのよく似た作をなされてゐてその作はさきに云うたが、これと比較すると、その志に於て雲泥のものがある。南山の作が悲壯にして美しさも限りないのである。

隱れがは秋のひかりやうとからんけふだに菊の咲かんともせず

「九月九日菊の花咲かざりければ」との詞書がある。重陽に菊の咲かぬことは、まことにものたりぬことだが、さらに云へば、この日は翁の誕生の日であつた。鬱結の情をそのまゝに述べられた作である。

神代よりかはらぬ色をいかなれば薄しとばかり人の見るらむ

この歌については、「秋の歌とて、神さぶる生駒が岳のうすもみぢ身にしむまでになれる秋かな、とよめりしが、此頃思ふことありて」といふ題がついてゐる。個人の感慨でなく、御世を思ふ深いなげきである。深いあはれである。それを舊作によつて述懐されてゐる。己個人の感慨を、深い背景から反省された悲懐の作である。

月くさの花咲きしより古池の水のみどりもなまめきにけり

浮雲はあらしの末になりにけりかくてぞ見まし秋の夜の月

月さゆる野邊の小笹の夜くだちに鶉なくなり露さむみかも

そゝぎつるわたくし雨に八千草の花うる市はゆふしめりして

うちそゝぐ私雨のいろもよしこけの花さく薗のいしむら

秋の歌の中から數首をあげたのである。わたくし雨といふ語が二つも出てゐる。江戸中期以來行はれた俗語であるが、しぐれの俄雨のことである。浮雲はの歌も、もののはつとした機をとらへようとした作で、俳諧の行はれたのちの現象だが、かういふ境を敍することを、上方歌壇は得意としてよろこんだ。しかしこれはさういふ趣好から見れば、さほど驚かすものでもない。

忘れてはながめられけり天の川星の知るべきわかれならぬを

「文月中頃父のおもひにこもりて」との題で出てゐる。光平の先考は、謙讓と云ひ、尊光寺十三代の主、光平出生の二月ほどまへの、文化十年七月八日になくなつてゐる。後母の手で兄了達と共に育てられたが、その母も早く死んだので、六歳の時野村の西願寺へ養子にやられた。父母の愛にめぐまれず、早く孤兒となつた人である。こゝで父のおもひと云うたのは、養父であらうが、實父は現世で一度も互に見たことのない父だつた。この前生の死別は星も知らぬことながら、それを思ふとさうしたことわりは忘れてうつろに空が眺められるといふ意である。しかしこのあはれな歌も亦、何げなくみると、平安朝女性の相聞歌を思はす。同じころと思へる歌で、「文月ばかり遠き國へゆく人をおくりて」といふ題辭のある餞の歌に、

秋はぎの匂へる子等をわりなくも野分するころ旅にたゝせつ

この歌も別離の情こまやかで、同じやうに相聞の匂ひがする。しかしこの方はなか〳〵に上代ぶりの詠みぶりで、さきのが平安の手弱女ぶりなら、後の方は天平後期の丈夫ぶりである。

霜くもりかぎりも知らぬ大空をいやしく〳〵に雁のゆく夜か

しく〳〵にといふのは、頻りにとか、うちつゞいてといふ意味である。しかし雁の泣んでゆくさまと共に、わが心に起るおもひを、しく〳〵と歌つてゐる。いやしく〳〵にといふ、いやの語にさういふ感じがある。未だ生れぬ世を思ふ類の鄕愁を味はせる作である。

晴れた初冬の空でなく、霜ぐもりといふ情景がさういふ心持のふかさを感じさせるのである。

耳原の御陵に冴ゆる月かげをかきくもらせてしばししぐるゝ

耳原の御陵は、百舌鳥耳原中陵《モズノミハラノナカノミササギ》のことであらう。仁徳天皇の御陵である。この耳原御陵は中陵が第十六代仁徳天皇で、南陵が第十七代履中天皇、北陵が第十八代反正天皇である。いづれも一所に近くにあつて、莊嚴な山陵である。古は河内石津原と云うたが、後に河内から和泉國が分れた時、こゝは和泉に入つた。この光平の歌は仁徳天皇の中陵を歌はれたと思ふ。

この耳原中陵は、我國御陵墓中の最大のもので、實に雄大無比なものである。形は前方後圓だが、三重の堀を廻らし、これも例のない偉觀である。さらにその總面積は十三萬七百二十七坪餘あり、世界にもこれほど廣大な建造物はないと云はれてゐる。從つて陪塚が十二個もある。陪塚といふのは御陵の周圍に設けられた小さな御塚で、御陵を莊嚴するものである。この御陵のことを、大きなる山のみさゝぎといふ意味で、世間では大仙《ダイセン》陵と申上げてゐる。さうして今はその地を堺市大仙町と呼んでゐる。さらにこの御陵の特色は、仁徳天皇の御生前に營れてゐることで、御即位六十七年に、御自この地に行幸になり、御陵とお定めになつた。かういふ御陵を壽陵《ジユリヨウ》と申上げるが、これも類例がないことであつた。

浪のほに殘る日かげも打みだれ時雨ふり來ぬあしのやの里

沖とほく日かげみだれて荒しほの汐の八百路をゆく時雨かな

あしのやは攝津の海岸、浪のほには傾きかけた日影がなほ殘つてゐる。さういふ冬の荒涼の海面に忽ち時雨のくる風情は、慘として壯快である。次の歌は、天日暗しといふ蕭殺の感で、なかなかよく歌はれた雄大な作である。大祓詞に「荒鹽の鹽の八百道《ヤホヂ》の、八鹽道の八百會《ヤホアヒ》に」云々とある。八百道は潮道の多くあることをいふのである。宣長翁の「大祓詞後釋」にこゝの文を評して、「こゝの文、かく同じさまなることを、重ねつゞけて、長々しくいへる、殊にめでたく、上つ代の文にて、さらに後世人のかけても及ばぬさまにて、いとも〱雅たり、これらをよく味ひて、古文のみやびやかなるほどを、さとるべし」と申されてゐる。なほみやびの語意をさとるべきである。

朝鳥のこゑは軒端にかたよりてしののめ白く雪は降り來ぬ

蘆の葉は霜にしをれて水とりの青羽にのこる夕づく日かな

冬の歌の中には、蕭々として殺氣のたゞよふやうなものが少くないが、これらは美しく典雅な作である。後の方の歌については「霜はらふみぎはのをしの錦羽にふるゝもさむし蘆のしたをれ」といふよく似た作があるが、この方はあまりに多く描かれる繪のやうに見える。寂しい氣のしまる景色が、この夕づく日の歌では、一變して美しい水彩畫の如く、甘いほどに見える。

とにかくに思ひたのみし年月もなかばは旅のそらにくらしつ

「歳暮述懐」との題詠。しかし翁の生涯の述懐である。生前父を失ひ、幼年母に離れて、他家に養はれ、青年時代は殆ど放浪の修學に暮した。しかも壯年ののちも、國事のために奔走し、つひにそのために倒れてゐる。生涯の半ば以上を旅に暮し、しかも世の常でない旅に暮されたものである。

誰が宿の春のいそぎか炭うりのおも荷にそへしうめの一枝

賴ある年のはづれのはつ深雪ゆたかにこそは降りつもりけれ

歳暮の大雪に、何か豐かなものを感じた。古より正月の大雪は、豐年の瑞とするが、この傳承は漢土にもあり、我朝ではすでに萬葉集の詩歌にこれを見た。降り積もる大雪が、それ自體としてゆたかにたのしいと思へるのは、自然天眞の人情である。たのしいから豐かと思へるのである。初めの方の待春歌もよい歌である。今日に持ちたい心である。

梓弓たゆむこゝろをふり起しいでと思ふ間に年のくれぬる

くれてゆく年のみなとのとまり舟眞帆ふく春の風やまつらむ

をとめ子がたちのいそぎの花衣ぬひあへぬ間にきたる春かな

それ〲の風情に悔と希望を歌つて、誰にも一讀明瞭の作である。風雅といふことの背景又は根據には、超俗天才などをさほど云々する必要がないのである。終りのをとめ子の歌は、「年の內に春の來る」ことを歌つてゐるが、緣語序詞の用法好きな光平の技巧の作としてひく。

賜はりし君が御稜威のいかしぼこいで取持ちてやつこきためん

いかしぼこは、嚴めしく猛き鉾、奴きためんとは罪を糺すことで、卽ち攘夷討幕のことである。

よしあしは神にまかせてなには江のなには思はず我世つくさん

この歌の、神にまかせて、といふことが、翁の思想では非常に重大になる。これは伴信友が、特に「殘櫻記」などで日本の皇民の生き方として教へたところだつたが、それを神道の教へとして光平も信奉してゐた。どのやうにも解し得るやうな歌だから、ことさら云ふのである。ところが光平は「殘櫻記」の思想に對する思想的補語とも云ふべきものを、自らの生命を捧げた勤皇奉行によつて描かれてゐる。南山踏雲錄の底流に、この意味の思想をよみとり得ぬ人に對して、私はそのよみ方を遺憾と評したいのである。

梓弓射向ふ袖の露の間も思ひたゆむな丈夫のとも

さうしてこゝに、神のまに〳〵神意によつて己を奉ずる人のみちの生き方が立つ。こゝから翁は軍政も亦神政であり、やがて神祭りが唯一だといふ深奥に達してゐる。

黄金もて月日を打ちし高旗に靡かぬ草はあらじとぞ思ふ

黄金で日月を象つた旗といふのは、申すまでもない錦の御旗である。この當然の信條が、今日當然と思へるのは、實に絶大のものに起因するのであつて、このみちをかく信じた者が、萬難を排して、一本の維新道を貫いたのである。所謂公武合體的卽ち情勢論的努力周旋は、必ずしもこの信念の極致に住んでゐたのではない。ところが草莽は虐げられれば虐げられるほど、つねにこゝに身のおきどころを定める。けだし草莽の生命原理はこの一點にあるからである。しかもさういふ生命觀の生れる背景を、翁は賤の歎の荷の重さと歌のことばで云はれたのである。

生みの子のいや八十つゞき大君に仕へまつれば樂しくもあるか

民草の心ひとつになびきこゐる秋津島根はあやぶげもなし

しかもかゝる民草の心は、必ずしも在朝在野の地位境涯によるものでなく、君臣道の自然だと翁もこの初めの歌に註してゐられる。たゞ心一つになびきよることに對する信念と道の考へが、我々の各自に祈願して行ふべきものである。けだし我々が上古醇朴の神の所作を學ぶことによつて、我國の道は立ち、そこに初めて心一つの國となるわけである。初めの歌はそれを最も明らかに教へてゐる。この歌は萬葉集の橘諸兄の歌にならつた作である。所謂一億一心の本意はこの歌の心の外にはない。

男の子われのどには死なじ男の子われをみなならじを頑賊ならじを

皇國の丈夫の自覺を歌つて、その道のまゝを踏まれた。翁のことを、一途に慷慨の壯士としてみるのは宜しくない。又磊落家の極端に描いて滑稽さへのぞかせてゐるのもよくない。翁は風雅の人であり、嚴肅の人である。その激情の動きをみても、必ず自然に發してゐる。そこに異常はない。もし異常があれば、それは山が怒つて火を噴き、天が憤つて雷鳴をはなつ如きに通ずる自然である。その諷詠のための作爲技巧は、神の所作に學び、神の受納を祈願する熱心より自づと發したもので、故に技巧の中にも風雅がある。

いたづらに歌をばよまじますらをの心のたけをのべむと思へば

さきの歌ではをみなでもないし、頑賊でもないと云はれた。この賊とは、南山踏雲錄の中で、皇國の道義を知らぬものを賊といふと註されてゐる。極めて嚴肅の思想である。けだし一時の壯心の激情から賊と呼ぶものでないことをそこで註されたのである。この歌には歌の本旨を說いてゐる。翁の歌論は、神詠觀を最も深く今日に現實化したもので、これは近世歌道上の一大功績である。

いかばかり神やいかれる天つちの裂ばさけよと鳴りぞはためく

雷を歌つた歌である。神のいかりとして天變地異を見ることは、當時の人々の現實的な切實感であつた。神の怒りやいきどほりとして畏んだのである。罪として怖れたのではない。神のいかりにふれて道の行はれぬ所以を知り、いきどほつたのである。さうしてさういふ自然觀が當時の人々の切實な身のおき場所であつた。さうしてこゝに於ては、古道復古を云々するまへに、古の人の思想によつて初めて生きる心を得たものである。古の道に生きることが、今を生き死ぬみちだと痛切に感じられたのである。これが志の實相であつた。

夏草にうもるゝ宿もゆふがほの花見るほどの窓はありけり

「愛亦在其中」と題した歌である。輕い歌であるが、光平の一つの心持を味ふためにひいた。

思ふこといは出の里のあたりより忍ぶの山は見ゆとこそ聞け

これは「堪忍」と題された教訓歌である。これもいたつて輕い歌だが、前の歌と共に竝べてみた。いは出の里といふのは、陸奥岩手の里の意味と思ふが、忍ぶの山がそこから見える、忍耐とは、思ふことを云はないのが第一だといふ意味である。

ほのかにも見し子らゆゑに春霞立居てものをおもふころかな

逢ふことは片山かげの青つゞらつら〱妹をかけてしのびつ

光平の戀の歌は、全集に相當に澤山あるが、大體かういふ類のもので、さして云ふものはない。歌を學ぶ上での作だから、實際の生涯では、さういふことについての事實不明で、從來の傳記書をみても、上司氏の小説に翁の前妻美濃大垣の等覺坊の女千枝との逸話のことが少し描かれてゐるにすぎない。さすがに寺家の出だから、この方には逸話もないのかもしれぬ。

ふるさとの妹が夢路やいかならん荒野のかばね草むしにけり

さきに云うた吉野陣中の作「ますらをの屍草むす荒野らに咲きこそ匂へ大和なでしこ」と同想だが、歌はれた時が異る。それは作者の境涯がちがふといふだけでない、作者は一死奉皇を最後の志とした人である。しかし時が違ふといふのは、ますらをの歌の方は決意であるが、このふるさとの歌の方は靜寂の死の境である。唐詩遠征詩などにみる詩想であつて、多少已自身をさへ客としてみてゐる。美しさや歌のよさでは、妹が夢路は大和なでしこの生命のすべてにあまねくわたる心ざしに及ばぬが、妹が夢路の方も、作者が翁であると思ふとよい歌である。けだし歌はあくまで作者の逑志であり、人がらの現れである。それゆゑに類型歌であることを何ほども嫌ふ必要はない。

かげあさき宿のかきねの實なし栗落葉にのみや埋れはつべき

家はとのこゑする園の朝ぐもりおぼつかなげに月ぞのこれる

かくて世に身をうづみ火のうす烟たえぬは下のなげきなりけり

同じやうに作者を翁と考へると、この歌の心にも、草莽人《クサカゲビト》の悲歌と熱禱の切ないものが思はれ、惻々と胸をうつのである。翁が新古今調を喜ばれたことは、か丶る形にひらく身のおきどころもない切ない熱禱を考へねば理解されぬ。後鳥羽院の新古今調はかういふふかい〳〵ねぎごとの切なさの面で、武家時代をかけての詩人に信奉せられたのである。吉野の新葉集にしても同じ調べである。けだし翁はこの道を生きて生命死なれた人であつた。

もみぢ葉もまだ色あさき紫香樂《シガラキ》のそま山かげの霜のふりはも

「信樂道の記」の中に「十月五日朝霜のいたう白し」とあつて、紫香樂宮の故地を訪はれた時の紀行の作である。紫香樂宮は聖武天皇天平十四年八月離宮として營まれ、十五年には恭仁宮よりこ丶に遷られ、十七年平城《ナラ》に還りますまで、その中ごろには難波を皇都と定められたこともあつたが、しばらく皇城の地であつた。これは天平時代の重大な史實だが、「續日本紀」に詳細である。又この事件の意味影響については、拙著「萬葉集の精神」に詳述したところである。

そのかみの宮路いづらとたどる間に杣山つゞき霜くもりせり

かうして紫香樂宮址をたづねて、歸途は笠置の川沿を行つたが、曉早くて、

白きくの露のみだれを身にしめてあかつき寒くゆく山路かな

笠置山流れこし世のこと問はん暫しはよどめ水のしらなみ

かく懐古にふけるのも當然であつた。このあとの歌は吉野懐古としてほゞ同型の形のまゝで出てゐる。それは形同じでよいのである。

　放ちけん征矢のひゞきかとばかりに嵐よこぎる小野の篠はら

篠原を吹く嵐の音を形容した作である。見立ての作だからであらうか、多少弱い。又思惑のとゞき難いうらみがある。上下で、俳諧の方の思ひ切つた奔放の附け方を多少心がけてゐるやうだが、實際はそんなことから生れたものであるまいと思ふ。たゞのますらをぶりとして、見立に於て、やゝ墮した感がする。

　石ばしる瀧山づたひ越え來ればうき世に似たる鳥が音ぞなき

「攝津國池田より多田へゆく道にて」作られた歌、山中の靜寂の中に、啼く鳥の聲をきいて、われに返り、なつかしく思はれた心持である。餘り深くない山路をゆく時のふとしたはづみに味ふ、心のなつかしさがよく出てゐる。浮世離れた山越えの旅心が、急にことにふれて、なつかしくなるのを、「うき世に似たる鳥が音ぞなき」とこともなく云ひをさめたところが、なか／＼歌の佳技である。

　この翁《ヲヂ》や答へせぬ翁問へど／＼神代もいまも知らぬ顔にて

「欽明天皇の御陵拝みにものして、人像の陵上に立てるを見るに、彼漢土にては翁仲などいへるにや、奇しきものなり」との詞書がある。この奇しきものと云はれた石像は、ずつと遠い時代の今昔物語に「陵の廻りの池の邊墓畔に石の鬼形を立て」と出てゐる。それが元祿の頃になつて附近の田から石像四軀が掘出されたことがあつた。この石像を土人は、形から類推して、猿石とも、亦「掘出しの山王」とも云うたが、今昔物語に描かれた石の鬼形に外ならなかつた。この石像は、奇妙な形をしてゐて、そこに何の意があるかは不明だが、古い昔の石工の戯彫だらうと云うてゐる。元祿の頃に出土した時、これを山陵に立てかけておいたが、今は陵南の吉備姫王墓《キビノヒメミコノハカ》の域内に納められてゐる。なほ元祿の頃にも山陵の調査があつて、これは元祿の古學國學の復興と同じ氣運のものである。欽明天皇は第二十九代に當らせられ、その山陵は檜隈阪合陵《ヒノクマノサカアヒノミサヽキ》と申し、大和國高市郡坂合村大字平田にあり前方後圓墳で御堀を廻らす。

　田に畑につくるとすれど御陵《ミハカ》山千代のすがたはなほ殘りけり

「大和國の法隆寺の邊なる古陵等大方畑にひらきてもの作るよしきゝて」といふ詞がある。山陵や御墓は如何に荒れても必ずどこかに彿と址を殘してゐた。今も大和の葛城郡の邊の田畑の中には、そのかみの墳墓とおぼしい小塚が無數に殘つてゐる。長い年月に少しづゝ田にひらいて、僅かにあとばかり殘つたのであらう。誰のあとゝも知るすべは勿論ない。しかしかういふこととなつても、その址はなほ土地に形として殘り、傳承に殘り、村里住民の血と記憶に殘つてゐた。その昔の誰が神のあら墓を田に墾り初めたかと、翁は野山の嘆きの源を問はれてゐるが、非常の時に畑をまして穀物を得ようとして、かゝる種をまいたことが、大きい罪とけがれの原因となつたのである。今の寸土は百年の先では、如何ばかりにひろく擴められて、みあとがつひになくなるのである。かうして古の世のものが、つひに多くなくなつたのであつた。けふも亦社々の庭を狹めて畑としようなどと考へる者があるかも知れぬが、遠い例でない翁の野山の嘆きの志によつて、神に不敬をなさぬやうに警めたい。

あと殘す田づらの淺茅つばらかにむかしを語る人もあらぬに
むかし誰神の御陵をそれとだに知らぬばかりに埋めたりけん

畝傍山のほとりでの作である。それと知らずして埋めたことが、野山の歎きの原因となつたのである。ひいてそれは國の道を不明にする原因となつた。もし神祭りの本義を忘却するなら、神社の五百枝の竝木杉もきり倒し、その齋庭に麥を植ゑる方が、當今國家有用と思ふやうな論も出るのである。近年は諸事不如意になつたが、ことに民間の祭祀傳承を傳へることがおぼつかないほどの日常生活となつてゐる。三年前より二年前より、つひに今年は正月の神祭りは殆ど一變したが、これは日用の不如意からであつて、心がけによつてだけでは古の俗習を守れなくなつた。さうして今日の當事者は、われ〳〵の各地々々の土俗の神祭りを傳承する思ひに心を勞してくれない。むしろそれをなくしようとするほどに、時局生活の構想は導かれてゐる。さういふ考へ方を、今日では生活文化と呼び、生活文化の考へ方は、日本の傳統の民俗を無下に虐殺してゐる。怖るべきことである。こゝを以て考へるのに、わが祭祀が、無限の傳統を保持してきたことは、思へば思ふほどに奇しくありがたいことである。神祭る昔の手ぶりを護持することこそ、我國本の樹つる所以であり、聖教の大本である。今年ことに痛感し、深く傷心した次第である。

秋風はつゆにしめりて山まつの葉室のみはかとふ人もなし　（葉室村古墳にて）

しめはふる小殿の里のあれしより御陵つかふる人かげもなし

（大和國平群郡小殿にて）

春の日も長野の西にかたぶきぬ千とせの跡をとふとせし間に

（河内國岡村の御陵にて）

螢のみもえこそわたれそのかみの塚屋は草にうもれはてつゝ

（八尾の里なる成法寺古墳をとひて）

山陵調査は、翁の生涯二十年の事業であるから、その間に多數の述懐の作があるが、こゝにその一端をのせてみた。そこには歎きの中にも、翁の生甲斐があつたのである。憤りと共に、又別なる喜びもあつたのである。道を志して生きる心は、悲しくうれしく又已ながらに尊く思へるものである。

たらちねの母が手ふれし立花の蔭なつかしみ來て見つるかな

この歌には「母人の本居なる福萬寺の里の原田宗兵衞が宅をとひて、家に立花の大木あるを」と題されてゐる。幼年にして死別し、その慈愛をうけることのうすかつた翁が、生母を思はれた作で、あはれによい歌である。同じ時の作に

むかし思ふ袖よりかけてたちばなのこのくれやみに小さめ降り來ぬ

歌の方では橘は、古今集に「五月待つ花たちばなの香をかげばむかしの人の袖のかぞする」とあつて、むかしの人を思ふたよりとする樹である。後の方の歌は、折からの小雨を、心の雨にかけて、手のこんだ作である。二つとも悲しい心うつ作である。

昨日かも花とも花とめでし子のなどかばかりは面かはりせし

幼子の兄弟が共にもかさで臥し、つひに弟の方は歿したのであつた。霜月ごろ「子のもかさ病みける時」と誌してゐられる。「めではやすわがなでしこの花の上にあやしき露のあとなのこしそ」と歌はれたが、病の狀態は生命の危きにあつた。そして弟の方は特にひどかつた。「あはれにも遲れて咲けるなでしこのわりなく重る露の色かな」と悲愁の去らないありさまのまゝで「遂にみまかりければ、終夜枕邊にありて、とみかうみ、打詠めて」と、昨日かも花とも花との歌をよまれた。さらに「曉方鷄のなくを聞て」

子をおもふこゝろの闇は夜深きをなど花やかに鷄のなくらん

「翌る日、さてしも有るべきにあらねば、野邊に葬る」

霜さやぐ枯野のすゑにけふよりやわがなでし子の獨たつらん

しかし幸ひ「兄の方ことなくいえければ」

重りつるつゆはこぼれて撫子の花のゐまひぞ匂ひそめたる

否もうもまだ知らぬ子をこがらしの吹立つ野邊に放ちやらめや

これらは說明の必要のない歌である。この時に病んだ二子は、長男の光雄と次男數馬であらう。勿論母在世の時で、なくなつた子は主計卽ち春夢童子のことではないと思ふ。島田氏及び土橋氏の傳記には共に、長男光雄、次男數馬、長女周、三男信丸、四男主計（春夢童子）とあつて、數馬、主計は早世したとある。さうして主計の死は、母千枝の沒した年の翌春となつてゐる。恐らく過去帳によつて調査されたものと思ふ。私は自身で調査してゐない、たゞ全集の中から拾つた歌によつて考へると、こゝで死んだ子は主計でないやうだ、この歌のつゞきに「その時妻に代りて」といふ歌があるから、主計でないと思ふ。しかしこの一連の歌の出來た時、即ち數馬の死んだ年は、兩氏の傳記共に出てゐない。

旅の空あはれきのふの君ならばこと問ひかはし行かましものを

「父の遺骨を納めむとて、京に登りける時」とある。この父は西願寺の養父で、彷徨修學中に失つたのであると、上司氏は云うてゐる。これらの歌は、人の涙を催さしめる作だが、その他肉親の不幸に再々あつてきた翁の作には、あはれの深いものが多い。

せめてもとみがきいでても眞澄鏡《マスカヾミ》消えにし影はうつらざりけり

この歌には「亡妻の鏡を新にとがせて幼き娘にあたふとて」といふいはれが書かれてゐる。幼き娘は、南山踏雲錄に出てくる周のこと、周は明治十二年九月播州荒井村明覺寺の藤井郭聞に嫁し三十九年五月死去した。この周には二女あつたが、すでに死去し、その孫二人が現在してゐる由、さうして光雄の方の後嗣は養子で、光平翁の血脈は周の方に傳つてゐると、島田氏の傳記に出てゐる。子孫繁盛でないのが寂しい氣がする。

かりくひに足は踏ともおの山のみねのさゝはら夜もゆかまし

和歌山の師翁諸平の病氣の重い通知をうけて、急ぎ旅立つた道中の歌である。師を思ふ心に厚い人だから、この歌のそのまゝ、晝夜兼行、和歌山へ馳せつけたのである。

臥てのみおもひなげくな小笹原やがてうれしき世に靡くらん

病中なほ國事を歎く師翁に、この歌を捧げてなぐさめられた。共に盡忠の志に厚かつた國學者である。師翁のなげきは云ふ必要もない、それをなぐさめる門下の翁も、なげきつゝ、道ある世を信じて疑はなかつたのである。

諸平は宣長門下の夏目甕麿の子として、遠州白須賀に生れた。近世歌壇の名家石川依平も同じく遠州掛川の人であり、この諸平は當時和歌山にゐた本居大平の門に遊び、そのまゝその地の加納氏の養子となつた。天保四年二十八歳の時、國學を以て紀藩に出仕した。「鰒玉集」は當代諸家の秀歌を類題編輯したもので、七編十四巻の大著である。又藩命によつて「紀伊國名所圖會」の大著前後二篇を撰した。國學に關する著述も多く、家集「柿園詠草」は、近世歌壇の名著である。沒年は安政四年六月、年五十二であつた。光平は飯田年平を通じて諸平の門に入つたが、歌風に於ても多くその影響をうけてゐる。しかしながらその優麗體は、依平にも通じ、本居門のもつた風格で、江戸派の萬葉調を新しい氣運の地下風とすれば、この上方風は堂上風に近い傳統で、記紀萬葉を尊びつゝも、古今、新古今のしらべを地下で保持したところに、自ら光平の近世の丈夫ぶりの風雅が生れたやうである。

わが明治以後現代歌壇は、諸平を通じてわが歌史を回顧するていの進展をつひになさないまゝで過ぎ去つた。されば今後、諸平などがその天稟に於て回想されることは、必ず光平を通じてなさるゝことであらう。これは翁の師恩に報ずるところの最も大なるものとも云ふべきである。

目に見ぬもなか〳〵よしや世の中はこゝろの外にもの無かりけり

「法隆寺阿彌院老上人、目しひたまひしこと人傳にきゝて、先胸つぶるるを、思ひ直して」といふ序詞がある。肉眼で見得ないといふことが、なか〳〵ありがたいと思はれたやうなことも、必ずあつたにちがひない。さういふことを云ひたくなるほど心の昂ぶつた時代だつたのである。歌意は必ずしも字句とほりに、道徳や釋教を云はれたものでなく、時世に對するいきどほりをもたれた人の思ひの激しさから出てゐる。その意味で、これは色々に面白い作である。しかしつゞけて「さはいへ、御心の中おしはかられて」

後の世のやみぢは君もいとはじを先づ目のまへのかなしかるらん

といふ歌を作つてゐられるから、いよ〳〵さきの歌は、わが鬱結を散らすものとして味へるわけである。これによつて、翁の性格の中に、複雑な痼癖といきどほりの一端を見てもよいが、しかし大方これも時代の昂つた人心の一つのあらはれで、我々はかういふものを時代としてみて頽廢と云うた。しかしわが頽廢から立ち上る時、何をめざして、何が生れるかといふことは、こゝに於て深く考へてほしい。なほ翁には狂歌狂文もあり、又戯作もしてゐられる。それらの作は一端しか一般には弘つてゐない。その一端は全集にもあり、刊本もあり、又紹介も出てゐる。

文久三年大和義擧　記録抄

○大和行幸の詔（八月十三日）

爲㆓今度攘夷御祈願㆒大和國行幸、神武山陵春日神社等御拜、暫御逗留、御親征軍議被㆑爲㆑在、其上神宮行幸事。

○中山忠光上奏文（八月十四日上る、松本奎堂起草と云）

臣忠光謹而奉奏聞候臣曩に不肖之身を以叨に朝恩を辱し奉り晨夕左右に昵近仕殊遇を蒙候段今更奉拜謝候茂恐入候次第と奉存候然に前年來海内騒擾奸賊共逆威を振畏多くも朝家を輕蔑仕候樣子見受候より臣不肖不堪憤懣一旦跡を草野に匿し必死を以國家萬一之御報恩可仕心得に御座候處天時未至逆賊免誅各々歸國仕候段遺憾無申許候今日に至り候ては大樹を始一橋慶喜松平春嶽等何れも違敕之逆徒速に征伐の師を御興し被遊候て可然義に候得共何分朝廷には兵馬之御大權不被爲在候故叡慮之程御貫徹被遊兼候御事と奉存臣實に不堪悲泣此上は邸内に罷在偸安之中に日を送り候より再草莽に潛匿仕速に天下之義士を招集し目に

當り候奸賊徒を傍より誅戮仕其人民をして幕政之患苦を脱し天朝之恩澤に歸向仕數千之義民を募候て御親征御迎に參上仕候半其節逆徒征伐仕候樣仰付候得は臣必死を以深く賊地入不日に渠魁之首を斬闕下に獻候半と皇祖天神に誓奉り決心仕候義に御座候仰願くば聖恩臣之微忠を御憐被遊臣之義擧を御助被遊在京逆徒草々放逐被仰付候樣昧死奉懇願候臣忠光誠恐誠惶頓首再拜

○天忠組軍令（八月十五日夜、木津川沖舟中にて發表）

一此擧元來武家の暴政夷狄の猖獗によりて庶民の艱苦限なく候を深く宸襟を悩まされ候事傍觀に堪へず止事を得ざる處なれば假令敵地の賊民といへども本來御民の事なれば亂暴狼籍貨財を貪り婦女を姦淫し猥りに神社家宇等放火致し私に降人を殺すこと有之間敷軍事は號令嚴ならざれば一軍の勝負にかゝり候間忠孝の本道に違ふ處は聊か違背あるべからず若違背する者は軍中の刑法歩を移さずといふ事兼て心得可申事

一恐多き事に候得共諸軍兵毎朝伊勢大神宮竝に京都禁裡御殿に向ひ遙拜致し報效の一點私心不挾候段奉誓事

一火の元用心第一に可致夜八時以後は諸小屋共火を消し可申鐵砲隊長の所にては火繩の用意格別の事

一合圖は出陣の度毎變り候故總裁職より差圖致し候條別言と交らざる樣心掛專用の事

一行軍中又戰場にてはたとひ數歩の內に大利大害有之候共鼓に進み貝に止まり鐘に退く約

束堅く相守り猥に動揺不可有候事
一武器竝に衣食等は自他亂雜無之様取始末第一の事
一陣中私用にて他の小屋へ往來すべからざる事
一陣中喧嘩口論酒狂放歌等總じて高聲談話等不可致候事
一敵の強き味方の不利を談じ兵卒の氣をくじき候儀致す間敷事
一戰場に於て假令私の遺恨有とも見捨申間敷元より味方の勝負に拘はり候へば可爲嚴科事
一敵地往來は勿論我親族たりとも私に交通致し候儀堅く禁制たるべし若敵中より書狀指越候はば封の儘其部將共に見せ監察方にて開封の上事實密に言上可致事
一進退言語互に禮節を守り僭上不敬我意を推立功を爭ひ名を競ひ不和を生じ果し合等致し候儀は其害其罪賊に準ずべし
右の條々堅く相守可申候此外敵に利有て味方に害ある事致し候はゞ其罪不可有一心公平無私土地を得ては天朝に歸し功あれば神德に歸し功を私する事有べからず我等若此儀に違ひ候はゞ則皇祖天神の冥罪を蒙り民人親族共に放れん汝等若此儀に違ひて私する所有之於ては又兇徒に異る事なし神典皇謨に依て忽に天罰を行はん汝等宜敷此儀を存し其罪を犯す事勿れ此に皇祖天神に誓ひ將軍士卒に告ぐ

○天忠組軍令（さきの軍令の補足であらう）

一軍中猥ケ間敷儀有レ之間敷事。但拔掛高名候共、可レ處ス二嚴科ニ一事。

一亂暴有レ之間敷事。但猥に民屋を放火し、餓死するとも、恣に取申間敷事。

一諸勝負は勿論、飲酒に流れ、或は婦人等決て犯す間敷事。

右之條々、於二相背一は、可レ處二軍法一者也

亥八月

右一通

○天忠組軍令（兵卒への軍令であらうから、發布したのは後ならん）

一天朝之御爲を厚く相心得、正名明義之志、片時も無二油斷一開闢以來無窮之御恩賚に可レ奉レ報事。

一戰場に於ては、縱令《タトヒ》私之遺恨有レ之共、必相扶け相救、不レ可レ有二疎略一事。

一喧嘩口論は勿論、總じて高聲不レ可レ致事。

一行軍之節、大小便或は私用有レ之ば、其隊長へ其由申達、用濟次第、二町迄の內、本之隊伍へ可レ入事。

一敵に逢て、妄に不レ可レ動《カス》レ心《ヲ》。隊長之命を可レ待事。

一戰場は勿論、行軍之時といへ共、後を不レ可レ顧。且私に言語不レ可レ交事。

一上下之禮を堅相守、言語動作、人に對しておごりケ間敷振舞不レ可レ有事。

右一通

○中山忠光書簡一通（日付の八月十七日は五條代官所討入の日である）

時勢切迫に付不能面聲一紙申上殘候幕府違敕以來數十日に及候得共兎角罪科御糺之御沙汰も無之內悖逆之書附等差上其外奉輕蔑　朝家候次第非一右に付拙者不堪憤怒思立候儀有之既に發程可致之處御親征御沙汰被　仰出御同樣大慶仕候然に兵は神速を貴候儀卽日鳳輦を御進相成候樣ならでは決して相成不申因循有之候內必然奸徒より妨仕候歟又は攘夷致候などの説を以欺候は相違無之候依之御延引等相成候得者切角の機會を失し可申候右等議論致候も無用に候間實效を以入御覽候諸君にも必死御盡力四五日內行幸相成候樣可被成候拙者も義徒を募り南都迄御迎に參上可仕候此儀誓神明相違無之候間速に御決可被成候若期限を過候得者神州陸沈之罪諸君に歸し可申一寸も御油斷無之樣致度候　草々頓首

八月十七日　　忠光

三條中納言殿
大藏卿殿
東久世少將殿
烏丸侍從殿

○天忠組建札（五條代官以下梟首の建札、八月十八日）

此者共近來違敕の幕府の逆意を受け專ら有志の者を押付け朝廷を幕府同樣に心得僅か三百

年以來の恩義を唱へ開闢以來の天恩を忘却せしめ然も是が爲めに皇國を辱かしめ夷狄の助となることをへへず且收歛の罪も少からず罪科甚大なり之に依て誅戮を加ふる者也

〇天忠組立札（天忠組が村々に建てた高札）

一皇祖大神天地を闢き萬物を生じ給ひてより以來爲皇孫其天地を總別し給ふ所なり卽皇帝は天地の大宗たり此故に萬民といへ共庶子裔孫なれば神は祖なり先祖あらん限りは臣子なり則先祖に事ふる如く仕へ奉れば忠孝一たる所疑なき者なり士民主家有之者も君家の臣にして主家の従なり故に衣冠有之者は皆天朝之所授明白なり此君臣主従之分を辨へ士民銘々其職業を勵み祭祀を助け藩屏として天恩に報い奉るべし是則天人一致之大道日夜敬ひ奉るべき事

八月

〇天忠組布告一（村役人に與へた示達書）

一今般此表發向の趣意は近來攘夷被仰出候得共土地人民を預り候者己之驕奢之爲御民を害し候上却て攘夷之叡慮を妨ぐる族多く且近日御親征被仰出候調之ために候既に當地代官鈴木源內は尤其甚敷者故加誅戮候處此後五條支配之分天朝御直之御民に候間神明を敬し君主を重んじ御國體を可致拜承候此度本に歸候御祝儀として今年の御年貢是迄之半通御

免被成候向後諸事手輕にいたし遣度候得共尚奏聞之上可致沙汰候事
右之通小民に至迄不洩様爲申聞難有拜載可致忠勤候
八月十八日

○天忠組布告二（五條陣屋その他士人に與へた示達書）

一近年洋夷渡來以後皇國之不可屈不可辱之儀を深被爲思召被爲惱宸襟候處土地人民を奉預候諸大名といへ共耳如不聽目如不瞻元來藩屛たるべき之義理を忘却し却て違敕之奸邪に組し追々洋夷の術中に陷り己れ皇國之蠢蟲夷狄之奴隷たるを知らず歎敷事に候此度大和國行幸神武帝山陵春日社に於御親征御軍議被爲遊度等之事に候得ども猶奉妨族も有之實に奉恐入候御事に候依之不堪憤怒義兵を召諭し爲可奉迎鑾輿此表へ令發向候其許等天朝は君なり幕府は臣なり君臣主從之大儀を於被存は早會盟して可被定其謀若於不預會盟不移時日可糺其罪なり
八月

○天忠組布告三（村總代に與へた示達書）

一今般被仰候趣意天誅へ加度者在之候はゞ苗字帶刀御免被成下其上五石貳人扶持被下旨其村取調可願出樣被仰候間小前末に至迄不洩樣右趣早早御達被成候事
一米穀困り候もの在之は村役人より不念無之樣篤と取調過米等在之候はゞ御買上に相成代

銀之義被爲下且新米も出來候間拂米致し候被仰候間御達申候事
一諸願筋有之候はゞ櫻井寺中山中將様被差控候上被仰渡候間是又御承知可被成事

○大和行幸御中止の詔（八月十八日、中川宮傳宣）

今度行幸御親征等之儀、長州藩士内願ニ付、議奏參政國事掛寄人等切迫言上、無レ據矯ニ叡慮一御治定被ニ仰出一、然處未非ニ其機會一之間、叡慮不レ安、仍行幸延引被ニ仰出一也。

○伴林光平書簡一通（八月二十二日天ノ川辻本陣より大阪玉造の佐々木春夫に送る）

益御機嫌よく御座候や扨君公昨廿日天ノ川辻迄着御卽御本城に相成候尤所柄にて大屈竟千早にも三倍せる要害の地也五條代官下皆々奉尊命昨今十人村も參り高取城へは那須信吾使に參り候處今朝歸參卽長鎗三十筋筒三十挺玉藥とも米百石乘馬二疋馬具とも獻上に相成候間五條代官下一同へ御觸言達の寫
今度此表發向の趣意は近來攘夷被仰出候へども土地人民を預り候者等己の驕奢の爲に御民を害し候上却而攘夷の叡慮を妨候族多且近日御親征被仰出候取調之爲に候既に當地代官尤其甚者故に加誅戮候已後五條代官天朝御直の御民に候間神明を敬し君主を重し候御國體を可致拜承候此度本に歸し候御祝儀として今年御年貢半分御免被成候已後賦税の事手輕に致度候へども猶逐々奏聞候上沙汰可致事

右之旨小民に至迄不洩申聞難有拜載忠勤可白候樣可有之候
右之趣にて大に尊命奉載し甚盛に相成日々志士も附屬に相成申候然ば自然思召も有之べく被仰聞度又金にても武器にても御獻上に相成候はゞ實に妙但し是は强て申上候にては無くとも御勘考の上早々御所置有之たく念の爲め申上置候右の趣薩摩堀へ御通じ被下御恐悅の使者にても被遣候樣いたし度存じ候此手紙御一覽の上にて薩港へ御送り被下候ても不苦なほ又御知己の中に豪傑候はゞ御知らせ被下たく卽御召抱に相成先當今の處二人扶知五石にてめしかゝへ居申候なほ返事被下度候

追啓

愚子芳林薩港に居申候此方へ尊書御遣しおひ〳〵心配せぬ樣御高配被下度自然御賴奉候御世話願上候

十津川兵を用ゐずして悉く王威に歸伏仕候河內山跡も大抵應命之樣子高取狹山以使辨說致候處夫々歸順獻上物等有り因州姦極紀州昨日出陣應募亦可惡是は不日に踏崩可申候少金山はいかが農兵の事いかゞ孌長單庵近々取計可申庄司之小兒いかゞ新宮はいかゞ證承り度候へども遠路不便利云々

皇軍御先鋒御本城天ノ川辻簾村也

光　衞　占

東鄕大兄

天朝への御奉公は今日にて仕度候時おくれては甲斐なし

○天忠組檄文（十津川郷に投ず）

昨廿二日申達シ候上ハ早刻出張可有候得共火急之御用ニ付十五歳ヨリ五十歳迄不殘明廿四日御本陣へ出張可有之若無故及遲滯候者ハ御由緒被召放品ニヨリ可被處嚴科候條其心得ヲ以テ早々出張可有之候以上

八月廿三日卯刻　　　　　　　　總裁　吉村虎太郎

○御沙汰（八月廿三日御下賜、廿四日京都守護職より通達さる）

一揆蜂起之趣追々達天聞嚴敷追討可致旨野々宮宰相中將被仰出候事

○天忠組檄文（十津川郷士に與へた檄文と云）

今般建義旗の趣旨は將軍の累世驕奢に流れ大名は往々惰弱に陷り預り奉り候所の土地人民を我物の如く存じ驕奢淫佚の料とのみ思ひ朝廷を輕蔑し奉り夷狄を恐怖し殊に近來悉く敕命に違ひ大名を欺き小人を誘ひ苟且偸安姦邪手を引き忠良を害し不測の淵に臨ましむる段國家の姦狄夷の奴と言ふべし故に此賊徒を誅し彼夷狄を攘ひ宸襟を慰め奉り一身を以て千萬世の天恩に報い奉らんとする所幸汝千百人不肖の我等を捨てず此義擧に與し候段滿足の至に候然る上は賞には仇を選ばず罪には親を言はず功を貪らず名を爭はず唯皇國の御爲を存じ御民を害せず上下一身公平私なく土地を得れば天朝に歸し功あれば神德に歸し苟も功

を私する事有るべからざるものなり我等若し此義に違背せば卽彼元兇と同じからん然らば則皇祖天神の冥罰を蒙り民人親族共に離れむ汝等若し此義に違ひて私する所あれば卽兇徒に異ることなし神典皇謨により忽に天誅神罰を行はむ汝等宜しく此義を存し其罪を犯す事勿れ

○中川宮御沙汰書（八月廿六日付十津川鄕士に下さる、但し十津川鄕到達は九月五日頃也）

頃日於和州中山侍從ト名乘敕命敕使抔相唱暴逆之侍有之趣相聞候且先頃以來從朝廷給祿候十津川鄕士中多人數於途中被支必至艱苦之由候爲敕使中山侍從抔ト申候人被差下候儀一切無之候間其心得ヲ以右鄕士何樣共相遁早々可有上京御沙汰候事

○京都守護職布告（八月廿九日付、守護職松平容保の布令）

元中山侍從去五月出奔官位返上祖父以下義絕當時庶人ノ身分ニ候處和州五條一揆中山中將或ハ中山侍從ト名乘無謀ノ所業有之由ニ候得共敕命ノ旨相唱候故斟酌致シ候者モ有之候哉ニ相聞當時稱官名候ハ全僞名且不憚朝權唱敕諚候段國家ノ亂賊ニテ朝廷ヨリ被仰出候者ニテハ無之候間早々打取鎭靜可有之討手ノ面々へ不洩樣可相達事

○天忠組口上書一通（九月五日天忠組より藤堂藩に與ふ）

此度此表發向之趣意は去月十三日御親征被仰出候に付義兵相募り鳳輦御守護之所存に有之候處同十八日松平肥後守逆意を企て不法に御所內に押込恐多くも、主上を奉押込僞命を以て四方に致號令候段不堪痛歎候此上は同志諸大名申合せ右逆賊致放逐奉安宸襟度存意之處有名之諸藩よりも以使者大擧在京之逆徒可征討段申越候於貴藩は兼て勤王之志有之趣承知致し候定て逆徒追討の御策略も可有之と存候然る處五條表へ被立向候樣子にては官軍へ敵對被致候樣にも相見へ候一應及懸合存慮之趣屹度承知致度候事尙五條代官支配之分既に村々復古致候處此度御增加にも相成哉に承り候何れより拜領被致候哉承度候事

中山侍從使者

澁谷伊與作

○天忠組檄文（伴林光平筆現存す）

今度此表勤王之義相唱候處素ヨリ御由緒深キ鄕中早速一同奮起候段滿足ニ候依テ當地ヲモテ本城ト相定候然處姦賊共天朝ヲ壅閉シ遂ニ夷狄ノ術中ニ落入リ己カ姦意ヲモテ敕旨ト申成シ忠良ヲ苅盡サムト欲スオソレオホクモ聖體如何ト畏ミ奉ル事ニ候有志ノ者一日片時モ安眠スヘキニアラス仍而速ニ進發矢玉ヲ避ケス遠近相唱逆徒ヲ誅シ忠良ヲタスケ人民ヲ安ムシ叡慮ヲ慰メ奉リタク候鄕中一致相寄申若敵方ニ相通シ候モノハ勿論異論有之候モノハ老輩相談シ速ニ罪狀相糺嚴科ニ處スヘシ尙他日打登リ候節賞罰正敷取行フヘキモノ也

文久三亥年九月　　忠光花押

十津川郷士中

○御沙汰書（九月五日付十津川郷に御下賜。九月十四日到達、十五日拜展す。）

去十七日於和州五條亂暴之浪士追討之儀武家ヱ被仰付候得共餘黨十津川郷へ立入候由相聞候追々時日相移候而ハ國家之大害ニ可及候十津川郷往古以來勤王之志情勵盡力早々追討可有之御沙汰候事

飛鳥井中納言雅典奉

○藤堂藩の建白書

今般和州五條表に於て及亂妨候諸浪士共追討之儀奉蒙敕命速に人數差出し去七日には兼て御屆申上候通和田並大日川江攻寄其後先手之者に於ては種々軍議を盡し再度追討を加へ最早退治仕候も難計候得共先日召捕候澁谷伊豫作存込得と相調候處元來見込は致相違候得共尊王攘夷之儀抛身命飽迄存込居候故眞に亂臣賊子にも無之と奉存候殊に今般攘夷之儀更に被仰出師宮別敕使被爲蒙仰候間此度社於關東違背も有之間敷尤左候時は皇國勇敢之士を養置度候折柄彼を一時に打潰し候ては如何にも無慚の事と奉存間矢張鎭撫之御沙汰に相成候樣奉願候彌鎭撫と御決定相成候はゞ浪士共益々被仰諭夫々生國江引取候樣に相成其上にて領主地頭江是非曲直糺候樣被仰付如何可有之哉追討の任を蒙候て斯之儀申上候は深奉恐入候得共前條にも申上候如く彌攘夷機會に臨み人民を損じ其上畿內之地にて干戈を動し候儀

無勿體次第旁皇國之御爲と奉存候間不顧恐中上候事に御座候乍去前條之通先地は遠隔之事故彼是通屆も隙取先鋒之者共一途に敕命を奉じ其上先日之勝利も有之事故勢に乘じ追々進擊可致は必定之事故此儀尤に被思召候はゞ速に御施行有之候樣呉々も奉願候以上

九月　藤堂和泉守

○天忠組檄文（「事情大略」と題し、九月八日十津川郷に與へたる檄文）

攘夷の儀に付幕府連々違敕の事は今更論ずるに及ばず數々奸惡の格或は廢帝の儀を立て小笠原圖書頭逆意を企て相次で松平春嶽謀逆を以て天朝へ迫り奉らんと欲すと雖然天道清明事皆露顯して其曲惡を全うせず正義の堂上姉小路殿の如き死力を以て王室を助け轉法輪三條殿以下公論正義の堂上方叡慮を翼け奉り長州侯其他天下の有志盡力斷然御親征被仰出に至り奸黨猶其曲惡を恣にし不正の堂上に謀り會津の如き有栖川宮に暴發し乍恐奉迫聖體終に御親征を妨げ剰へ正義の公卿を悉く誣劾し忠正の長州も既に陸沈に至らんとす一天萬乘の叡慮海内に貫徹せず方今如何可被思食哉茲に奉想像も畏き限りなり神州義心廉耻の人たらん者豈外見に堪ゆべけんや天下勤王有志の輩如雲如蜂義兵を擧て奸徒を誅し叡慮を遵奉し皇國復古の御大業に盡力し天恩を報ぜずんば却て奸曲に優る罪人とも可申既に今般中山殿天下に先達當國に於て義兵を被擧候處京都は奸徒の政と相成り中川宮竝會津の命令を以て賊徒日々增長し之を古へに譬ふれば楠正成千早籠城に等く賊滅の謀を廻らし忠力を盡さば天地有生氣必新田兒嶋菊池の如き英雄勤王の義兵連々として天下に起らん事疑なし既に

丹波丹後但馬にも義兵起り長州又大擧して不日上京の趣相聞へ實に今日粉骨碎身の忠を盡さずんば豈神州有志の人と言はんや爰に於て天ノ川辻より二里北曾木と中所の要害の地に據て本陣を置き天ノ川辻は後陣に定められ其他紀州往來を始め所々に兵士を備へ或は篝火を以て敵を劫し又は放火を以て敵を追散し彼が旗幟を奪取軍威日々盛んに相成り十津川郷中米鹽運送の手段は追々に相開き十津川郷の爲には急度御盡力被爲在候思召に付鄉中有志の人々も兼ての忠義猶更憤發方今天朝の御爲死力を以て被盡度深く御賴被思召候然るに紀州の儀露計りも天朝の重んずべきを知らず奸魁會津等の命を以て繰出し一應の使者もなく此方の使者の通路を差留め彼より猥りに炮發して戰を始め實に武門の禮を知らず剩五條村へ被立置たる制札は當世の愚民幕府ありて天朝あるを知らざる故皇國萬世不拔の天恩を遁れざる人の道を教へ人心忠孝を發し天朝の御爲不忠を誡むる制札に候を打碎或は土足にかけ大逆無道譬ふるに物なし苟も人心あるもの皇國の二字を見ては拜伏可致こそ神州の人とも可申に右の爲體實に外夷に優る大逆賊肉を削り骨を碎きて尙足らず勤王の人々之を聞て誰か切齒發憤せざらんや十津川鄉有志の人々も是等の情實篤と承知の上忠勇被相勵候樣思召候且又百姓中には決して不取騷安心し尙更農事出精可致樣との思召に候事

○藤本鐵石遺文（鷲家にて討死の後懷中より出たもの）

一、第一神祇を崇敬し、餘道に迷ふべからず。神は天地を造化し、萬物を産出給ひし大主本に在せば、晝夜朝暮尊奉し、念に任し、非禮の振舞あるべからざる事。

一、主上者、一天四海の主宰にて、卽皇祖天神之御血統に在せば、彌增其聖恩を奉レ仰四民各々神國の古風を守、其の職業に盡力し、年々祭典朝貢油斷なく可ニ相勤一事。

一、父母者其身之爲に神祖なれば、神祇を敬すると同じ心得を以て、孝養不レ可レ怠、併愚子兄弟奴僕の末々迄、悉皇祖天神之賜物なれば、輕率暴怠の振舞なく、懇に教諭を加へ召使ふべき事。

一、賊徒近來、天聽を壅蔽し、おのれが奸意を以敕諚と僞り、夷狄に諂びつかへ、忠良を刈盡さんとす、名有つて實なし、國家の蠹《ト》、夷狄の奴と云ふべし。故に賊徒等稱する所は皆非也。速に悔悟降參し、賊を去つて義擧に從ふべし、元來御民の事なれば、決て御粗略不レ可レ有レ之事

上下一心同力

九月

郷士傳　並ニ註

野崎主計傳

野崎主計、諱は正盛。大和國十津川郷川津村の郷士なり。野崎利七郎の長男として、文政七年を以て生る。稟性慧敏、好學にして辯才あり。氣慨遠大、頗る大義を重んず。その至誠高潔の風格は、郷黨の以て敬重する所なり。嘉永癸丑の外寇以來、同志と國事に奔走す。安政の初年、病軀を押して上京し、梅田雲濱等諸國の志士と交る。安政五年正月京に上り、長藩有志と結ぶ。四月再び上京し初めて粟田殿に伺候す。ついで六月、雲濱、十津川に主計を訪ふ。文久年間に至つて、京畿及び土州、薩州等の志士にして當地に遊ぶ者多し、依つて尊攘運動の一策源地たるの觀あり。嘗て癸丑の國難起るや、十津川郷士連署して、幕府に書を呈す、卽ち攘夷従軍を願ひぬ。しかるに幕府、軟弱にして、爲すあるなく、專ら屈辱を事とし、遂に非違を敢てす。茲に於て郷士憤激し、朝廷に書を奉り、十津川郷を以て直轄の御領となし、鄕民萬死外寇に當り、以て攘夷の先驅たらんことを願ふ。孝明天皇の允許を賜る。是れ、大政奉還に先んずること四年なり。この歳の秋、攘夷御親征の朝議決す。而してその意は討幕にあり。乃ち中山侍從先驅に奉行すと稱して、大和國五條に入る。遂に幕吏を誅して討幕の義擧を宣言す。所謂天忠組なり。和州の志士また多くこれに加る。然るに八月十八日、京師政變あり、尊攘の公卿廟堂より退けられ、御親征の朝議一變す。義軍遂に窮境に陷る。茲に於て危機を十津川鄕に避けんとし、鄕士を募る。乃ち主計、深瀨繁理等と共に鄕黨千數百を率ゐて義軍に應じ、士氣大に振ふ。十津川鄕は地相高峻にして行路險阻、古來米穀を產せず。幕軍糧道を塞ぎ、食鹽を絕つや、鄕民大いに困窮す。時に朝廷御沙汰を鄕士に下さること再度、鄕民に對し浪士追討を命じ給ひ、中川宮また敎書を鄕民に賜ひ、天忠組浪士と訣別すべき旨懇ろに諭さる。五條の人乾十郎と、頻りに鄕民を說服すれど、遂に及ばず。盡忠正義の大道の炳乎たるを信ずれども、時運なほ豫測し難きを痛感し、決然生命を奉還して、道に殉ぜんと期し、九月二十四日川津村狸尾の山中に退き、割腹して自殺す。志は乃ち同志の信倚に應へ、現身以て鄕村違敕の餘禍を贖はんとせるものなり。その悲痛且つ崇高なる、十津川鄕士の典型と云はる。時に主計四十。其の遺詠に曰く。

大君につかへぞまつるその日よりわが身ありとは思はざりけり

うつ人もうたるる人も心せよおなじ御國の御民なりせば

明治天皇、主計の志を憐み給ひ、明治三年、その王事勤勞の功を賞せられ、祭粲料金三百兩を下し賜ふ。ついで二十四年九月、靖國神社に合祀せられ、十一月特旨を以て正五位を追贈せらる。聖恩燿々として無限、枯骨に及びぬ。

○

明治御一新を思想上から考へると、天忠組の一擧には、最も重大で國史に對して決定的なものがある。我國の維新翼贊は力のみで成立するものでない、まづ現狀に對決して、神國の自覺が人心を溢れることが要訣である。それには人が絶對と純粹を、生命の原理といふ形で、ありく眺める必要がある。天忠組はこの絶對と純粹を身を以て行ひ、人心に示した。力を一定道に實現するための策士的な努力の必要と存在は、勿論無視できないことである。たゞ、この點についても多少考へたいこともあるが、それは別にしたい。

この天忠組の思想の純粹さはその軍令や趣旨や布告にもよく現れてゐる。但し我々はさういふ意識的な、卽ち主張的なものを思想として考へることと同時に、この一黨の行爲全體に於ける國の道のあらはれを思想としてみ、さういふ國史の道の見地から天忠組を眺めることによつて、我々が絶對道としての日本の思想を學ぶ上での重大なものに到達する。つまり原因影響の何もかもを合せて、その中にある天忠組を、國史の精神として考へたい。政策の成敗や統制は我らの問ふところでない。

影山正治氏は、昭和十二年六月に上梓された「明治維新と天忠組」の中で、天忠組の運動は、實質に於て政治運動といふよりも思想運動だと云つてゐる。これは最も重要なところであつた。この本のもつ思想は、當時に於ては、殆ど理解されなかつたものだが、近年の國史未曾有の激變の中では、やゝこれを解しうる氣運が現れた。この本は今日現在の我國の動きから云うて、最も重大な思想上の著述である。こゝに思想と云ふことは、一般情勢から見て、今日ではあるひはほゞ了解されるかと思ふが、實は未だに理解され難いとも思ふ。この一書によつて現在の思想といふものを、わが心魂に確立し得るものは、天忠組の精神と思想を了知しうることとなる。

影山氏は「明治維新の本質は國體明徵の運動である」との建前から、天忠組の思想、精神、行動を檢討し、その思想上の純粹と積極性を立證してゐる。攘夷御親征が實に討幕軍議御實行を大旨とし、天忠組の思想は終始神政復古を念とした義擧だつた。天忠組は寺田屋計畫のやゝ形を異にし、規模を大きくしたものであるが、それより進んだものである。しかも前者の島津久光を、青年中山卿にかへ、薩藩兵力を借りて事を擧ぐといふ點を、純粹浪人志士の誠心を現したといふ點で、寺田屋事件とは異り、こゝを重大な點としてゐる。草莽浪士まづ干戈をとることが、天下の干戈を正道に動かす發祥である。けだしこれを以て暴擧といふのは、維新を道として信じない者の言である。我々も國の文學の立脚する道からみて、この信仰信念の現れを政治的の暴擧と考へず、文學者といふ神詠の天職觀から、この擧兵の思想に、生命と創造の道を信じ得たのである。さて、天忠組は神政確立を念願とし、幕府的組織と共に封建諸侯の一切を否定し、當時でもなほ多數の志士が信望をよせてゐた幕府中の革新派たる、慶喜や春嶽をも否定し、神劍の在り方を示した。國內維新の成就を待たないで外夷に對することは、海內の瓦解をひき起す危機であるといふことが、一黨の趣旨であつた。右は大略影山氏の說く所を要約したものだが、正確には直接その書を見るべきである。天忠組の討伐目標は、單に一幕府勢力にとゞまらず、「皇國體の原理に背反する一切の思想と存在と機構とであつた」と影山氏は一黨の文書から論證してゐる。

この天忠組の義擧の思想的根據は、寺田屋事件に直面したのちの維新志士の、戰略的變貌でなかつたといふことを、こゝで重く考へたい。これは一貫した維新の道である。志ある草莽萬民の日夜に奉行しうる道である。この道の實相は、近世史を一貫して了知されるものがある。從つて天忠組、生野義擧の失敗ののち、策を改めて諸藩勢力を利用せんとしたといふことは少しもあたらぬ。道はもつと明確であつて、天忠組の信じた維新の道は、彼らの以前よりあり、さらに奇兵隊につゞく道である。しかも大丈夫一己に行ひうるほどの天地の大道である。

かくて明治御一新を維新思想の上から考へるなら、天忠組の一擧は最も重大なものがある。その一黨が最も多くの人材を集めたといふことも、その攻究を要求する一因である。しかしさらに重要なことは、この擧によつて、討幕完遂としての御一新の動向を打開した點にある。しかもそれが戰術的意味からでなく、わが維新思想上から云うて重大なものがこゝにあつた。

勤皇志士達の待望の標だつた島津久光の上京が、公武合體派の强化となり、却つて志士勢力を京師から一掃する陰謀の主力となつた前後から、御一新の原動と契點は、大藩の勢力を背景としてなし得ず、草莽浪士及び一般國民の捨身に待つものであるといふことが、戰術として考へられたのでなく、國體の歴史の思想から了知せられたことは、當時暗澹として絶望狀態にあつた維新陣營の底を貫く無限の光道であつた。この光が、悲劇として極端なものだつた天忠組志士及び、生野志士らの生命原理となつたことが、その華やかな詩歌の根柢と思はる。

この意味に於て、十津川鄕の文久前後の動向が、重大性をもつ。十津川鄕はもと幕領であつたが、嘉永外寇に當つて、攘夷先驅たらんことを幕府に願ひ出た。ところが幕府が敕許を待たず、無斷の私條約を諸外國と結ぶといふ狀態に當つて、十津川鄕は幕府を超えて、直接に朝廷に願ひ出て、朝廷直轄地となされ、尊攘先驅に奉仕せんことを願出た。しかるにこれが、孝明天皇の允許を得、特に優渥の御言葉さへ賜つたのである。かうして文久三年夏には、十津川鄕は直轄御領として三條實美の支配をうけることとなつた。このやうに鄕民の請願によつて、臣民が朝廷の直轄となつたことは、維新の心情の根柢を示すものである。當時の草莽といふ思想は、人民が幕府といふ中間物を超えて、直接に天子樣の赤子であるといふ自覺より生ずる、熱烈な國體觀の熱禱的表現であつた。十津川鄕は鄕民の意志によつて、この維新感覺を早く、すでに早く形の上に現した。

ところが、この十津川鄕直轄の經過が實現するに當つて、鄕民は旨として中川宮を通じて、意向を達したのであつた。このことは、十津川鄕民の多數が、天忠組の最後に當つて、中川宮の垂諭をうけた時、義士に對する同情と、朝廷の御沙汰との間に於て、窮地に陷つた原因の一つと考へられる。

それはともかくとして、人民が朝廷の民であるといふ感覺を實現することが、實に幕府勢力下の國民の悲願だつたのである。十津川はそれをどこよりも早く實現し、これより十津川鄕士は勇み喜んで、禁廷守衛に奉仕したが、文久年間當時の皇宮警護は、漸く石高萬石を以て一人の武士を出すといふ如き有樣であつたから、常時百五十人以上時には二百五十人前後に達した十津川鄕士の出仕は偉觀であつた。かゝる十津川鄕の史蹟は、當時の維新思想の動きを見る上からも、天忠組と共に、特に深く顧みる必要がある。

要するに天忠組は明治維新を決定するものとして、思想上の一大契點であるが、草莽の浪士及び鄕士農兵による御一新の完遂といふことは、天忠組三總裁、わけても若年だつた吉村虎太郎のやうな人の經歷を考へても了解せられる。

吉村虎太郎は維新志士中の有數であるが、出身は土佐の里正、卽ち庄屋だから、武士でない、農家である。この土佐には天保十二年頃に庄屋の同盟が成立し、その眼目は「里正の職は、天照皇大神の定められた天邑君《アマノムラキミ》を始祖とする天職である」といふ天職の意識に立脚したもので、これは當時異色ある、又大切な思想を現してゐる。

明治御一新の時の農兵市民兵は、これを單に國際概念で考へてはならぬ。卽ち高山彥九郎が身を以て流布した草莽といふ思想で考へねばならぬ。高山も亦職業的武士でなかつた。ところでこの吉村の思想は、平野國臣と結び、久坂につながり、高杉に通じ、筑波山義擧を一貫し、御一新の線を決定したのである。この一線の確定あれば、われも人も、同じ御民なる國ゆゑに、必ず世情は動き維新の軌道はしかれるのである。さうして維新史を考へる時、天忠組義擧は維新の根柢的大道を決し軌道を明らかならしめた。政治、政策、戰略として決定したのでなく、人心の神州皇民感覺に、維新翼贊の絶對性を決定したほどの有力至高の事件で、これは指導者などの名では云へぬ、もつと重大な道のあらはれであり、維新の神ながらの道の現れと云ふとよい。

　思ふに維新の道とはこのやうに明確公正で、しかも、自然さながらに簡潔堂々たるものである。大道は人爲や巧僞を許さぬのである。十津川の御一新ごろの俚謠「土州の土の字は一の字で止める、十《ト》津《ツ》の十の字にや止めがない」は郷士の正誠と氣概を知り得る。しかも十津川郷天忠組の義擧は、悲劇中の大悲劇であり、日本の悲劇の崇高さと美しさを示す最高最大の捨石精神の現れだつたが、わけても野崎主計の悲劇の如きは、人眼につき難いだけに、殊にあはれなものがあつた。深瀨繁理の場合も悲痛だつたが、主計の場合は一層明確で、自身で一切を決定してゐる。主計は十津川郷の中心人物だつた。彼は諸國の志士と交り、御一新の先驅を奉行したが、かつて南方宮方最後の據點ともなつたこの山間偏土を、御一新發祥の地として、遠き世の赤坂城たらしめた、最大なる一人は主計であつた。しかも中川宮の垂諭が、十津川郷士に赤坂城の態度をとらしめ得ざる形で及んだことは、悲痛な悲劇であり、その悲劇を天忠組の同士として、又十津川郷の中心人物として、兩者の見解を、我身一身に負うて解決すべきところに、野崎主計の悲壯な立場があつた。彼は生命奉還によつて、神國臣民の道を完うしようとしたのである。主計の悲劇は、大藩の桎梏から出たものでなく、さらに封建藩士としての行動からきた悲劇といふものでもなかつただけに、最も純粋で實踐的であり、進んで創造的とも云へるものがある、これは二首の遺詠によくあらはれてゐる。

文久三年八月十八日の政變は、中川宮家の威力に便乘した公武合體派が、尊攘派を廟堂から排除した事件で、この日未明、中川宮俄に參內せられ、公武合體派の勢力で御所を堅め、攘夷親征の大儀が一朝にして否決せられ、攘夷先驅を稱へて大和に進駐した天忠組は立場を失ひ、窮地に陷つた。この新局面に對應するために、一黨は五條から十津川に入り、吉村虎太郎が、野崎主計の信望にたより、又乾十郎の名望に助けられて、十津川鄕士を募つて義軍の組織に當り、以て幕軍に抗しようとした。「近世野史」には、十津川野崎他兩名、すでに堺浦にて義軍中に加りをりし由見える。卽ち鄕士は野崎、深瀨等に率ゐられ、その數「十津川紀事」には二千とある。その日の野崎のいで立は、鍬形うつた兜に赤糸縅の具足をつけ、采をふつたと云ふ。後の十津川離反を云々するためには、こゝでこの日の天忠組が時局に對應した思想と方針を入念に考へる必要がある。

時に鄕士は中山卿が敕命を奉ずるものと信じてゐた。勿論八月政變の子細は了知せぬ。忽ち集るもの千數百名、大いに氣勢が揚つた。ところが政變後の京都では、朝廷の御差汰として、天忠組を亂賊の一揆として追討を命ぜられ、十津川鄕士には八月二十六日浪士に拘束されざるやう諭されたが、つひに九月五日十津川鄕士に浪士追討を命ぜられ、別に中川宮の懇切な垂諭も下された。しかし十津川周邊は、追討軍閉鎖し、使者鄕內に入り難く、この敕旨は容易に鄕內にとどかなかつた。

この事情について、十津川の記録によれば、八月二十六日の御沙汰を拜すると、在京郷士有志は、二隊をなして紀領及び北山路より鄕內に入らんとした。紀領へ向つた者は紀州藩に抑留されたが、北山路の方は途中手間どりつゝも、九月五日前後漸く入鄕した。この御沙汰は、鄕士が浪士に拘束されぬやうと親心を示されるもので、なほ事情不明に思へた。しかるに九月五日に到り、鄕士に浪士追討の敕命が下つた。ところがこの九月八日には、天忠組より「事情大略」が鄕內に配布されてゐる。これら一件の文書は本書「文久三年大和義擧記錄抄」を參照されたい。

さて九月五日には鄕士への御沙汰あると共に、中川宮は在京中の鄕士首領なる上平主稅、深瀨仲麿を召され、特に時勢につき垂諭あつた。こゝで在京中の者は十七名を二隊に編し、敕命令旨を奉じて鄕內に入らんとす。一隊は紀領から入鄕し十三日到着、一隊は十四日北山路より入鄕す。こゝに於て政變事情及び、御沙汰初めて鄕內に傳り、かくて義黨と交涉を始む。御沙汰書は落着後の十七日に鄕內各村代表を池穴村に集めて拜展したのである。

こゝに天忠組京都以來の同志の十四日夜の會議について、內容に不明なところがあり、これについては途中より加つた同志が一樣に不滿をもつたことを、伴林光平も誌してゐるが、この夜すでに天忠組の十津川脫出の計はあつたか、あるひはあくまで死守せんとしたかは、不明なところで、主計、十郎らが光平と共に十津川鄕民を說明したのは、この翌十五日だつた。光平の記錄ではこの夜御沙汰書が拜展されたとなつてゐて、なほ一黨解散宣言の後となる。他に十四日夜御沙汰傳り十五日解黨宣言といふのもある。しかも光平の記錄では十五日朝主將より天忠組解散をかねた脱出の宣言が出てゐる。そして十津川鄕離反はその夜とある。こゝの事情については、政治的な觀點からは斷定し得ぬが、私の考へ方ではさういふことはどうでもよいとも考へる。

たゞ十津川鄕の當時の狀態は、條理の上からも最も困難にあつたのである。しかも今日より殆ど非難の餘地がない。主計、十郎、光平らは、この時十津川鄕民に大義を信奉して、あへて叛逆の名を甘受することをすゝめたが、すでにこの日義軍にも頑守の意力がなかつたものと思はれる。その前夜の會議に、十津川頑守を決定したか、脫走を議したか、後者と思へるだけに、外交談判として多少言論に迫力がなかつたのではないかと思ふ。しかも三人共に前夜の會議には列席せず、朝來一黨解散の宣言をきいてゐた。さういふ狀態で主計は鄕黨に令旨拜辭をすゝめるのだから、さすがに主計も心苦しかつたに違ひない。しかしこの十四、十五日のことは、反對に傳へたものもあるが、私は光平の記錄に從つてかうしるした。もし會議が後だとすれば、會議より除外せられた主計の心中一層にわびしかつただらうと思はれる。

しかしこの十五日の十津川鄕士の態度については、義軍の人はこれを怒り、伴林光平は「山民狡黠虛言可惡々々。さこそいへ、食鹽乏きを憂ふ、婦女子の情態もあはれなれば」と云つてゐる。しかし藤本鐵石はもつと露骨に「十津川のはらわた黑き鮎の子は落ちていかなる瀨にや立つらむ」と歌つてゐる。これを主計遺詠二首にひきくらべて、こゝに悲劇の一相を思ふと耐へ難い。吉村虎太郎はこの時「曇なき月を見るにも思ふかな明日は屍の上に照るやと」と非常に壮爽な作をなしてゐる。しかし在京十津川郷士が、郷黨鎭撫の命をうけたのは八月二十六日で、ついで九月五日には特に嚴しい御沙汰を賜り、在京の郷士は苦心慘憺、戰場をくゞつて、郷土へ入つて敕命令旨を傳へてゐるのである。十津川郷士の悶々の苦衷は主計の處決と遺詠が十分に示してゐる。

十津川郷士にも、直に朝命を奉じて義軍をうたうといふ心はないから、力もなかつた。たゞ進退極つたのである。しかも野崎が十津川郷士として義軍に加つてゐる限り、野崎の信望に從ふ郷士が多いから、京都より朝命を奉じてきた郷士たちには如何ともなし得ない。この苦衷を察し、野崎はさらに情勢と、義軍内部の志向を慮つて、つひに自らが義軍と別れる決心をし、かくて自身は處決し、深瀬は義軍の脱出の案内に當つた。しかも深瀬も主將一行を送つたのち、自決する意志で、辭世を用意してゐたと云はれてゐる。その辭世は後に斬首の時の辭世となつてゐるものである。

こゝで少し遡り、十津川郷士が農兵として組織せられた發端について云ふと、嘉永の外寇の年、大和五條の儒者森田節齋が、同地の門下乾十郎と共に十津川に入り、農兵二千を調練した。「意在レ護ニ鳳輦一」とは節齋が自ら誌してゐるところである。また天忠組關係者では、藤本鐵石が天保十四年にこゝを訪ひ、松本奎堂も、安政五年に入郷したと傳へる。

文久三年八月御所出仕を許されたので、十一日に郷士百人武裝して出發し、十五日入京、皇城宿衞に當つた。當時在京郷士百七十餘人と云ふ。天忠組はこれとひきちがへに十津川に入らうとしたのである。

十津川郷にはかういふ形の朝廷との關係があつたが、その傳統はさらに遠く、十津川人は古代より、神武天皇御東征に奉行した傳説を誇りとしてきた。さうして吉野時代には、先に大塔宮護良親王の御回天の中心地となり、さらに南方最後の道統を奉じて、楠木二郎正勝が、南北合一後もこゝに據つて、足利幕府に抗戰を策した。この楠木正勝は大楠公の孫に當る。その末路は未だ知られぬが、十津川郷武藏に墓地の傳承地がある。大正天皇の御世になつて、正勝は賊名を除かれ、正四位を追贈せられた。かういふ傳統が十津川の歴史の風景である。安政四年郷内の志士は集つて、瀧峠の大塔宮傳説地に、「琵《ビ》琶《ハ》乃《ノ》音《ネ》毛《モ》昔《ムカシ》爾《ニ》變《カ》江《エ》天《テ》物凄《モノスゴ》志《シ》蘆《アシ》廼《ノ》瀨川《セガハ》瀨《ノセ》々《セ》廼《ノ》水音《ミツオト》」といふ御歌の碑を立て、村民青年の志氣を鼓舞しようとした。この建碑の時の主計の歌に「琵琶の音の雲井はるかに聞ゆるはいづれの方にしらべぬるらむ」とある。この建碑者の中心は郷士の大立物上平主税で、この人は御一新後に横井兵四郎暗殺事件の主謀者となつた志士である。かういふ歴史の連續した契點とも云ふべき中で、野崎主計は、自殺したのである。それが生命を皇邊《スメラヘ》に奉還する形で行はれたことを深く考へねばならぬ。義理に迫つて立つ瀨をなくしたのでなく、さういふ形で理解される責任感以上の深く尊いものである。我々はそれを悟らねばならぬ。

御一新以後、十津川から出て、顯官高位についた人はない。さういふ成敗のみを考へるなら、十津川士人のつくした精魂の方向はわからぬであらう。前夜の昧爽《トラノトキ》に身をさゝげ精魂を盡すといふのが、天忠組の精神である。これが如何に重大にして有力強靭なものかといふことは、我國が道のある國だといふことを知るときに理解できるし、わが國史の精華と眞髓も亦、その時に知りうる。

かくて御一新の軌道を、明確な絶對の上へもつて行つた契點を云へば天忠組である。しかもそれは戰術謀略の點からでなく、われらの歷史の道と思想の上から考へることである。大事は事の大小や成敗にあるのでない。我國には道がある、つねに神敕無限の道が、生々發展してゐるのが國史の道である。それゆゑ天忠組の發想は、各人各々に立ち入つても、極めて大らかで自然である。この自然が我國のありがたいところであつて、しかもそれは、我々が自身の中に大丈夫の心と志を恢復すればこれを自然とみて、ある安心に到着し得るやうなものである。

さらにこの事件が大事を荷ひ得たか否かは、我々が歷史を學び國體の學問をせねばわからぬことだが、淺學不才な吾らも、多少そのことを了知し、納得する域に達した。現代の天忠組がどういふ形をとるかは勿論豫測し得るところでない。しかし言論文藝思想の上では、大率私には了解せられる。それをひきうつして、生成の理としても、國の今の大事の上で謬るところがないといふ見解だけは、私にも合點できたのである。その形をまねるものでない、形をまねるといふことは、國史の學問の上であり得ないから、我々は思想と皇國生命觀をさぐるのである。今では多少その心に通じて、これをありがたく思つてゐる。

深瀬繁理傳

深瀬繁理、諱は維正、大和國十津川郷重里村の郷士なり。深瀬幸右衛門の二男として、文政九年を以て生る。資性剛毅にして、幼より學を好み、大義を重んず。寡默にして實踐あり、ほゞ膽略に富む。嘉永三年、年二十四の時、郷を出でて諸國を巡歴し、安政元年正月、野崎主計等と共に、京都に梅田雲濱を訪ひ、爾來屢々往來す。又長州藩大阪留守居宍戸九郎兵衛、村田二郎三郎等と交り、名を物産交易に藉り、頻に往來して時事を談ず。更に粟田宮に伺候し、執事伊丹藏人に就て、十津川郷由緒を建言す。安政大獄に際し、雲濱捕へられるや、一旦郷に歸る。文久元年には、雲濱の門人行方千三郎十津川に來り、その家に滞在す。二年、土州長州の藩士來りて、時事を密議し、上京を促すあり。二月、郷士、丸田監物、野崎主計等と共に上京す。翌三年四月には、丸田監物、上平主稅、千葉正中、田中主馬藏、佐古高郷、前田正之等と共に、書を中川宮に捧げ、十津川郷由緒復古の儀を願ひ出で、五月十日に到り恩命を拜す。次で六月十一日、更に朝廷の御沙汰を拜しぬ。しかるにこの事について、郷中懷疑不平の徒あり、繁理等囂々の俗論を一排し、これが御請書を上呈す。この年八月十七日中山忠光五條に義兵を擧ぐるや、繁理は二十四日同志と共に歸郷し、天川辻に至りて義軍に加り、各地に轉戰す。既にして義軍破るゝや、九月十三日自宅に歸り、十四日風屋に至り、十六日前鬼を越えて北山に出て、忠光に謁す。主將脫走の地理を探ぐる趣意なりき。繁理、白川村の福田友之助方に匿れて時機を待たんとす。しかるに密告する者あり、藤堂藩兵に捕へられ、二十五日白川川原にて斬首せらる。時に年三十七、その辭世に曰く、

あだしのの露と消えゆくもののふの都にのこす大和魂

明治天皇、繁理が積年の勤王を賞し給ひ、明治三年十二月祭粲料金三百兩を賜ふ。ついで二十四年九月、靖國神社に祀らる。十一月特旨を以て正五位を贈られぬ。聖恩耿々無限、その志を憐み給ふ也。

○

深瀨繁理は、野崎主計と竝んで、十津川鄕士中の領袖だつた。主計が、十津川鄕離反についての會議が紛糾したとき、自ら決するところあり、己は離反を宣して、山中に入つて自刃したが、當時義軍の主腦に於ては、長州脫走を一決し、十津川鄕との交渉は、たゞ滯在期間の問題だつたと思はる。しかし脫走を決定するならば、時は一刻も早いのが有利である。繁理は土地の人である、十津川鄕より北山に出る地理に通じてゐたから、進んでこの脫出の道をさぐつた。この一行に、平岡鳩平、伴林光平も加り、繁理は中途よりひきかへして行路のさまを報告してゐる。卽ち東の方尾鷲へ出る道が閉塞された難路で、道案内を求め難いと知つたからである。しかし、十五日前後に於ては、主將脫出の道を、いづれ

にとるか未定で、大方は高野より大阪に出る道か、ないし南紀熊野新宮への通路をたよりとしてゐたやうである。しかし尾鷲への道は、もし出られるなら、これも一方法だつた。光平の前鬼村での詠に「翅《ツバサ》打つ尾鷲の里の夕嵐おときくさへにさびしきものを」とあり、一首の悲調の中にこの間の絶望的事情を知る。

梅田雲濱が、すでに早くより十津川郷に着目してゐたことはさきにも云うたが、それよりさき丹波龜山の志士長澤俊平が、安政元年十津川に入り、郷士に文學を教へ、これを激勵してゐる。小原の瀧峠に護良親王の御歌碑を建てるについては、上平主稅等の鄕士の發議だが、これについても、大いに盡力した人であるが、今も上之地にその墓地がある。

この歌碑のことも、さきに申したが、十津川鄕の近世に於ける勤皇史の發端はこの歌碑建設に始るものであつて、このことは文學の歴史としても重大であるが、草莽の志をみる上でも重大なことである。つまり鄕民はこの歌碑を立てて、大塔宮を同想することによつて、次に勤皇由緒の相續を願ひ出る緒をつけた。

十津川鄕士の勤皇由緒の相續といふことは、維新の種々の標語やスローガンの中でも最もなつかしいものだが、それは抽象の道德や、その轉向から生れたものでなく、實にこの歌碑の建立を行つた心持が生み出し、又歌碑に於てその心持を明らかにしたものである。

大塔宮が赤坂から十津川に入られたのは、元弘元年十一月で、熊野の中遍路を十津川に入られた。村上義光、片岡八郎ら九人の兵をつれて、修驗者の裝をされ、艱難ののちにこゝに到着された。當時鄕民の首腦だつた殿野兵衞、竹原八郎らが宮のために黑木御所を作り、兵をあつめて守護し奉つた。かうして宮は一時こゝを勤皇軍の策源地とされたから、赤坂落城ののちにあつては、この竹原八郎が大將軍として、十津川熊野の兵を率ゐ、伊勢に討つて出て、この地方を風靡したことが、當時唯一の勤皇軍の活氣だつた。この竹原八郎の奮戰は、元弘二年六月のことで、當時は赤坂漸く回復されんとし、未だ千早城の義旗あがらず、天皇は隱岐に行幸になり、全國の義兵は消衰の極度にゐた時だつたから、この竹原八郎大將軍の奮戰は、鎌倉六波羅をして絶大の驚愕に陷れたのである。

幕府はこゝに於て以前よりの武家方だつた熊野別當定遍に命じて、義軍の背後を攻めさせた。宮は十津川に止り難く思召された。この時十津川を立退かれるについて、片岡八郎が玉置の横峯で華々しい討死をしたことが、青史の花として傳へられてゐる。この片岡八郎は大和國王寺の人で、討死の地は折花塚として現在し、これも十津川鄕士の志を興起させた史蹟であつた。

この御退去の途中、瀧峠で御休息中に、しばしまどろまれ、その夢の中で、御身自ら、九重の奧に入つて琵琶を彈ずるとの夢を見られ、さめて歌はれた一首が「琵琶の音も昔にかへて物凄し蘆廼瀨《アシノセ》川の瀨々の水音」といふ御歌である。鄕士らがこの御歌を歌碑にして建てたのは安政四年八月だつた。蘆廼瀨川は瀧峠の近くで、御歌の意味は、假睡からさめられた時に、夢のつゞきの琵琶の音と、川の瀨音がなほいり交つて聞えてゐるといふ、夢うつゝのほどの心持をのべられたものだが、その琵琶の音は、夢の中では九重で彈奏されたものだし、それによつて、以前御自ら九重にあつてなされたことどもを思ひ出されて、

「昔にかへて」といふ語で歌はれたものである。それからなほ途中に、芋瀬で難に會はれたりしたが、赤松則祐や、村上義光の奮闘によつて、こゝより高野山に出られ、次で吉野擧兵となつたものである。

この竹原八郎のことなどは、今では知る人が少くなつたが、笠置、赤坂の落城ののち、勤皇の軍の所在を示した唯一の人物で、かういふ土地の豪族の忠義によつて、一貫して吉野朝廷の光りは守り傳へられてゐた。この竹原八郎に對比される人物として、後の三輪の西阿の如きは、その勢力を振つた時代も長く、兵威も盛んだつた。今日一般歴史上で云はれてゐる吉野時代忠臣が或ひは討死し、或ひは敗れて聲をひそめてゐた時代に、一人で吉野の守護に當つた有力な大將だつた。

西阿が興國の初年、吉野朝廷の唯一の藩屛として、櫻井の戒重城などを中心として活躍したのは、前後四年間に亙り、この事蹟は、吉野時代忠臣傳中に於ても、殊に光彩を放つものである。竹原八郎の元弘二年春より夏六月にかけての一擧は、各地官軍が消沈の中にあつて、ひとり大いに氣を吐く者で、この出擊の報をうけて如何に京都が驚愕したかは、光嚴院宸記六月二十九日の項に、竹原八郎大將軍のことが出てゐるのでもわかる。やがて十一月には、千早、吉野に錦旗がかゝげられたのであつた。

この竹原八郎は、戸野《トノ》兵衞と同じく十津川の人である。兵衞の叔父に當り、八郎の女は宮の妃となつた。初め宮が修驗者をよそほはれて、兵衞の邸に入られた時、兵衞は宮なることを知らず、祕かに郷士盡忠の志を語つたが、宮なることがわかると、兵衞は感激して一死奉公を誓ひ、その叔父の八郎もこれを聞いて直ちに馳せつけたのである。

かうして元弘元年暮より、元弘二年にかけての間に、護良親王の令旨を奉じて、勤皇の大義を守つて、義軍の存在を天下に明らかにした者は、大和一國の志士であり、十津川郷がその中心であつたが、南北一統後も十津川は、南方宮方の亡命者の根據地となり、「十津川記」その他には、それに畫策した忠士の名が多く誌されてゐるといふ。

十津川郷由緒といふのは、この吉野時代より室町時代にかけての傳統で、一統後の室町時代にも北山郷と共に、南方宮方の御領として、反幕府勢力の根據地となり、室町時代を通じて、つねに北山郷には宮方の後裔が君臨せられ、宮方の人々がこゝに身をかくしてゐたのである。この北山時代は七十年餘であるが、その後もなほ南方宮方は殘つてゐられた。さうしてその北山時代初期に、十津川郷の一中心となつたのは、楠木正勝である。この正勝は正儀の子といふ。

ところがこの十津川の皇室御領としての名譽は、徳川幕府時代に入つて失はれ、幕府直領地となつた。しかし郷民は、南山の遺臣として郷士を以て遇され、又租税は皆免だつたから、名儀上では幕府支配下にあつたが、實質は舊來のまゝであつた。しかもこの名儀上の幕府支配を、郷民有志の者は遺憾とし、由緒復古の運動を起したのである。

嘉永外寇の前後から郷士の有志は所々に出遊し、大いに國事を談じ、主として雲濱を師と仰いだので、中川宮との關係も、雲濱の斡旋による。かくて由緒復古についての六月十一日御下賜の御沙汰書には、「大和十津川郷士、従二往古一奉レ重二朝廷一誠忠之輩不レ少、方今不㆓容易㆒時勢ニ候間、其遺志相續、可㆑勵㆓忠勤㆒候事」とあり、これは未曾有の名譽であるが、當時の情勢では、公武合體的幕府革新論が漸く時代の主潮となつたばかりの頃だから、多少この御沙汰に對し、右顧左眄する者が郷民中にもゐた。繁理らはこゝに於て大いに奮勵し、郷內を統一したが、この御沙汰奉請のために一郷を說明した時には、後に天忠組の血祭りとなつた五條代官鈴木源內が、大いに斡旋につとめた。この源內も、京畿に職を奉じただけに、偏遠の無學の武士と異り、朝廷の尊貴を解し、大いに時勢にも通じてゐたと云はれてゐる。又天忠組が代官襲擊の前に通告を發して、大義を明らかにして歸順をうながした態度は非常によいが、これに處した源內の態度も、當時の封建的武士の見解としては堂々としてゐた。たゞ惜しむらくは幕吏としての義を知り、未だ皇國の大義に暗かつたことであるが、それについては未だ死者を鞭うち難いほどのものがある。卽ち當時叛逆的行動を敢へてした者が、後に君恩に對し、何を以て奉謝したかを、今日に於ても、畏んで考へたいのである。

なほ中川宮との關係に現れる丸田監物は、古くより一郷の領袖で、すでに嘉永外寇以來郷兵の調練を指導し、さらに上京しては各地の志士と交つてゐたが、斡旋の才があつた。十津川郷由緒復古については、最も盡力した人である。事變當時京都にあつたが、九月五日朝命を拜し歸郷し、通路の閉塞を冒して漸く郷に入るを得たが、やがて同じく御沙汰を拜して歸郷した上平主稅と會し、風屋の本陣に於て、乾十郎、伴林光平に會見した時の郷內代表の筆頭はこの人だつたとも云はれてゐる。後に慶應三年十二月鷲尾侍從が高野山に上り、大阪紀州に備へた時には、監物はこれに從つて、輔翼參謀となる。この高野山義擧には鄕士の加るものが多數だつた。死去したのは明治二年四月二十九日、享年六十五だつた。

上平主稅も古くから鄕士中の領袖として國事に活躍したが、監物と共に義軍を十津川より退去せしめることに周旋した。明治二年の横井平四郞（小楠）暗殺事件には、十津川鄕士も關係あり、主稅は首領としてそれに連坐し、伊豆新島へ流されたが、後赦されて歸鄕し、やがて玉置山祠官となり、二十四年歿した。年六十七であつた。

十津川鄕由緒復古によつて、禁裏御守衞として鄕士の上京したのは八月十四日で、圓福寺「十津川鄕士宿陣所」の標札をかゝげた。時に以前よりの在京者に、今度の上京者を合すると百七十餘人あつた。天忠組が京都を脫出したのは、この前の八月十三日夜であつた。

野尻の中村庄五郞も此の鄕士の一行として、この時に上京したが、年は十七歲だつた。この中村庄五郞は十津川鄕士の豪勇敢爲を代表するやうな人物であつた。慶應三年四月某日、同志の土州の人那須盛馬（後の男爵片岡利和）と四條橋上を散步してゐると、彼方から新撰組の幕兵七八人が大いに肩を怒らせて濶步してきた。庄五郞はこの無人のさまを見るや大いに憤つて、直ちに拔刀し忽ちに二人を斬り、他を走らせた。盛馬はこの時に傷いたが、庄五郞は事もないさまで立去つた。又長州藩公の內命をうけて岸泰治を斬り、藩侯より賞として太刀を拜受したこともあつた。慶應三年十二月七日夜、近藤勇ら新撰組の者の會合してゐる中へ斬り込んだ時にも、二十四人の多數の中へとびこみ、數名を殺傷したので、敵は燈を消し、庄五郎はその暗中の亂闘の中に倒れたらしいが、つひにその屍を發見しなかつた。時に年二十一だつた。その豪勇は喧傳してゐる。この十二月七日の斬込みは、同志坂本龍馬、中岡愼太郎の報復のためだつた。明治十年二月十三日宮內省よりの御沙汰として、その殉難死節の趣きを畏くも「被㆓聞食㆒、憫然被㆓思食㆒候」とあつて、祭粢料を賜つてゐる。さらに大正四年に正五位を追贈せられた。この中井の如きは、當時の志士中でも豪勇で斬姦の達人であつた。

さて繁理は、主將の脱走路を探る目的で、平岡の一行の案內として前鬼まで行を共にしたが、こゝで尾鷲方面の情報を知つて、再び本陣へひきかへした。かうして義士の脱走を計つたのちに、白川村の福田友之助方に匿れたが、この福田は繁理の姉婿であつた。ところがこの白川村へは、さきに繁理が、天忠組の軍資調達のために出張したことがあり、土地の富豪に重く賦課したことから、怨みをかつてゐたので、彼らの訴へるところとなつて、不意に藤堂藩の手に捕へられた。しかし一說にはこの前自決の決心があつたとも云はれてゐる。

その辭世の作は、草莽の至情を云うて、非常によい作である。「都にのこす」といふしらべが、まことに山住みの人の至情であつて、勤皇の情緒とはかゝるつゝましい詩情である。古の大伴氏が「大君の邊にこそ死なめ」と歌つて、たゞ天皇の御傍で死にたいと祈り、一切の中間を排除した心持が、討幕の志をたて、大御心を中間に於てさへぎるものを一排せんと期した、當時の志士の志であつた。この心情の心ざしだつたのである。繁理はそれを都に残すとつゝましく歌つてゐる。主計にしても、この繁理にしても、十津川郷離反後の身の處置ぶりは違つてゐるが、共によく山村の郷士の醇朴の至情を示すものである。彼らが功臣となる素質をもつたか否か、未だ知り得ぬが、主税のやうな例に見てもさういふ榮達の環境にはめぐまれぬ草莽の人であつた。大藩を背後の勢力とした周旋のみちには利便をもたなかつたから、功臣たることが出來難かつたといふだけではなく、その至誠盡忠の志がさういふ現れをした。草莽の至情としては萬古に通ずるものがある。十津川郷士の性格はかゝる孤忠の臣のみちであつた。我々はその傳記を按じて、慨然として痛み、悲しみを思ふ。畏くも至尊に於せられても、その志を聞食され、憫然と思食されたと、公に傳へ給うてゐるのである。

林豹吉郎傳

林豹吉郎、名は豹、幼名を力松と云ふ。大和國宇陀郡拾生の人なり。父は兵藏、鑄物師を業とす。文政三年の春、その長男として生る。資性沈毅、志節高邁にして、工夫の才に長じ、幼より繪事を好む。天保五年夏、長崎の畫家中島青淵の當地に來遊するや、その教を乞ひ、從うて四方に遍歴すること三年、天保八年蘭醫黑川氏により、西戎東侵の事情を聞き、大いに慷慨の志を立て、先に青淵に聞くところに從つて、高島秋帆に就いて製炮の術を修めんとし、卽ちまづ蘭書を學ぶべく大阪に到つて緒方洪庵の炊夫となつて苦學す。一旦父の病によりて歸郷し、後漫遊一年餘、その間に旅費を調へ、十五年冬長崎に到る。しかるに青淵その夏に歿し、秋帆又すでに江戸に押送されし後なり。ついでその幽閉せられし由をきゝ、大いに失望落膽せり。されど長崎に留ること若干。やがて韮山代官江川太郎左衞門の學僕となり、その教をうく。後、陸羽北越の間に漫遊するや、舊炮を改鑄し、以て外寇に備ふ必要を力説す。大に勤皇の意を言論せり。嘉永三年歸郷し、四年和歌山に遊説す。さらに四國中國を巡歷せしが、更にその説に耳を傾ける者なく、却つて異端を以て目す。六年米艦來寇するや、當時豹吉郎病んで法隆寺にありしが、痛憤の餘り病を重くせりと傳ふ。安政元年幕府近畿諸藩に禁裡守衞を命ずるや、郡山藩乃ち豹吉郎を聘し大砲を鑄造せしむ。こゝに於て、諸藩亦人を派してその樣式に倣ふ。時に人あり、任官の意向を問ふ。卽ち答へて曰く、僕微賤なれど國士を以て任ずる者、その羈絆を受くは、たゞ北闕にあるのみと。當時大和飛鳥村に住し、書畫を商とす。文久三年八月、攘夷親征の大詔下る。時に豹吉郎京都滯留中なりしが、直ちに五條に赴き、乾十郎と相議し、十七日、中山忠光等を迎ふ。自ら兵糧方となり、又職工を呼んで大砲を作らしむ。高取城朝駈に當つては大いに奮戰せり、事破るゝ時、主將に從つて北山郷に入り、轉じて紀州に逃れんとするや、卽ち嚮導となり、鷲家口に到つて、那須信吾と共に進んで、彥根藩兵と戰ひ討死す。時に文久三年九月二十五日なり。享年四十七。明治四十一年、聖駕南都に幸するや、十一月十三日、特に正五位を贈らせ給ひぬ。

○

十津川郷士としては、野崎主計、深瀬繁理は大體人も知つてゐる。又五條の乾十郎も有數の民間志士としてかなり知られてゐる方である。しかし林豹吉郎はこれを知る人が殆どない。山間に生れて攘夷の先覺となり、そのために蘭學を學んで製砲術を修め、最後の時代の文久の少し以前からは、書畫を商としてゐたと云はれてゐるから、人物經歷にも大いに趣きがある。鑄砲の專門家であり、家業も鑄物師だつたから、時局に當つて大いに仕官の道はあつたが、傳記中に云うたやうに、自分はいやしくも國士として朝廷の臣を以て任ずるもの、諸侯には仕へないと揚言してゐた。かういふ外寇の如き場合、諸侯に仕へてわが技能を役立てるのと、かくの如く態度を潔白にするのと、果していづれが正しいかは、人と時に應じて考へのあるところだが、豹吉郎の精神と經歷からみ、又當時の諸侯の狀態や時代から見ると、彼の考へは全く正しいのである。今さら云々の餘地がない。あるひは嘉永以前ならば、仕官したかもしれぬが、嘉永六年以後、すでに豹吉郎の精神は、後の天忠組の精神を己のうちにうちたててゐたのである。討幕を伴はぬ攘夷をこの先覺者は認めなかつたのである。

しかし技能はこれを國難に對應するの用にさゝげてゐるから、仕官を肯んじなかつたといふところに、その志の高潔さがある。その高潔さが、時局に便乘するにふさはしい機會を、意としなかつたのである。

このことは光平が、紀州侯の招聘を拒絕し、封祿はうけず、たゞし、出講の謝禮は受けると云うた話と一脈を通じ、あたかも同じことを考へたところに興趣がある。しかし嘉永六年のまへ數年の豹吉郎の遊説を、なほ諸侯がきゝ入れず信じなかつたといふのは、今日からみて不可解と思へるが、これは當然のことで、今日今の我國の當面の事情にしてすら、これを數年前に云へば、今日の人の多くは聞入れなかつたといふ事實を思ひ合せるがよい。しかしその嘉永六年以後、豹吉郎は飛鳥村で書畫商をしてゐたといふから、かういふ點でこの地によくきた藤本眞金とは特別の交渉があつたと思へる。眞金はしば〳〵河内地方から大和に入つて繪を描いてゐた。

この眞金といふ人は、如何にも文人らしい高風の文人で、思想は淸醇な上に、性格も溫和で、義擧の一黨を指揮するといふやうな點では、やゝ適せぬところがあつたほどだと云はれてゐる。けだし草莽の文人として、最も性格のふさはしい人だつたからであらう。しかし年配と經歷によつて、義擧總裁の筆頭となつてゐた。しかもその鷲家での最後は、一黨中でも最も花々しく戰ひ、紀藩の本陣に福浦元吉とたゞ二騎で斬り込み、數十名の紀州兵に四方からとりかこまれて奮戰討死した有樣は、高齡溫和といはれた人の如くでなく、最も花々しい最後だつた。紀州藩の記錄に出てゐるものを見ると、古の軍記物にさへ見ないほどの花々しいもので、それをみると至誠の强さがよくわかる。しかも人がらは文人らしい文人だつただけに、怖ろしい氣がする。その時紀州兵は數十名で鐵石達二人をとりかこみ、元吉の倒れた後は槍太刀は勿論、鐵砲をうちかけ、瓦までなげつけて、漸くに討とつた。

鐵石時に四十八、年齢から云ふと、光平の五十一が最高で、これについでゐる。さらにこの豹吉郎は時に四十七だつたから、一黨では長老である。鷲家口の決戰に決死隊として奮戰討死した最後は、那須信吾の如き少壯の勇士に少しも劣らぬ勇猛無比だつた。この決死隊は主將の脫出を計る目的で編成されたものである。この人々の奮戰と、三總裁らの後續隊の奮戰によつて、忠光の脫走が成功したのである。

大和義擧の人員の中には、大和松山の草莽志士の一隊があつて、これは多く豹吉郎と連絡あつた人である。彼らは武士でなかつた。天忠組の勢力の中には、武士でない人々が多く、第一線で戰つた河内、土佐、大和の志士は、大體鄕士農家の出だつた。途中で加つた河內勢大和勢が、京都以來の主將側近と、義軍の最後に於て分離したことには、多少身分からくる考へ方に原因があつたと思へる。如何に精神は純粹草莽と云つても、人を率ゐて大事をなす人々である。

當時の大和五條は、勤王運動の一中心地だつた。こゝは幕府直轄地だつたが、それが勤皇運動の策源地となつたのは、色々の理由があつたと思はれる。しかし私の考へるその一つの傳統は、こゝを通る大和から紀州に出る交通路は、古來吉野朝廷の重大な勤皇道路だつたのである。これはあまりに遠い原因のやうだが、五條の近世勤皇思想の淵源となつた森田節齋が、自ら楠氏の族を名のつたのは、その事情を明らかにしてゐる。同時に十津川鄕勤皇の原動力もそれであつた。十津川鄕が御一新に際して、その勤皇由緖の相統の發端は、鄕內有志が、瀧峠に護良親王の御歌碑を建設したことに始るのである。さうして高野山に勤皇僧が多かつたといふことも、高野山が古く宮方に關係があつたことから想像できる。

吉野時代勤皇史は、今日では正中の變を以て初めとするが、正中以前に、こゝに云うた五條を一中心とする勤皇道路上の豪族が、北條幕府へ反抗合戰したことは多く云はれてゐない。卽ち今の湯淺地方から高野、賀名生、五條、櫻井、宇陀へと出る、大和平野、の南の端をなす線上にあつた豪族は大體源氏であるが、この線上の越智氏保田氏が東西で呼應し、北條幕府六波羅と戰つたのが、正中の變の前八年建武中興の前十六年の頃で、その計畫はさらに古く遠因は承久以來のものであつた。卽ちこれが建武中興の發兆であり、この線の勢力が護良親王の根據となり、その後の浮沈はあつたが、應仁の亂まで、なほ南方宮方として畫策してゐた、最も頑强な宮方勢力であつた。これが吉野を守つた外線だつたのである。さらに楠木正成が史上に出現したのは、この越智氏保田氏の事件にあつたので、楠氏はこの事變をきつかけに大和紀州に干涉し、やがてこの勤皇路の一大勢力として、笠置に召されるに到る。しかも後の楠氏がこの線を確保する中心勢力となつたのは、周知の通りである。

これは淵源あまりに遠いやうに思へるが、幕末十津川鄕士の勤皇精神は、みな大塔宮御經營の囘想から發し、瀧峠の御歌碑建設によつて飛躍したのであるから、この理も亦疑ひ得ぬことである。國の一大事に及べば、心あるものは、必ず勤皇の史蹟を囘想するのである。かうして大和五條が、明治維新發祥地となつたことは、見方によつては、建武中興發祥地の傳統をうけたものである。

この五條の思想運動の中樞となつたのは、大儒森田節齋であつた。節齋のことは別に云ふが、事件直後に節齋は天忠組のことを誌して、「大和の擧、余未だその議に合ふや否やを知らざる也」と云うてゐる。しかしその文をみれば、節齋は義士の心中に哭しつゝ、なほかく云うたのである。けだしこれは儒學者の言である。光平は感激から五十二の老齡を以て、二十里の道を晝夜に驅けて馳せつけた。しかるにまた節齋がなければ、大和義擧は五條に起らなかつただらうし、その奮戰一月は不可能だつたといふことは、恐らく云ひうることである。さらに光平には、節齋のかゝる事業をなし得ぬことは明らかである。しかし私のこゝで云ふのは、節齋ほどの人の見解から思ひ合せて、越智氏保田氏の擧について、つひにこの精神と動向を斷言する者のなかつたといふことと、その史蹟の湮滅するのが當然だといふ意味とである。それについては、我々はさらに承久のことまで遡り、近畿豪族の遺志の分布を知らねばならぬのである。これらを御領及び南都寺領の問題として解釋する如きは、己の俗な物欲の心理を以て、過去の史蹟を回想する醜態である。今日現在の國の眞の歴史を大いに動したものは、凡そ物欲經濟に立脚するものではないのである。

五條を明治維新發祥地たらしめた思想上の根據は、大むね節齋の功と云はねばならない。しかしこれを維新發祥の實踐地たらしめたのは、乾十郎、林豹吉郎、その他和州志士の功であつた。さらに明治に入つて、藩閥に對抗する民權論の精神に立ち、大東亞精神の回想を中繼した點でも、五條は一發祥的中心であつた。これらの國史精神恢弘の發祥地の傳統は、今日こそわが郷黨の大いに囘想奮起すべき時であらう。

一説では、林豹吉郎は天忠組が五條に入る數日前、既に京都から五條にきてゐたと云はれてゐる。しかし攘夷親征の決定前後に急ぎ五條に來つて、中山忠光をこゝに迎へる準備をしたものであらう。卽ち確約上の行動だつたと考へらる。和州志士で京都以來主將に從つたものはなかつたから、さきに當地に到着して準備を了してゐたのであらう。さらに事件の發端を問ふと、先年文久二年の冬頃から、五條では、志士相會し、當地の乾十郎が中心となつて、十津川の上平主稅等とも連絡し、又同志の多くはそのころよりしきりにこゝに入つてゐたことが、故老の實見談として傳へられてゐる。文久二年末に等持院事件の三輪田綱一郎が、乾十郎を訪うたのは、明らかな事實であつた。勝海舟の日記にも、文久三年六月、乾十郎が、義擧を企て、坂本龍馬等と連絡あつたとおぼしい記事が出てゐる。

林豹吉郎が文久三年六月大津の志士西川耕藏に宛てた書簡には、龍馬のことが出てゐる。これは勝の日記をうべなふ事實かもしれぬ。かくみれば五條の志士と、在京志士の間にある種の交涉あつて、義旗を五條にあげることは、すでに早くより大略議決してゐたやうである。かうして大和五條は維新發祥地となつたのである。

この豹吉郎といふ人は、既に四十七といふその年齡だけを見ても、當時の志士中でも異色の人である。元來は鑄物師を家業とし、少年の日來遊の畫工に從つて遠くに遊んだ人となりにも興味がある。さらに外寇と海防の要務をきいて、慷慨した時に、先づ製炮術を學ばんとし、直ちに蘭書から學び初めたといふことは、大いに含蓄のある志のあらはれである。慷慨の攘夷家がまづ、西洋科學と蘭書を學ばうとしたのである。正しい決意が時宜の手段をとるといふ自然の實情は、この山間の志士の先覺的業蹟に於て第一に學ぶべきである。しかるに今日の風潮が、もし彼より技術や科學の先覺のみを學ばうとするなら、我々は林豹吉郎の精神のために、この曲學阿世をまづ退治せねばならぬと思ふ。

田舍の工人出の志士の志向として見れば、この創造力には絶大に正しいものがあつて、驚くべきことである。しかるに家業からの影響もあつただらうとは云へるが、又武士でない草莽だつたから、却つて新式の兵器兵術を學ばうとしたものであらう。これは立身功利の考へ方に出るものでなく、草莽自らの創造的叡智の現れである。けだし豹吉郎が、立身功利の人でなかつたことは、その傳記に明らかであつて、これについては一言もさしはさむ必要がない。彼は諸侯の懇請を蹴つて、天忠黨の老人組として、二十三十の青年と共に、最後の決死隊となつて、主將脱走の爲に討死してゐるのである。かりにさういふことを假設して云ふさへつゝしまねばならぬ。

しかし當時の農商出身の志士が、大刀を手にして最も深い感銘を味つたといふことは、僧だつた光平や、商家だつた曙覽の多くの劍を歌つた名歌にみるところだつたし、この草莽の感覺に導かれた劍の歌は、武士道の日本刀觀を古代の神劍の感覺へ高め、幕末勤皇歌の重大な一風格となり、又その詩情の一根柢となつたものだといふことは、既に別に云うたが、この劍の感覺と回想は重大である。これは武士の革新的指導者の教へた大義名分論から出たのでなく、草莽の本有の血の感覺の復活といふ神意にあつたと思ふ。維新の原動の詩心は、光平、東雄、曙覽と見てくれば、すべて武士ならぬ草莽の純情の戀闕からきたことを明らかにしてゐるほどである。草莽から出た武士でない攘夷家が、一方では神劍の名歌を復古したが、豹吉郎のやうに刀劍術を學ぶと共に、新式の西戎兵術を學ばうとしたことも、大いに感動に耐へない。豹吉郎はこれだけの點でも、遠大純粹の志のあつた人物なることが明らかとなる。

幕末の一般士人は、大略、學に暗く、武技も拙なかつた上に、あへて幕府を支へる名分をもたず、從つてその熱がなかつた。當時では學に通じた者は、志士となつてゐたのである。幕府の最後を擁護し、挺身して大刀をふるつた大衆小說的劍士らは、これも亦農商出の者が多かつたのである。彼らは學に暗いばかりに、俠道を知つて大義を知らず、つひに幕府の走狗となつた氣の毒な者らだが、その場合には必ず至誠にかけるものがあつて、かういふのは極端なやうだが、その行狀をみれば、必ず己のやましさとともに辯解か、ないしそれらの反動として、そこから發する不逞をあきらかに示してゐる。しかもその人々にも劍に對する靈異的な愛着をもつた人物が多かつたのである。しかし維新は、神劍神威の感覺が、武劍靈異の感覺にうちかつたのであつて、これは明々白々、うち勝つのが當然のことである。

こゝで特色のある林豹吉郎の經歷を見て、維新勢力の根柢が、草莽にあつた尊い事實を一端として知るときは、維新を單なる武士の自覺や、ないし武士道の情勢論的變貌のみから解釋できないのである。天忠組志士の中には、士家の人に比べても、比較的農商の人が多かつたが、わけて豹吉郎の如きは經歷に大いに異色がある。しかも鑄物といふ業が、ある意味で新時代を荷つてきたといふことも考へられる。けれど、それは一應のことである。この豹吉郎が龍馬と交渉あつた一證のあることは、ある意味で普通のことだとも云へるが、しかしこれを考へると、維新草莽の勢力の連絡の緊密さに感動すべきものがある。

この豹吉郎のやうな人は、その出身、經歷、思想と、いづれをみても異色のある人物である。海をみるのに數日の旅を要し、海を知らぬ人ばかりの住む山間に生れて、第一に海防を感じたことが、深くさとらねばならぬ事實である。さうしてそれらを色々と考へ合せる時、我々の身邊にゐるなつかしい志士の像が考へられてありがたい。しかし出身こそ一介の職人であると云うても、その遺物をみると文學學問に長じて、當時の一流の武士より、はるかにすぐれた教養を自ら修めてゐたことが十分わかる。我々は今日も、かういふ何となくなつかしい志士のことを思うて、將來の感奮興起に資したいと思ふ。非常に有名な志士や思想家は、何か身邊から遠いやうに思へる。さうしてさういふ人々が、尊敬をうけて、高い場所に祭られてゐることには、當然なことも、理由もあるが、その高い神の場所にかけられる梯のことを考へたい。神の神庫でも梯をかけたなら必ず登れるといふ諺が、二千年の昔から我國にはあるが、これは大へん有難い思想であつた。

しかし天忠組の鄕士中には、農家の人も、職人も、それに神職も、僧侶もゐる。これらの人々は、決して武士階級の教養をうけたわけではない。さらに天忠組の兵站の役をしたり、內々援助を惜まなかつた人々は澤山あつた。光平個人の同志で、天忠組に援助した者としては、大和の上嶋掃部、今井文吾など有名であるが、大阪では商家の佐々木春夫がゐた。大和の土地の豪家で、援助してゐる者も少くない。さういふ豪家には、農家山林家商家といろ〳〵にあり、ある形では森田節齋の教化にも結ばれてゐるが、さらに廣漠な大義に目覺めてゐたことが原因である。けだしこの大義は思想として外から與へるものでなく、各人各々の内心にもつものの現れであつた。

宇智郡中村の山縣與市は、天忠組の天ノ川移駐の頃には、その兵站司令部の如き役割をしてゐた。當時はすでに、諸藩の兵が義軍を包圍攻擊してゐたのである。この與市は、以前から節齋や乾十郎、橋本若狹等の志士とも、交友のあつた人である。また同郡坂合部村の熊代佐市郎は、より〳〵附近の富豪を勸誘して義金を集め、自身の代りとして弟の佐藏を天忠組に從軍させた。この佐藏は、事件の後も、生死つひに不明のまゝである。これらは一例であるが、土地の土民が、みな義軍に同情してゐたことが、百たらずの天忠組が僅か千餘の急募兵をもつて、月餘に亙り三萬二千の職業武士と對抗した一原因であつた。

さうしてそれらの應募の土民たちが、みな大いに大義をわきまへてゐたことが、その抗戰力の大きい原因であつた。賀名生村の上西喜三郎は、勇躍義軍の召集に應じた一農民にすぎなかつたが、義軍撤回後、殘黨追捕の暴壓の中で、逃亡をすゝめる村民の厚意を辭して、「人は一代、名は末代、例へ賊名を蒙らうとも、盡忠の赤心、何ら恥づるところがない。何ぞ遁走の汚名を蒙らんや」と云うて身をかくさず、つひに藤堂藩兵に引立てられたが、さすがに藩廳もこの一農民の堂々たる義心に、自らかへりみて恥ぢたのであらう、つひにこれをそのまゝに釋放した。もつとも藤堂藩は義軍攻撃に加つた時から、内心ためらふところがあり、郡山藩にしても亦さうであり、さらに他藩でも、心あるものは、内に大義を思うて、歩の進み難いものを感じた。紀藩の如きでさへ、その記録方は、却つて自藩の部将の醜態を暴露し、義軍の眞金の奮戰をたゝへてゐる。然してこのことは實に重大なことであつて、義軍追討軍が、敕命を奉じ、さらに幕命を受け、その上に中川宮の教書令旨さへ奉じ、追討の名義全く整ひつゝも、なほ歩武のすゝまなかつたといふことは、實に重要なことで、こゝに至誠のわが國のあり方がある。つまり天忠組の神意は、一般には既に殆ど通じ、討つ方が、何かしらわが行ひにやましさを感じたのである。天忠組のもつた純粋に對し、已らの名分正しい筈の戰ひをやましく考へたといふところから、我々は儒風の名分論の如何ともなし得ぬものを知り、至誠と純粋に現れる國の道としての神意を知るべきである。これらの諸藩の武士の中でも文字を誌し得るほどの者ならば、わが國の大なる大義のあらはれを了解し、その追討に絶對のためらひを味つたのである。しかもさういふ武士らは、殊に一農夫たる喜三郎の赤心の發露に恥ぢたことと思はれる。

かくて事件の後には、義軍の召集に應じた者でも、士人以外の者は、一切不問とするとの朝命が下つたのである。さうして十津川郷兵の禁廷出仕も以前のまゝ許された。これは實に重大なことで、すでにこゝに於て、幕府の權威は、大和南部に於て一掃されたことが、土民にも痛感せられたのである。御一新の精神はすでにこゝに形成されたわけである。何となれば、義軍は討幕を第一目標とし、各地にその趣旨の高札を立て、土民はこれを望んで集つたのである。しかも彼らは朝命を奉じた幕府軍と抗戰月餘に及んだ。一地方の合戰で、月餘に及ぶといふことは、武家時代の合戰を通じてめづらしい例であつたが、その始末として、幕府が一黨加擔の農民を何ら處置し得なかつたことは、極めて重大なことだつた。まことに大御稜威の端的な顯現に他ならぬのである。卽ち名分を以て云へば、彼らは討幕を叫んで、しかも敢へて奉敕の討伐軍をさへ拒んだのである。しかるに幕府これを處分し得ぬことは、すでに幕府の制壓力が、勤皇討幕精神をまへにして全然振へなかつたことを示してゐる。去る安政に於ては、漸く公武一體のもとに幕府內部の改革を云ふ者さへ、極刑に處した幕府が、今や農兵のいふ大義のまへに慴服したのである。この狀態を以てみれば、やがて來る大政奉還の筋道も、たゞ時期の問題として、容易に肯んじられるものがある。

舊來維新史は、主に雄藩の國事周旋や、その間の志士の往來を主として考へ、大むね京都中心の政局史として描かれ、草莽の志士の動きを云ふ者も、かゝる考へ方にもとづいて、その動向を語るに止り、地方の勤皇事情には尙未開拓のものが多い。私がこゝに、なつかしい土俗の志士の列傳を云ふのは、さういふ舞臺の英雄のことでなく、維新の根柢の勢力が、まことの草莽にもあつた事情と始末を明らかにしたいことと、それを以て我々の希望と信念とを描くこととである。

公武合體の意識の强かつた越前藩士などが、曙覽から承詔必謹の意義を、歌道として教へられてゐたやうな時の、敕としいはゞと云ふ考へ方は、これら草莽の鄕士土人の論理では全く無用だつたのである。それは武士のある者に教へねばならぬ思想だつたが、土民には教へる必要がなかつた。土民は天子さまのありがたさを、みやびとして、先天的に封建道徳の上に信じてゐたから、國家政治の問題や、その間の政策や思惑を、政治論としていりこませた必謹思想など、教へる心要はなかつたのである。これはつまり國體と國家を二元的に考へ易い儒教的教養に對してこそ、必要な標語だつたのである。土民は詔を拜すと信じて義軍に加り、後には詔をうけて義軍を去る者と、なほ去らぬ者とに分れたが、かゝる場合にも彼らの草莽の赤心には、當時の公武合體派的考へ方から出る承詔必謹の如き低調の教理は少しもなかつたのである。卽ちこゝに云うた一草莽の農人喜三郎の心持では、さういふ考へ方の論理と非常にかけ離れたところの草莽の純情から、たゞ一途皇邊を思つてゐたのである。

明治御一新の大計は雄藩の國事周旋によつてできたが、維新根柢はそれのみによつて成立したものではなく、あらゆる草莽の捧持したものであつた。雄藩を動したものは志士であつたが、それらの草莽的根據は、さらに深く廣く、一般にわたつてゐた。私は他國のことはともかくとして、こゝでは少くとも大和一國の思想的情勢からみて、この維新思想の根柢を深く信じ、將來の希望と生甲斐とするのである。さうして當國に於て最も早く、幕府勢力の失墜が、國民に切感せられたことを考へるのである。

我々は今や、土俗のなつかしい志士の囘想によつて、わが國民性の感奮興起を呼び起さうと思ふ。しかし鄉士の先覺を見出す時、必ず一まづこれを高い祭壇にのぼせようとするのは、舊來の通弊である。我々は彼らのもつなつかしさを心の底に思ひ起し、その方を明らかに描きたいと思うてゐる。これが、平凡者に對する感奮興起のみちと思ふのである。すでにして、「王政復古」が大勢となつて行つたことは、か丶る草莽の純情を以てその故を知りうるのである。私はか丶る草莽の人々が出現して、回天大業を行ふ捨石となつた點に驚き、時に豹吉郎既に四十七歳だつたことを思ひ、その高取城朝駈の日の奮戰ぶりや、さらに最後の決死隊としての奮戰を追想する時、この老志士の生涯に殊なる感激なきを得ない。

豹吉郎は天忠組陣中に於て、職人を集めて大砲を作らせ、高取城朝駈にはこれを使用した。しかしその大砲はみな火急に生木を以て作つたので、殆ど發火せず、又遠くに達せず、年來專心するところを、一期の時に用ひ得なかつたことは、殊に憐を催さしめるところである。

乾十郎傳

乾十郎、諱は良、縱龍と云、桃庵と號す。その遠祖畠山氏に出で、世々河内國小川郷に居り、後移りて大和國五條に住む。十郎は、文政十年丁亥歳、治郎平の二男として五條本町に生る。幼にして穎敏奇才の聞あり。儒學を森田節齋に學び、醫術を節齋の弟仁庵に修む。後大津に行き、梅田雲濱の門に入る。學資給せず按摩を業とせりと云ふ。學や、就りて浪花に出、筋違橋東詰に醫を開業す。安政元年の頃也き。天滿三宅松兵衞の妹きくを娶り妻とす。この先米艦初めて來り、物情騷然たり。依て四方の志士起つて大いに尊攘を唱ふ。十郎既に志士と交あり。頻りに十郎の家に集り、置酒豪放慷慨談論す。妻女恐怖して遂に家を去る。既に一子を懷姙中なりきと云ふ。やがて姫路藩成瀨淸左衞門女亥生を容れて後妻とす。亥生は後にムメと改む。萬延元年五月、五條の家兄竹次郎歿す。乃ち歸鄕家事を齊ふ。時に高市の儒者竹亭森鐵之助五條に在り、師友として交る。十郎長髮して好んで鐵扇を携ふ。國事を談ずるや、つねに幕府を斥け、皇威宣揚のためには自ら死地に投ずべしと云ふ。先是、紀州藩吉野川の國境岩出驛に口役所を設け、吉野山中より流出する木材に苛稅を賦課す。十郎卽ち和歌山藩老久野丹波守に面會し、其の不可を論じ、遂にこれを免除せしめぬ。紀藩士これを憎み、十郎を海中に誘ひ斬殺せんとせしも、逃れて通航の大船に救はれ大阪に上陸せりといふ。十郎また大和開墾の策を建て、鄕閭の同志と中川宮に建白す。其計畫は、吉野川の水を北上して淀川に注ぎ、國內の畑地を水田と化し、二十萬石の增收を得て、帝都の食糧を確保し、併て水運の便を開かんとす。是卽ち大阪港閉塞の時態を慮る也。中川宮これを採擇し給ふ。しかるにこれを阻止する勢力ありて事就らず。これ文久の頃にして、當時十郎は殆ど京都にあつて國事に奔走す。久しく同志林豹吉郎等と計り、中山侍從の一行を五條に迎ふ。所謂天忠組の一擧、五條に起るや、十郎の周旋多し。さらに十津川鄕士を說くに當り、吉村虎太郎を導いて鄕に入り、獨り村內を說服して功を收む。以來轉戰四十日、その妻女一子を携へて陣中に來り、後方にあつてよく勤勞し、やがて陣中に男兒を生む。義擧終焉するや十郎脱出して大阪に逃る。妻子は紀州藩に捕へられ、後大阪の實家に送らる。この頃十郎と再會せるものの如し。十郎は江口に潛居して、醫を開業す。幕吏此を知り、詐謀して捕ふ。京都六角獄に送らる。元治元年七月十九日蛤御門の變起るや、翌二十日獄中に斬殺せらる。享年三十七。墓は京都靈山にあり。明治二十四年九月靖國神社に合祠せられ、三十一年七月特旨を以て正五位を追贈せられぬ。

○

乾十郎が長髪して鐵扇を携へ、國事を談り、尊攘を論じた有樣を見た鄕人は、これを奇人と呼び、由比正雪とはかゝる人かと云うたと傳へられてゐる。しかし十郎は自身誌して、世人が自分を呼ぶに楠正雪と云ふが、これは紋所が菊水だからであらうと書いてゐる。乾の定紋は劍花菱だが、十郎は菊水を用ひてゐる。その計畫、度量、勇氣、思想、辯舌等のいづれをみても、一方の雄たる人物だつたが、たゞ豪放猪突の有志と考へられて、名聲が人物に相伴はぬのは、雄藩の有志でなかつたからであらう。また鄕黨にこの志をつぐ者が少なかつたからであらう。

しかも十郎ら天忠組の志士は、みな草莽の志を體現したものだから、喧傳されること必ずしもその本旨ではない。また、先人を喧傳し顯彰するに怠惰な鄕人も、恐らくその心裡には不變なる勤皇の情緒をもつものと考へられる。

上方《カミガタ》土着の者にとつては、勤皇は思想の嚴肅より、情緒の無限なものである。國の道は歴史思想として考へられるよりも、風雅としてしたはれた。十郎は無雙の豪傑だが、その國風や詩文を見れば、風雅の士たることを證してゐる。わが風雅とは、けだし戀闕の情のあらはれとしての美である。この一點は志士文人いづれにも相通じるものである。風雅を解するもの必ず皇朝の道に志あり、皇朝に志あるもの必ず風雅をなす。これが皇神の道義は言靈の風雅にあらはれると云はるゝ所以である。

おやおやの親よりうけしすべらぎの厚き悪みはあに忘れめや
いましめの縄は血潮に染るともあかきこゝろはなどかはるべき

これらの歌は敬虔にして壮烈である。十郎の詩歌文章は事件直後に多く失はれたやうであるが、なほ二三殘るものがある。

柳弄輕風華弄烟　一雙胡蝶飽香眠
閑人曝背晴窓下　憶起江南買醉年

これは「春日偶成」とある。これは大阪の生活を云ふものか、叉は大津の雲濱の塾の回顧であらうか。大津時代は學資なく、按摩を業としたり、時には「唐宋八大家集」を質草として金二歩を得たなど云ふことがしるされてゐる。當時は師の雲濱も窮迫してゐたのである。十郎が節齋の門より雲濱の方へ移つたのは、雲濱が節齋と親交あつたからであるが、十郎の志節は、雲濱の激しい學風をよろこんだやうである。江南はいづこでも當ることばだが、浪花の地を云ふ例は萬葉集にもあり、大津なら普通湖南である。それは兎も角として「閑人曝背晴窓下」の一句は、この一冬、私のしきりに口にしたものである。

曉出關門衝敵軍　　梅花在背亂紛々
春風不待東方白　　吹拂青天幾隊雲

これも武夫の風懷をなごやかに示し、心持壯々しい作である。

十郎の激しい性格は、紀藩老（伊勢松坂城主）久野丹後守を壓迫して、吉野川の筏税を廢止させたところにも見られる。この紀藩の苛税といふのは、寛永頃より作られた制で、通船の繼舟を橋本でさせ、五條で問屋口錢をとり、橋本で繼船運賃といふのをとり立てた。新宮川も同様の苛税を課してゐたので、これに吉野山民は苦んでゐたのである。十郎は雲濱を通じて、中川宮家未覯の臣となつてゐたので、宮家の威望によつて望みを達し、紀藩は十郎を憎んだがつひに承諾したものである。

大和川を北流させる計畫は、中川宮がこれを嘉納せられて、實現に贊成遊ばされた由の記録がある。これは大計畫であり、又遠大の大策で、即ち大和の畑地を水田として、二十餘萬石を得ようといふことは、帝都の食糧を大阪港をへずに確保せんとしたもので、同時に淀川と吉野川を通航せんとした。その目的は「打拂の節」にそなへるためと云うてゐる。この建白には、十郎の他に大和高田の村島内藏進、山城川島の山口薫次郎が名をつらね、村島、山口はいづれも有志の富豪で、勤皇に周旋した。村島は村島長兵衞の一族で、雲濱の繼室千代子は村島氏の女である。山口は節齋の門下で後に贈位されてゐる。尙これに類似した通水開墾の計畫は御一新後にも立てられたことがある。

この二つの建議はいづれも、文久三年春のことで、當時は朝廷で民間の言路を開かれたので、草莽有志の建言が相つゞいた。しかもこの言路を開かれたことについては、當時の尊攘の志士が大いに努力したところであつて、十郎もその一人である。しかもこの言論の自由が立ち、草莽の熱禱が、言論として朝廷に通ずるに到つたといふことは、一段と有志を感憤せしめたが、これも亦維新の一つの根柢となつた。至誠と熱禱が天朝に達するといふ事實に、生甲斐を味つたのである。

　天忠組の特長は、それが草莽浪士の勤皇行動の先驅だつた點である。雄藩に周旋し、その間に斡旋する以外に、實際的な勤皇運動や回天の方策がないと考へられてゐた時、天忠組は、草莽の至情が、策を離れて回天に翼賛し奉り得るといふ點で、ある形を明らかに示した。これを思想と政治の上からみても、この事件の後は、精神と時勢の一變する感があつた。その集團行爲の成敗については、なほ色々に説をなす者もあるが、この一點の眼目を謬らねばよいと思ふ。けだしそれが又一切である。

　十郎も勿論士家の出ではない。本人は學問にすぐれてゐたが、父の業は醫とも云ふが、旅館といふのが正しいやうである。又兄は仕立業だつたと云ふ。さういふ家の子弟で、學問をなさうと考へ、父兄がこれを援けたことも、時代の相として知つておくべきである。同じく五條義擧に盡した宇陀松山の林豹吉郎が、鑄物師の子弟だつたことと比べて興味深い事實である。天忠組の五條擧兵に重大な役をした二人の郷黨同志は、共にかうした身分の人であつた。しかし彼らの學業と思想とは、當時の有名な志ある士人に伍して劣らず、一般武士はその思想信念に於て、これらの人々に及び得なかつた。この信念は、實に皇國學からきたものである。かゝる一點で學問文學は、國難に當つて特に必要とされるのである。一概に學問なら何もかもが必要といふ意味ではない。學問の必要とは、それが皇國學の時に云はれるものである。

十郎の父治郎平は明治三年正月八日、八十二歳で歿した。十郎の先妻は傳中に云うた如き女だつたが、後江戸の人に嫁し、その夫が維新の戰爭に戰死した後は、武州川越藩士の妻となつた。後妻の方は天忠組の十津川滯陣中、身重だつたにもかゝはらず、陣中に來て、負傷者の手當から、一黨の炊事洗濯に從事し、陣中で男子を生んだ。この男兒は軍次郎と名づけたが、陣中で生れ、ついで母と共に獄に入り、出獄後、逃避中の父に對面したが、その頃年齡二歳で夭折した。乾の家のあとは今もあり、十郎の後は孫女に養子して殘つてゐる由である。

天忠組が偏遠の五條で擧兵したことについては、乾、林等の努力や節齋の影響と云つた直接の動因が數へられる。しかしこの遠因を云へば、はるかに遠く、承久より吉野時代を通じての歴史が考へ得られるのである。しかし今日でもなほ、このやうな云ひ方に對して、多少疑惑をいだくやうな、謬つた史觀をもつ者が多い。この紀和と伊勢を結ぶ一帶の交通路が、宮方として勤皇に仕奉した歴史が、御一新の原動力となつたといふことは、二三の史實を考へるのみでも疑ひ得ぬものである。疑惑あるものは、當分疑惑をもつてゐてもよい、そのうちに悟る時が來る、これを悟る日が、皇朝の歴史とは何かを悟る日である。

この五條の地は、大和の南西部の小天地で、伊勢から宇陀をへて、大和平野の南の山際を紀州へ出る道の一要地である。要害もよく、土地は豊かであつた。この紀和の道を挾んで、金剛山、高野山、吉野山、高取城などがある。紀州へ出ても吉野時代以來の勤皇の史蹟が多く、伊勢、宇陀にも同様に多いが、この道の勢力が、かつて承久の中心となつた。古より宮方執心の勤皇路だつたのだ。承久の後、元弘の以前に於て、幕府に反對する者の最初の擧兵も、この線上にゐた源氏の諸豪族を中心として起された。これが別に云うた如く、建武中興の發祥で、五條の目の上にある金剛山こそ、吉野時代の國史の燈臺だつたのである。しかも吉野朝廷合一後も應仁の亂の初めまでは、吉野の皇裔がこの線上に坐ました。この時代を合せると前後百數十年に亙る。近世に於ては、必ずしも古ほどに名分正しくは行動しなかつたが、幕府的勢力の露骨なものに反對し、自らを逆境におくことを嫌はぬといふのが、この紀和街道の人心の傳統であつた。さうして德川幕府下では、この線は無慙に分割され、吉野時代を通じて最も執拗に固守せられた要害の地高取城は、譜代の家臣に與へて、この城主とし、紀州に親藩をおき、伊勢の方では、松坂城を紀藩領とし、さらに津に藤堂藩をおいた。天忠組の事件の後も、紀州藩は彥根藩と共に、地方民に對して大彈壓をなし、中川宮の威望によつて漸く地方民衆は生色を得たのである。よつて宮家を德とするものが多い。宮の御一新回天にあたつての御方策については、地方草莽は何ら了知せぬけれど、その御威力がさしもの紀州藩を、事もなく抑へられるのを見る時、御一新以前に於て、すでに世情の一變を知り、皇權囘復の曙光を拜したと云ふ。

けだし地方民は、政界上層部の情勢は了知せぬのである。長州藩が失脚し、七卿が一朝にして逃避することを理解しつゝ、なほ一つを守るといふことは、個々に於ては求め難い。このことは十津川郷内代表が、初めて中川宮の令旨を拝して驚愕した狀態、及び義軍脫退ののち、初めて九月五日付御差汰書を、村方代表の會議の席上で拜見した時の樣子に見ることを得る。政界情勢によつて、昨の佐幕派が、一朝にして廟堂に立ち、これによつて昨の政權が忽ち失墜するといふ如き中で、政界情勢に通じない草莽が狼狽し、つひにはたゞ傍観者に墮すのも止むを得ないものがある。これは彼らがつねに忠義を考へてゐるゆゑに、さういふ外見上の冷淡さに陷るのであるといふことを思ひやるべきである。こゝに於て我々は草莽として、わが手が何をし、世が如何にならうとも、わが心の忠義は間違はないと云ひ得る志を養ひたいと思ふ。卽ち神意を體した民となることに努めねばならぬのである。こゝに皇國の道が、大義名分論でない所以がある。この心あれば、恐らく判斷分辨も自らに樹つべく、情勢を見て忠義を考へ、それをなさうとするのでは、必ずしも忠義不拔の現れとはならぬといふ先例はなか〳〵多いのである。形や成敗から考へるまへに、自らを神道の體現者とし、祈念によつて修養するのが臣道の肝心である。草莽にこの忠義不拔心があれば、幕府的なものは自らに畏怖するのである。しかしこの分辨を第一義と云ふのは、我らが文人だからかもしれぬ。けだし文人は功臣に追從する御用詩人でなく、忠臣の孤忠の心情を顯揚する歌人である。文人に於ては功をなすことを考へる必要はない。謬つても忠心一途に生きる者が多ければ、邦國萬々歲である。こゝに神國の理がある。

さて五條が明治維新發祥地たる因緣は遠くは承久以來の傳統にある。しかもこれを近世の五條としてみれば、まづ第一にその地理の要害を云ふべきであらう。しかるに地理の要害はまた古に通じる。さらに五條は吉野十津川の關門に當り、吉野十津川は吉野時代以後勤皇の傳統に生きてゐる。しかもこの十津川鄕に對する思想運動については、節齋、雲濱が盡力し、鄕士又學問を好んで各地に遊び、文久以前に於ても、既に多數の志士の來鄕するものがあつた。なほ高野山にも、志あるものが多かつたといふことも一因であらう。高野の勤皇精神はまた、大楠公以來の傳統である。さらに今一つの因は、五條が幕府直領となつてゐたため、土地富裕で、おのづから學問が進步し、從つて京都との交通も頻繁で、又有志の來遊多かつた。當時の學問は、勤皇に結ばれる眞の學問であつたから、學問の進步は勤皇心の旺盛を意味し、これは今日の學界の事情と必ずしも同一でない。この五條の學問の中心は、大儒森田節齋で、しかも節齋の存在が五條の學問を天下に唱へ、又諸國志士の來遊も、多く節齋に面會するためにきたものである。かくして文久以前、安政年代に於て、すでに五條は天下の志士の注目をうけ、維新運動一策源地の觀あり、節齋の如きは、十津川鄕兵を調練し、その調練の目的は、外寇にそなへると共に聖駕を奉迎する日に期するものだと云うてゐる。聖駕を奉迎するとは、意討幕にあり、十郎の大和川北上の計畫も亦、眞意これに通じてゐる。

節齋は當時海內有數の儒者だつた。常に「黃楳時節閑窓下、寫出驚天動地文」などと口吟し、その志勤皇に厚く、志氣剛傑不屈の人士であつた。乾十郎はその門にあつて、學志峻く、深く師の愛顧をうけ、二十歲餘のころに師の口述を筆記するのに、いさゝかとゞこほる所もなかつた。當時の口述筆記は今と異り、漢文で誌すのであるから、餘程の學問がなければなし得ぬ。以てその學力の一端を察し得る。節齋の門には、自《オ》ら有志の人才多く、天忠組に加つた者も少くない。井澤宜庵はもと紀伊國の人、五條に住んで、節齋の門下となる。武勇の人ではなかつたやうだが、志は十郎の同志だつた。天忠組に加り、後に捕へられて慶應元年獄中に毒殺せられた、時に四十三歳。正五位を追贈せられてゐる。かつて醫を學んだが、天忠組陣中にあつても、專ら傷病者の救護に當り、吉村虎太郎の負傷を手當したのもこの人である。北厚治、增田久右衞門、下辻又七等は五條の富豪で、各々志士の用に給してゐる。

節齋は自ら櫻井氏の後と云ひ、櫻井氏は楠氏の黨である。十五にして京の猪飼敬所に學び、十八にして山陽に師事す。但しこれは僅々數篇の文章の添削を乞うたのみとも云ふ。十九歳の時、江戸昌平黌に入り、古賀洞庵に學んだ。次いで二十八歳伊豫に赴き經術を近藤篤山に學んでゐる。その歿したのは明治元年七月で、明治四十一年特旨を以て從四位を追贈せられてゐる。その生涯は京都、備前倉敷、備後藤江、備中上成、姫路、淡路等に於て、帷を垂れて學を講じてゐるが、その間も五條にはつねに歸り、五條滯在の最も長期だつたのは、嘉永二年より六年にかけての五年間であつた。節齋の名の天下に喧傳したのは、その所謂る三戰にある、この三戰とは當時の文壇の名家、篠崎小竹、江木鰐水、齋藤拙堂との文戰を呼ぶものである。またその妻女小倉氏は、藤澤東畡の門下で、當時海內一の女學士と稱された無該女史である。

節齋の精神氣概は「不獨刀創爲殉國之具、文筆亦殉國具也」といふ語に現れ、彼の五條に在るや、天下の志士文人多くこゝに集り、諤々の言論をたゝかはした。原田亀太郎は備中の人節齋の門人で天忠組に加つてゐる。他にも門下無數で、著名の志士も少くない。なほ五條の地は明治御一新後には、自由民權論の巣窟となつたことがある。

當時五條の節齋を來訪した志士中の最大なる人物は吉田松陰であつて、時に松陰二十四歳。松陰の來訪の因は、五條が志士注目の地だつたことと共に、友人江幡五郎より遺託されたことがあつた。五郎も節齋の門人である。五條のことについては、松陰の「癸丑遊歴日録」に述べられてゐる。癸丑は嘉永六年に當る。この時松陰は深く節齋に敬服し、師禮をとつた。かくて滯在八十日の長きに及び、一度は實學をすてて文學に赴かんとまで考へたといふから、よほどに感服したのであつた。當時松陰は大和の文人志士の多くにあつてゐるが、その中に、谷三山、森竹亭等は高名の學士であつた。

松陰と共に東北に旅した宮部鼎藏も安政元年に節齋を訪ひ、鼎藏はさらに賀名生皇居を拜して、堀又左衞門にあつてゐる。堀も亦勤皇の志があつた。天忠組の藤本鐵石も安政六年にはこゝにきた證がある。しかしこの時が初めての來訪か否かは不明である。その他永鳥三平、賴三樹三郎も節齋の門を叩いた。三平は池田屋事件の關係者で、乾十郎とも、親交があつた。

雲濱は五條と關係深く、その來訪も數度に及んだ。早くから五條、十津川郷士等と氣脈を通じ、回天の策を計つてゐた。下辻又七宛の雲濱の書狀によつても、十分にそれを知りうるが、御一新變動期にかけて、多くの證據文書が湮滅に歸したと思へるから、それらが殘つてをれば、さらに多くの事實を知りうると思ふ。

等持院事件の三輪田綱一郎も、文久二年師走に五條を訪れ、こゝの志士の一同と大いに論じ、この時は乾十郎にも會うてゐる。

さて勝海舟の日記、文久三年六月十五日の條に、「大和浪人乾十郎大義企テノ事アリト塾中紀藩ノ者ニ密告スル者アリ、坂本新宮佐藤ノ三子ヲ遣シ詰責セシム」とあり、坂本とは龍馬である。十郎が大阪で新徵組に捕へられて、尻無川へ沈められんとしたのを、當時大阪にきてゐた勝安房がきゝ、十郎は殺すべき者でないと云うて救つたといふ話があるが、果してこの時のことかどうかは不明である。次に六月二十五日付で、林豹吉郎が、大津の志士西川耕藏に宛てた書狀に、乾、坂本等を中心とする志士の動靜が誌されてゐる。卽ち林が勝を大阪の旅館に訪うたところ、乾は坂本らの指圖ですでに二十日五條に歸つてゐた、よつて自分は二十二日五條に着くとある。その前後五條に歸つてゐた乾は、七月から天忠組の準備を開始したらしいが、一黨同志のうち竹下熊雄他數名は、すでに去年から五條にあり、岡見留次郎は目藥賣りを裝つて賀名生に入つてゐた。

節齋が十津川鄕兵を初めて調練したのは、安政元年であつたが、天忠組義擧には多くの門人が加つたけれど、自身はつひに加らず、森竹亭も亦加らなかつたのである。

中山忠光が五條に入る以前に、五條の同志はすでに義擧の準備をとゝのへ、乾は十津川鄕へも勸誘に努めてゐた。「近世野史」中の「大和義擧事略」によれば、十郎は六月中旬より七月中旬まで五條にをり、そのうち他出してゐたが、八月十日頃に又五條へ歸つてきた。竹下は去年五條にあり、那須信吾、林豹吉郎も一擧以前より五條に來てゐたとある。かうして五條一擧の準備は、一黨を迎へるために、乾を中心に行はれてゐた。これは場所の整備であるが、重大な役割である。

草莽浪人の義擧によつて、尊王討幕の目標を明白にしたのが天忠組の精神である。この討幕を云ふことは、今なら何ほどでもないやうだが、これを一度立つて天下に叫ぶことは、實に容易ならぬことであり、この決斷はみな神意の智恵に發するものであつた。この一擧あつて、尊王攘夷の國論は尊王討幕へと具體化したのである。

しかしこの決意の根柢となつた忠義至誠は、曚昧の里民にも通じ、吉村虎太郎討死のあとに、墓を立てた時は、誰云ふとなく天忠吉村大神儀と唱へ、參詣人群集したと云はれてゐる。

なほ十津川の記錄によれば、鄕士の一隊百名が、初めて親兵に召されるについて上京せんとし、五條に到着したのは十二日、翌十三日五條を發す。途中河內三日市に一泊し、十四日大阪八軒屋に着いた。天忠組が五條に入つたのは十七日だつた。

この一隊と天忠組が途中で出會した時のことは想像の外であるが、或ひは乾はこれの出會を考へてゐたのではないかとも考へられる。鄕士は十五日入京した。親征の御沙汰は十三日に發せられたが、既に風聞ではこれを阻止し奉らんとする計畫ありと云ひ、中山忠光が三條實美に決斷をうながした事情はこゝにあつた。

一方上京した十津川郷兵は、自分らを統率すべき人々が、一朝にして逆心ありと目され、七卿みな長州に逃れた。こゝに於て一同茫然自失したのは、無理からぬことである。十五日上京し十八日政界一變したのである。しかるに一方郷内に於ては、郷士親兵の件とつながりある系統の中山卿が、敕命をとなへて五條に入り、ついで十津川に郷兵を募集した。當時の郷士の状態を考へるなら、茫然自失するのが當然であり、すでに初めに自失した者が、去就に彷徨困憊するのも止むを得ない。

天忠組が直接十津川郷兵を募つた時は、吉村虎太郎が責任者となつてゐるが、實際は乾が當つた。その間京都の形勢はすでに一定し、上京郷兵らは、改めて兩傳奏の支配下に入る旨、仰出され、九月五日には十津川郷に對し、浪士追討の敕命が下され、又中川宮よりも親しく御諭があつた。すでに十津川郷は直轄地となつてゐたから、特にこの敕命が下されたのである。こゝに於て在京郷士は、追討軍の包圍陣を漸くに抜いて、より〳〵歸郷し、御沙汰を奉ずるについての方針を議す。郷内一般はなほ敕旨いづれにあるやを知らない、しかも義軍は谷瀬武藏二村を以て終焉地とする方針の如く思はれた。こゝに於て京都より御沙汰を拜して歸郷した者らは、伴林光平に會見し、義軍の撤囘を希望し、反覆議論の末光平は終に止むことなしとして、十郎と共に主將にこの事情を傳へた。義軍中にも脱出再起の意が多かつたので、つひに郷内脱出に決定す。この日京都より歸郷した郷士の人々は、十六日郷内各村の代表を池穴村に集め、先に五日に拜受した浪士追討の御沙汰書を初めて拜展し、在郷の者に示した。一同はこゝに到つて初めて事情を了承し又愕然とした。しかるにこの會合中に、天忠組討伐の諸藩の兵が、既に十津川郷に迫つたとの報入り、郷士代表が急ぎこれに面接したところ、帯命と稱して兵をひかず、村家を燒いた。各道又兵を郷内に進め、その侵入兵員數千名に及んで暴虐をたくましくした。二十七日に到り藤堂藩寄手は、二十一日付の御沙汰書を拜した。これは、十津川郷士が違勅の罪を犯し朝敵たらざるやう、努めて説服せよとの御沙汰である。時既に浪士は郷内を脱出してゐるので、藤堂藩はこゝに於て兵を收め、郡山藩また此にならふ。たゞ紀州彦根二藩は兵をひかず、亂暴狼藉を極めた。その態度陋劣であつた。郷士よつてこの由中川宮に訴へ出た。こゝに於て郷内鎭撫の勅使が下さる。勅使護衞は在京郷士を案内とし、薩藩土州藩及び藤堂藩が命ぜられた。同時に郷士の罪悉く赦免せられ、捕縛者は釋放され、又燒失民家には補償金を下すやう、紀藩に命ぜられ、親藩の威令すでに悉く失墜した。こゝに郷士の罪とは、浪士に加擔したことを云ふのである。

ところが十一月一日、高取藩植村より、十津川郷支配は當分高取藩でなすにつき、右請書を提出するやう通告してきた。これよりさき追討軍が郷内に迫つた時、紀州藩では、丹生川上の陣中より勸降書を送り、川上本陣に降參して來り、紀藩に隷屬することを誓ふなら、天朝幕府の間に周旋すべしと申してきたことがあり、一二これに心動した者もあつたが、郷全體はこれを拒絶したといふことがあつたが、今又高取藩よりの右の如き觸書があつた。長殿村ではこれを抑留して郷内に傳へず、傳奏方にうかがつたところ、その事實なしとのことゆゑ、觸書は直ちに高取藩へ返却した。かくて朝廷直轄地としての面目を維持したのである。これが十津川郷の一擧顛末の大略である。

さて乾は十津川を脱走し、妻子は紀藩に捕へられたが、間もなく朝命によつて郷民と共に赦免された。十郎が大阪に潜伏中は、その家に同居したか否かは不明だが、ともかく大阪で再會してゐる。十郎の斬られたのは元治元年七月二十日で、天忠組同志十四人を初めとし、國事に關係する志士三十三人が、同日未刻より申半刻の間迄に悉く斬られた。七月十九日は蛤御門の變起り、京都大火し、その火勢堀川獄に及ばんとしたからと云うて、この慘虐をあへてしたのである。志士たちの遺骸は二條西刑場の傍に埋めたが、御一新の後に東山靈山に改葬された。又五條にも一基の石碑あり、これは十郎後妻の建立で、後妻は後吉野郡宗檜村の畠山氏に嫁した。當時草莽志士の家庭の複雑にして、末路悲慘だつたことは又止むを得ない。彼らには家事を思ふ暇がなかつたのである。

橋本若狭傳

橋本若狭、初め藤藏と云ふ、綱幸と稱す。郷士益田藤左衞門の第四子にして、文政五年十二月十日宇智郡瀧村に生る。萬延元年三月、吉野郡長谷丹生川上神社の祠官橋本信政に養はれ、後その職をつぐ。幼より武技を修め、自ら一派を起し、二葉天明流と號す。つとに勤皇の念深く囘天の志あり。武術修業と稱して四方に周遊し、各藩の形勢國情をさぐる。

歸郷して即ち練武場を設け、郷黨子弟に武技を教へ、また皇室の式微を慨き、勤皇の志を鼓吹す。文久元年江戸に遊ぶや、深く志士と交る。つひに幕吏に追はれ、常野の間に潛行しつゝ、漸くにして郷に歸れり。

文久三年八月天忠組五條に起るや、同志中井元定、欣求寺良嚴等と共にこれに赴き、中山首將に謁す。主將義軍の趣旨を説き、その勝利を丹生川上神社に祈禱せんことを囑す。若狹歸つて郷黨に事を告ぐ。時に八月二十二日なりき。偶々報ずるものあり、八月十八日の政變を以てす。會する一同愕然たり。若狹即ち楠公孤軍忠戰の例を説き、諸君努力して隣國の故人に恥ぢざらんことを期せよと、云ふ。衆これを聞きて大いに振ふ。翌二十三日、若狹再び五條に到り、今や廟議一變す追討の軍必ず近日中に四邊に迫るべし、即ち教書を得て郷黨に同志を募らんと乞ふ。主將此を許し、田所勝次郎、楠田復馬を副へて募兵を囑す。若狹同志をして募兵に當らしめ、自らは禊齋して社頭に祈禱し、五晝夜止まず。去るほどに五條の本陣にあつては、十津川郷兵を初めとし、勤皇の志士の參加するもの千數百に及ぶ。然も國内の諸侯にして應ずるもの一人もなし。すでに追討の諸藩、紀州、藤堂、彦根、郡山等大軍を催して來る。郷人怖るゝ色あり、時に若狹祭典を了して、出でて衆を勵し、廣梯、樺木、高岳に砲臺を築き、大砲をそなへ、郷兵をしてこれを守らしめ、自らは同志と共に天川辻本陣にゆく。時に九月四日也。七日大日川に奮戰して大いに藤堂藩兵を破る。この夜銀峰山の本陣に於て主將に謁す。翌八日には鳥尾坂を下つて、樺木峠を守る。藤堂勢急撃し、つひに義軍本陣に退くや、若狹また元定を伴つて椎原峯を攀ぢ、廣梯の砲臺に到る。時に郡山勢（柳澤氏）下市より來るを見る。卽ちこれを砲擊す。小泉勢（片桐氏）此を見て、椎原峠より廣梯に向ひ、味方の陣に向つて砲擊す。その支へ難きを知り、火を民家に放つて、敵の進路を遮斷し、自らは長谷の自宅に入る。若狹の家は砲陣を去る僅か二十町に過ぎず、しかもこの夜敵軍敢て來らず、若狹又大いに休息すと云ふ。

九日、彥根勢丹生の上流より川に沿つて西に下る。若狹、元政と銃手を率ゐてこれを邀擊す。固より衆寡敵せず。卽ち流に沿うて走り下る。彥根勢つひに丹生川上神社を燒く。この日銀峰山の本陣にても激戰あり、たま〳〵川上の火を見て來援す。時に若狹その家にあり、來援の者に朝來の戰況を語り、且つ今夜下市を夜襲すれば奇勝を得べしと云ふ。衆これに同じ、三十餘人して間道より下市に出づ。まづ敵の哨兵を殲滅し、途次全員を二隊に分ち、一體は千石橋を焚いて、郡山藩の援路を斷ち、若狹等の一隊は、下市の彥根藩宿營を襲ふ。敵大いに混亂し、烈風中に火を失す。こゝに於て討たるるもの數を知らず。兵糧軍器の捕獲駄馬十頭に及ぶ。世に天忠組の燒打と稱し、義擧中の快戰とす。

十日、若狹等、銀峰山の本陣に到る。この日再び藤堂勢に快勝す。既にして義軍漸く彈丸盡きて、勢を失ふ。天川辻に退き、つひに十津川をも去る。若狹主將に從つて逃れんとし、途に主將等と相失し、北山鄕白川村より伊勢に出づ。二十九日單身京都に出で、三上氏方に潛む。

同年十月十五日、平岡鳩平と、但馬の義擧に投ぜんとし共に京を發す。攝津埋谷村に到つて、一擧の終焉を聞き、また京にかへる。すでにして幕吏の偵察急なりしかば、同月二十三日、鳩平と共に三河國に走る。

十一月有栖川宮家前川茂行に頼つて上京し、翌元治元年三月大阪道頓堀に一戸を構へ、材木商と稱して、實は同志の會合謀議に當つ。その歳冬十一月二十九日事露れて捕縛せられ、京都六角獄に繋がる。後慶應元年六月斬らる。その日未だ詳かならず。時に年四十四。明治三十一年七月四日特旨を以て正五位を追贈せられぬ。

○

橋本若狹も一箇の英雄であつた。時をうれば十分爲すあるの人物であつた。つとに武技に長じ、戰略あり、統率の人望にも缺けるものがなかつた。出身の神官たること、及び、丹生川上といふ、國内有數の大社の祠人だつたことが、その人物の特色である。卽ちこれは天忠組が草莽全階級の勤皇忠義心を倂せた結集だつた大事實を一段とつよめるものである。しかも彼は欣求寺良嚴の如き法師をも天忠組に加へてゐる。事件關係の僧侶では、高野山の僧兵で武術師範だつた三寶院實之助は、紀州藩の第二陣を率ゐて出兵したが、天忠組の精神に早くより共鳴し、陣中よりこれに內應して、紀藩兵に同志討を演ぜしめ、紀勢はこのために大敗した。この實之助は天忠組に加りはしなかつたが、奇策を以て、幕軍を內より自滅せしめんとしたもので、一黨傍系の快男子である。

神武天皇御東征以來の由緒をもつ、川上神社の祠官だつたことは、若狹が勤皇の志を立てる原因であつた。けだしこれは當然のことであらう。しかもこの人の行動の全體が、壯快にして豪放、實に老志士の風格に滿ちてゐる。思想行動のいづれもが、さすがに有志の神官だけに一貫してゐた。その歿年の齢四十四、義擧の日、四十二といふのは、天忠組中に於ても長老に位してゐる。

伴林光平の五十一、藤本鐵石の四十八、林豹吉郎の四十六、これにつゞくのが、若狹の四十二である。これについで水郡善之祐の三十八、乾十郎の三十六、那須眞吾の三十五となる。三十五以下三十代はすでに多い。

光平はもと僧家の人、國學を學んで還俗した。史上有數の歌人でまた學者である。鐵石も濃厚な文人肌の人で、その志は聖に近い。豹吉郎は山村の鑄物師の子、國難を知つて、海防の緊急を思ひ、學に志したが、砲術を知らんとして、まづ蘭學を學んだ。苦學によつて學んだのである。若狹は既に云ふ如く大社の祠官である。民間草莽より出た志士が、齢長じてゐたことは、彼らの志操の深さを思はせる。のみならずこれらによつて天忠組の一擧を見る時、この一擧の眞の根柢が、如何に深い草莽の熱禱に發したかに驚くべきものがある。しかもこの全階層の志の結集は、若干の人々の遊說の才によるものではない。すべては國民の心底にもつ國がらの熱禱がおのづから集り、おのづからに發したものである。この熱禱の自ら發する事業は、回天の周旋斡旋の才略とは、別箇の精神の高所に存するものである。この大衆の同志組織を形成せんとすることは、一朝一夕の勞によつてなしうるものでなく、又事實としても容易ならぬことである。しかも我々がこゝに驚嘆すべきことは、一擧の外相より內部をのぞいたとき、この全員の構成を、組織として見るなら、國民の全階層をふくみ、しかもその組織におのづからの精巧のあることであつた。この事實こそが國ぶりの現れであり、又我が人心のおのづからなものの表現である。卽ち維新の原理はこの天造性にある。

天忠組の兵政の方略や情勢觀や運行論は、別に云々する者があらう。我々の感慨するところは、この事件が自身によつて表した精巧な國がらの道の現れである。政治論的な組織のことでなく、人心の現れとしての道である。これは直ちに國體の道を現し、歴史を示してくれる。かくの如く草莽各階層を網羅することは、人爲人工によつて考へられた政治的組織論のなしうるところでない。それは例へなし得ても、一回の會議構成に終るものであらう。これを見て思想を考へるなら、こゝに政治的組織論と發想の異るものがあり、これは人工に對する天造の差である。天忠組はおのづからの道たるものを根本としてゐるのである。こゝに天忠組の根柢を理解する本義がある。

またその意味から、この行動自體のもつ思想的意味が、この擧の維新發祥たる實を示すのである。討幕の眞の先驅であつたものは、實にまたわが維新思想の近世の壓卷であつた。我々はこの事件行動の中にその思想をよむべきである。これを單に政治運動と見る者は、その革新論的發想のゆゑに、未しいものと云ふべきである。この間の考へ方、見方の區別分辨は、今日でもなほ明確と云へないことを、私は遺憾とするのである。

この一擧について、政治的成果としての期待は、當事者にも稀薄だつたと思ふ。彼らは人にたよつたのでなく、己を任じたのでもない。爲さねばならぬものを自らなしたのである。成敗を考へて、他人に依頼することも、要求することもなかつた。中山卿の建白進言いづれも依頼を示すものでなく、挺身實行、やむに止まれぬ大和だましひの事實をのべる。策を云ふ如くして、實に棄石たらんことを云うた點を解さねば、今日の志に於て事を謬る因となる。

御一新は實にこの線上に展開し、わが近世維新思想は、この線を源泉とするのである。のみならずその事の成否を考へても、その事件が失敗に歸したといふことは、單に非創造的な事後の判斷、功臣たらんとする者の判斷にすぎぬ。御一新の全史より見る時、このことは忽ちに納得されると思ふ。かりにその戰蹟について云うても、その奮戰力闘は最も好く戰はれた合戰の中の一つとして、史上に稱すべきものであらう。一黨中の分離對立をことさら考へる如きも、すでに己の觀點の問題である。行動の方針の根據をいづこにおくかによつて、さほど重大な缺點と云ひ得ないことがらである。

天忠組は、そのことがら自體の中に、歷史の豐富をもちつゝ、その思想信念は聖なる純粹だつた。すでに云ふ如く、一黨の各個人々々が、みな一流の達人であり、歌心にとみ、各々の行動に、風格をもつてゐたことがありがたいのである。近世史に於てさへ、天忠組ほどに豐富に歷史を思はせる事件は例がない。花實備り、悲しみの中にも、國ぶりの豐かさを思はせる事件であつた。その歌心につながるところに於て、風格は一つのものに貫かれる。わが國人の風格とは、すべて一つのものに貫道するのである。これも又個人主義的人間主義によつて恣議してはならぬ風雅の一つである。

田中主馬藏傳

田中主馬藏、諱は通胤、後に邦男と稱す。千葉周平の二男として、天保三年五月一日を以て、十津川郷上湯川に生る。後に田中氏を嗣ぐ。性剛直大量。武藝に長じ和歌をよくし詩賦に巧なりき。弱冠にして、兄正中と共に、紀伊田邊藩儒平松良藏の門に學び、傍ら撃劍を同藩柏木兵衛に習ふ。三年にして郷に歸る。嘉永外寇に當り、郷人野崎主計、深瀬繁理等と力を國家に效さんことを謀る。安政五年有志と共に上京し、諸藩の志士と交る。文久三年四月、十津川郷由緒復古の議を願ひ出づ。當時の述懐に曰く

みよしののよしのの山の薄紅葉いつか錦の色を見すらむ

五月十日中川宮より恩命を拜す。更に六月十一日、丸田監物、前田正之等と共に學習院に召され、朝廷に忠勤を勵むべき由の御沙汰を賜る。一同感奮し、以來禁闕守衛の任に當る。その年八月、大和義擧起るや、主馬藏、野崎主計、深瀬繁理等と郷兵を率ゐて之に應じ、各所に轉戰す。破るゝに當つて、九月紀藩兵に捕へられ和歌山に送らる。その獄中の詠に曰く

數ならぬ身にしあれども君がためつくす誠はたゆまじものを

十月に到り、朝旨によつて釋放せらる。よりて再び京阪の間に往來して、有志と交る。慶應元年閏五月、再び捕縛さる。京都奉行小栗下總守、守護職松平肥後守指揮と稱す。卽ち云ふ、水戸脫藩士鯉沼伊織來つて主馬藏と密議し、川瀨太宰、村井修理之進等と、吉野山なる後醍醐天皇尊像を奉じて擧兵を圖りし故なりと。或ひは云ふ、主馬藏、藤井織之助、前田正之等と共に、七卿を長州より召還せられんことを、議奏正親町三條卿に建言せしに由ると。翌二年四月十六日に到りて放還され、鄕に還りしが、獄中の疾患のため十二月家に病歿す。時に年三十五、明治三年十二月積年王事に勤勞せるを賞せられ、祭粢料として金三百兩を賜り、二十四年十二月、特旨を以て正五位を追贈せらる。

○

嘉永六年は、主馬藏二十歲である。從つて田邊へ出て文武を學んだのは、その以前であるから、幼少の時代である。兄の千葉正中は御一新後生存し、明治三十年に七十で死んだ。この人も好學の有志で、大正四年に正五位を追贈せられた。少年時代から、紀州、江戸にまで出て、文武を學んだ。十津川鄕士好學の風は、一つの傳統であらう。その方言も、山中にもかゝはらず、東武にも通ずるものがあると云はれるのは、かゝる結果と思ふ。

永井の千葉清宗は天保八年十八歲で、京師、江戸に學んでゐるし、その子貞幹は十三歲の時京都へ出て中沼了三の門に入つた。この中沼は後元治元年三月文武館の開設に當つて、敕をうけてこゝに下つてゐる。隱岐島後の人であつた。この文武館は孝明天皇の御取立の御沙汰を賜つたもので、今の文武館（十津川中學）の前身である。藤井織之助も十九の時江戸に出てゐる。中井庄五郎が上京したのは十七の時で、既にその强豪を怖れられ、土佐の坂本、中岡と交友厚く、彼が新撰組二十人餘の會合する中へ斬り込んで、闇中で敵數人を殺して自らも斬死したのは、僅か二十一の年であつた。二十歳以下で上京し、有志として國事に奔走した人も少くない。たゞ十津川は雄藩でなかつたから、功臣の列に加つた人はない。

日露戰役の時、奉天戰で戰死した陸軍中將前田隆禮が上京したのは十六歳の時、しかもその時天忠組の擧兵をきくと歸鄕し之に加つたといふ。以來明治の戰爭に每度加り、西南役には三大尉の一人と謳はれた。日清、日露とへて、つひに陣中に倒れたのである。

このやうに十津川鄕の少年たちは、年少すでに志を立てて、京都江戸に出てゐる。今日でも小學生の修學旅行に出るのに、早朝に出發して、村を出るまでに、途中村內で一泊して、翌日になつて漸く村境を越えるといふほどに偏遠の地だから、古も今もさして不便さには變りなく、比較から云へば今の方が不便さを感ずるかもしれない。

しかも天惠に乏しく、米穀は殆ど產しない。さういふわけで明治二十二年八月の大洪水のあとで、北海道に分村として新十津川村を作つた。この分村は當時としては果敢な事業だつた。なほ、御一新の政治が排佛棄釋と決定すると、直ちに全鄕の寺院を一掃した。かういふ果敢なことの出來る鄕人だつたのである。

この新十津川村の拓開記は、銘記すべき近代の大事業の一つで、時に御下賜金を拜してゐる。移住者は六百戶二千五百人で、開墾と云うても、今日のやうな技術もなく、全く原始的なものであつた。その分村出發に當つてなした誓約の第一條には「一致團結して勤王の由緒を相續すること」とあり、次に下賜の土地、財産のことを云うて、その後へ「學校を立てて教育を盛にすること」といふ條目をあげてゐる。この趣旨のために何よりも教育をさかんにするといふのである。

この「勤王の由緒の相續」といふことが、彼ら鄕人の生命であつて、あらゆる事業も決心もそこから生れた。「勤王の由緒を相續する」といふことは、意志からくる自負である。特殊なやうに考へられぬこともないが、しかしこれこそ、わが國民すべてに共通する自負であらねばならない。何となれば我々は誰だつて「勤王の由緒」をもつてゐるのであつて、これは血統を考へると直ちに判ることである。さうして「勤王の由緒の相續」といふことは、古來より日本人の思想の根本である。又歴史の道である。

さて主馬藏が二十歳で京都に出て、國事に奔走したといふやうなことも、かういふ鄕士の心持からみれば、實は多少志のある者の思ふ、何でもないことであつた。當時では、大藩の志士の傑物なら、二十歳の青年で、よく國事を周旋し、時局を動かすほどの狀態であつた。さういふ事實の原因がどこにあつたか、これは明らかでないが、少くともかういふ事實が、御一新前後の國難をよくきりひらいた一因であつた。

しかしこの原因を考へると、封建制とか武家といふものの制度にあつたと思へる點も若干ある。元寇の時の時宗も青年であつたが、北條の執權は大略二十代が多く、三十餘にもなると、養老と誌して隱居してゐる。時賴が隱退したのもその年ごろで、最明寺殿物語でみると、水戸黄門ほどの白髪老人を聯想しがちだが、歿年さへ三十七、出家したのは二十三の年である。北條の執權はみな年少であつて、その原因は知らぬが、これが事實である。だから比較的彼らはものを素樸に考へ、しかもそれによつて十分思ひ切つたことをなしてゐた。國事の責任者の年少には一長一短あるが、非常の日には年少が國を支へた。

建武延元の忠臣にしても、大略三十代である。新田義貞にしても、その戰死したのが、三十七歳、公が關東を平定して、鎌倉を陷れ、北條の覇府を殲滅したのは三十二歳である。この年に足利高氏が幾歳だつたかといふと、僅か二十八歳である。卽ち若年はあへて北條の執權のみではないのである。顯家、正行の年齢となると云ふまでもない。顯家が、義良親王を奉じて陸奥全國を心服させ、五萬の大軍を白河へ集めた時は、勿論これは大御稜威によるが、漸く今の中學を出た年配だつた。しかも十分に考へたいことは、大御稜威は、今の世には、その現れが古よりいよいよ旺んだといふことである。しかも明日のその顯れは今よりいよ〳〵旺んなものであらねばならぬ。

さらに大化改新の時の重要人物の年齢を考へてみるのもよいし、明治維新なら、これは誰だつて知つてゐる。すべて史蹟を語る者は、歴史上の大人物が、彼らの決定的な大事業を完成した時を云ふに當つて、その年齢を必ず記すやうにすべきであると私は考へてゐる。これは青少年を感奮興起せしめると共に、自然の理を知らない者共を多少でも反省せしめ得るのでないかと考へるからである。

しかしながら老年のゆゑに尊い人物がある。大化の改新に於ける青年は、後に單なる功臣となり、明治維新に於ける青年も大むね功臣となり下つた。しかし大化の蘇我石川麻呂、建武の楠木正成、明治の西郷隆盛らは、志みな孤忠の臣である。彼らは壮年でなく老年であつた。しかし明治元年隆盛は四十二歳、正成と石川麻呂は、いづれもその薨去の歳が四十歳餘五十歳以下であつた。建武の時の藤房卿も四十歳に達しない年配であつた。

けれどもこれらは一般的に斷言してゐるのではない。藝術家の方を見ると、探幽は青年の日に描いたあの雄渾な繪を中年以後に忘れたが、芭蕉は壯年期以後に芭蕉らしくなり、近松、蕪村、近くは鐵齋らは、みな六十七十以上になつて、偉大な藝術を作つてゐる。これらの人には、その老年時代がなければ、大いに困るものである。しかしこれを以てみれば、藝術は生命がけの人工のやうで、やはり天造に従つてゆくのどかな事業とも思ふ。もつと露骨に生命をすりへらす大事業は、やはり青年のものであらう。さういふ意味で、北條の執權が三十五位になつて、養レ老と稱したことに多少の意味が感じられる。けだし彼が執權となるについては、必ず幕府の内爭を壓へ、必ずその一代前の功臣の一族を討ちとらねばならなかつたのである。これも事實である。けだし彼らが生理を惡用したのは云ふまでもない。

義貞が高氏に破れた一原因は、義貞がすでに困憊してゐたからである。困憊するだけの全智全能をかけた一期の大合戰に完勝してゐたのである。往時の合戰の大將の立場と精神とは、近代戰の作戰統率とは大いにちがふものがある。秀吉ほどの振古未曾有の英雄でさへ、九年間の戰ののちには、殆ど意力の大半を喪失してゐた如く見える。

門閥時代に於て若手の大物が出るのは、理由あるが、門閥崩壊の動亂時代に於ても、二十代三十代が、時代を壓してゐる。これはわが歴史の表面現象であつた。卽ち古來より云ふ、三十にして立つといふことは、一國一城の主たることであつたと云ひうるほどで、三十にして一城の主とならなかつたやうな人物で、天下の人心を動したものはなかつたのである。しかし我々の臣民のみちは必ずしも三十にして一國一城の主となる必要はなく、馬上に天下をうかがふものではないが、古とひき較べて、かやうな點で近代は一變してゐて、今日二十歳では代議士となる資格もない。

さきにも申したやうに、私は歴史の教育に於ては、必ずその人の大事業に當つた年齢をまづあげてから、史論を教へるやうにしたいと希望してゐる。それは少年の感奮興起に資するし、同時に年長じた者には、さらに大器晩成の希望をも與へるものである。史上の事實は、必ず一方の謀略者に資するものでないといふことは、この年齢明示の一事が同時に二つの希望と感奮を與へる一事を以てみてもわかる。

天忠組の人々をみても、主將中山忠光は十九歳、しかも風采態度堂々の大將だつたことは、實見者の囘顧談である。又その遺墨をみても、めづらしい英雄の書である。奎堂松本謙三郎はやゝ長じて三十三歳だが、同じく三總裁の一人土佐の吉村虎太郎は二十七歳、河内の水郡善之祐の一子榮太郎の如き、父の大義の門出を見送ることは出來ない、必ず生死を共にすると云うて、その軍に從つたのが僅か十三歳。しかも河内勢はみな農人であつたが、つねに勇奮第一線を守つて、善之祐の豪勇は今も傳へられてゐる。勇は武術に非ず、至誠であると思はれる。榮太郎の如きもよく槍を振うて敵を倒してゐる。源平の合戰記に出てくる若武者の中にも、これほどに勇敢の美少年はなかつた。父と云ひ子と云ひ、思ふだけでも涙の出るやうな美しい物語である。しかも物語の根柢が、大義無類であるから、白虎隊の少年の如きは、榮太郎のこの日の志の脚下にも及ばぬのである。榮太郎も紀藩に捕へられたが、一黨斬首の時には、未丁年者として釋放され、御一新後に官吏となつた。しかし晩年のことは知らぬけれど、義擧加盟の時の志は、物語史蹟として、國の寶と云ふべきものである。光平も「南山踏雲錄」中でこの少年を大いに推賞してゐる。

まことに、歴史の事實は、人爲の論のために私用することの能はぬものである。青年一國の重きに任じた人々のある一方で、宣長、信友の如き人々は、三十のころに初めて志を立ててゐるし、雅澄は三十四歳老を感じたと云ひ、しかもその翌年より「萬葉集古義」に筆をおろし初めたことは、實に掬すべき話題である。さらに伴林光平の如き、義擧に加つた時五十一、鐵石又四十八であつたから、まことに生命の道は年齡を超越してゐるのである。

さて主馬藏は、鄕士中の一方の領袖であつたが、野崎、深瀨と共に鄕士を率ゐて、天忠組に加つた一人である。その後になつて、野崎は絶對感の中で自刃し、深瀨は主將以下の脫出の案内をすませた後、不幸藤堂藩兵に捕へられ、そのまゝ北上山中で斬られた。しかし深瀨もその以前より自刃の決心をしてゐたと云はれてゐる。主馬藏は最後まで一黨に殘つてゐて、紀藩兵に捕へられた。それが釋放された理由は內實は複雜だが、表面上は十津川郷兵釋放の朝命によつてゐる。

事件後京都からは、郷內鎭撫使が派遣されたが、これは郷內侵入の藩兵を抑へ、郷士には何の處分もなかつた。この時千葉正中等大いに奔走したが、それが奏功するだけの時代だつたのである。またこれは既に事件渦中の政治的意向であつた。今から考へると、この勤皇の義擧を兵力で鎭定する武威に不安があつたのである。それ故如何にして千數百の十津川郷士を分離して、義軍を自滅に導くかゞ時の公武派の情勢觀だつたが、勿論この考へ方は情勢觀としてさうだらうと思ふ。たゞこの事情を義軍では、さほどに自負してゐなかつたし、信念はあつても情勢の方に對してはやはり不安が多かつた。彼らの主腦も、長州へ脫走することを目標にしてゐた形勢が多いのである。これに第一に不滿をもつたのは、河內勢だつたとも云ふ。河內の農民たちだから、實に驚くべきことである。

かやうなわけで名分上の追討軍に對しては、努めて十津川郷士を敵とせざるやうに諭され、高取藩の手に歸した十津川郷士の捕虜は直ちに釋放せしめ、あまつさへ名分上は叛軍となつた天忠組に加つてゐる十津川郷士に、叛軍追討の朝命さへ發せられてゐる。この情勢に於て、野崎が默々として自決したといふことは、態度明快で、その沈痛の志は、これを十分顯彰すべきことと私は思ふ。名分上堂々としてゐる筈の討伐中さへかうであつたが、事變落着後にも、もはや幕府には何の威力も示し得なかつた。また義軍を攻めた諸藩がみな、內心では心持ためらつてゐた事情は、藤堂藩の建白書や、當面の高取藩の不安な態度に明白に出てゐる。かうして討幕を堂々と宣言し、あまつさへ名分上の叛軍となつた一揆に對し、幕府はその名分をかざして、威力を示すことさへすでに出來なかつた。こゝに於て精神上の維新が局部的には露はに行はれてゐたわけである。

しかし事變關係の十津川鄕士だけが、みな釋放せられたのは、禁裏直轄地の民といふ理由と共に、さきに追討の朝命を賜つてゐる十津川鄕士に、賊名を蒙らせ得ぬといふ名分上からの理由もあつたものであらう。

しかし主馬藏の放免後には、若干心苦しい事件が附隨してゐた。それは弟の勇之進が、水郡一派の河內勢に對してとつた行爲である。そのさき勇之進は、水郡等河內一黨に對して、極めて卑怯な態度をとつてゐる。しかもその時の勇之進の考へは、それによつて主馬藏の罪を償はうといふ思案から出たやうであつた。これは鄕士の歷史から云うても、大いに遺憾なことで、主馬藏も心慰めなかつたことと思ふ。主馬藏は十津川鄕が、朝命を奉じて義軍と斷然袂別することに決したのちも、最後まで天忠組にふみとゞまつたほどの人物だつただけに、兄の心を思はぬ弟の態度に、血涙を流したこと、思はれる。だから主馬藏が紀藩から釋放されたときには、一面からいへば、大きい疑惑と悲劇の陰影の中にゐたと想像せられるのである。人がさやうに遇さずとも、自らそれを思うて、耐へ難いものがあつただらうと思はれる。

しかし本人のその心情の少も疑はれなかつたといふ證據は少くない。さういふ點で、わるい境涯の中にゐただけに、それをはらひのけるに足る、人格上すぐれたもののあつた人物だといふことが明らかである。さうして不屈不倒、次の行動を立てた。これはこの一黨に共通する精神である。

慶應元年正月、土佐の濱田辰彌が十津川郷に亡命してきた時にも、主馬藏にたより、主馬藏がこれをひきうけて、濱田は田中顯助と名乘つてゐた。濱田は天忠組の名高い勇士那須信吾の血縁である。云ふまでもないと思ふが、この濱田辰彌は後の田中光顯である。

田中光顯はかういふ關係で、高野山義擧には、一方の隊長として、十津川郷兵と行動をともにした。高野山義擧といふのは、鳥羽伏見の戰の前後に、高野山に據つて、紀州藩を抑へ、大阪城を威壓したもので、鷲尾侍從が内敕をうけ、十津川、土佐、その他の有志と共に慶應三年十二月こゝに上る。時に郷士の加るもの六百五十人、軍の主力として、又一軍の重役も殆ど郷士であつた。遂に兵を發しなかつたが、その任を完うしたのである。

この濱田の亡命してきた年の閏五月に、主馬藏は再び捕縛せられた。その原因は、傳記に云ふ如く、二つの説がある。しかも後醍醐天皇の御尊像を奉じて擧兵するといふのは、如何なることとか、異常なことと思はる。この事件の一人の首謀となつたと云はれる水戸浪士鯉沼伊織は、後の香川敬三である。又七卿のことについての周旋は、坂本龍馬、小松帶刀と共に計畫したとも云ふ。

天忠組に關係あつた十津川郷士の領袖中で、野崎の悲劇と、深瀨の苦衷は、すでに云うたが、主馬藏の苦惱は、それらに劣らなかつた。しかも前二者は、郷民の意向と義軍の中間に立ち、郷民として朝命に從ふべきか、義軍として賊名を一時蒙るかの斷崖におかれて態度を求められたものである。しかもすでに郷民に對しては、浪士討伐の朝命が下されてゐる。さらに郷内が朝命に從ふためには、率先して義軍を脫走せねばならぬといふ情態におかれてゐた。さらに朝命と共に、中川宮の令旨が、懇切に十津川郷士の天忠組からの離別を諭されてゐるのである。それは野崎等に對し、離脫を決行せよとの教書だつたわけである。ところが主馬藏は、野崎の決斷によつて一郷の歸趨を決した後も、單獨義黨に殘留してゐたのである。さういふ事情だつたから、その弟が河內勢にとつた態度は實に心に苦しかつたことと思ふ。情勢が疑惑的になれば、兄の心事さへ疑はれる可能性があつたわけで、一層その心中は氣の毒である。

かうして大和義擧に關係した十津川郷の三人の大立物は、各々の形で、切ない苦惱を味つてゐる。かういふことは必ず、さういふ一大事にはつきまとふにちがひないことだが、それだけに、これらの人々の志のほどは尊いものに思はれる。藤本眞金の「腹黒き鮎の子」の歌は今日でもかなりさかんに口にされるが、さういふ影にあつた苦衷を察しなければ、困ることが起る。あらゆる面から云うて、十津川郷を辯護することにはことかゝないが、そのことについては一言も誰も云はなかつた。云ふ必要がないほどに、人心が美しいことを考へてゐられたからである。

たゞ我々もこゝで、三人の郷士の大立物のもつた苦衷をだけあらかた云うたのみである。村と云ひ郷士といふ單位の思想は、藩などといふものと異つて、本質的な國の基幹である。十津川郷のその日の大問題は、國家、郷土、家の三者の上にあつた。十津川郷の勤王由緒の相續は、郷士の歷史であつて、この考へ方と事實は日本中に共通する。藩といふ思想と、この郷士といふ思想とは、國がらとして、又歴史として異るもので、藩といふ思想は、わが國がらから云うて決して絶對のものでない。

脱藩士の心持と、離郷郷士の情とでは、多少異るものがあらうし、在郷の郷士の思ひも、いづれからも、當時では殆ど解されなかつたのではないかと思ふ。郷士といふものが深く考へられるのは、むしろ御一新以後であらうし、草莽の思ふ維新が、郷士に結ばれることは、近代に於て深いわけである。郷士は草莽の母胎であるが、これは封建の思想では、國がらの大事として、深く考へられなかつたのである。今日でも知識人の本體をなす國際的性格といふものは、主として郷土からの意識的及び結果的隔離といふことが要素だつた。それが進んで家からの隔離とならうとする趨勢にあつたものを、何らかの形で漸次舊に復さうとするところに、今日の我々の思想上の課題の一つがあるのである。

十津川郷士は、みな郷士を背景とし、又母胎にして京阪に活躍したといふ點で、御一新史の異色であり、その始末については、今日と將來の思想問題として考へるべきものが多い。さうしてこゝではその郷士の三人の領袖のうけた、各自に於て形の異る悲劇を例として、その志と、悲劇の本質についての暗示を云ふにとゞめるものである。

慶應二年四月、主馬藏は京都獄中以來の病患のため、放免の後の、その年の暮につひに病歿してゐる。身心ともに疲勞困憊してゐたさまが、眼のあたりに味へるほどに、この最後は悲痛であつた。

主馬藏は歌も詩も秀れてゐる。本傳中で獄中の歌と云うたのは、京獄のものかも知れぬ。

京の獄中薬液で誌したといふ歌集が殘つてゐる由である。

かゝりける繩目の恥はかさぬともなゝよの後のふみにすゝがむ

天皇の邊にふきよせよ浪の上にたゞよふ船は我身なりけり

天津神あはれみたまへ盡しこしまこともあだと亂れゆく世を

これらは志を云ふものだが、獄中にあつて吉野の春を思ふ作などには、その状態を味ふと涙の出るやうなものがある。また辭世作も、志の深いものである。

ことかたの黄泉ひら阪こゆるともなほ君が世をまもらしものを

明治二十四年、野崎主計、深瀬繁理、田中主馬藏の三人に對し、同時に同じく正五位を追贈せられてゐる。さらにそのさきの明治三年にも、三士に祭粢料として、各々三百兩を賜つてゐるのである。畏きことながら、これを我らの凡愚の詩情を以て推慮するに、明治天皇の御聖慮に於かせられては、この三士の志を同じく憐れみ給うたものと拜せられる。まことに畏きことながら、そのことを思ふとき、聖恩深厚にして、鄕民の志を深くあはれみ給うたあとに感涙禁じ難いのである。

三枝蓊傳

三枝蓊は大和國添下郡椎木村淨蓮寺に生る。その出生の歳は一つに天保六年と云ふ。僧名を淨尙と云ひ、幼時は芳滿又は祥滿と名づく。國訓共に與志麻呂。別に眞洞と號し、後國事奔走の際、青木精一郎、又市川芳丸と變名す。幼にして穎悟、頗る强記、一覗一聞曾て遺れず、性澹泊にして、物に拘泥せず、大いに氣節あり。初め儒業を今村文吾に受け、詩賦文章の才あり。十數歳にして伴林光平の門に入り、歌道國學に專念すること數年。又藤本鐵石に南畫の法を受く。書法をよくし、篆刻に精しく、專ら武技擊劍を嗜む。夙に憂國慨世之志念厚く、上京して本願寺學寮に入るや、專ら顯紳有志と交り、更に佛事を顧みず。文久三年秋、天忠組南山稱兵に當つて、卽ち故寺を棄て、平岡鳩平と共に此に投ぜんとし、十七日五條に到達す。時に義軍五條代官襲擊中なりしが、敵邸門前に於て中山主將に謁し、爾來馬廻り近侍をつとむ。二十五日高取城朝駈に加りし際、伴林光平に向つて、行軍戰術の無謀を歎息せりと云ふ。義軍敗退する時、行方不明となる。乃ち因州に逃れ、同國の國學者飯田年平の家に匿る。陽に文事を弄し、陰に同志を募る。丁卯秋、浪花に來り薩摩堀願教寺に寓す。此冬鷲尾侍從內勅を奉し、義徒を率ゐて高野山に登り、十津川鄉士を召して、紀藩及び大阪を鎭す。時に水戸脫藩士香川敬三も黨中にあり、願教寺に來つて翁と會見し、依りて翁、野山に到る。ついで鷲尾侍從の命によつて京阪の間に出沒して、國事情報に畫策し、翌戊辰正月四日野山に復報す。既に鳥羽伏見の戰火、その前夜を以て發す。同月十日鷲尾侍從大阪に發向するや、翁同志五百六十人と野山本營を留守す。十六日總勢凱旋の時には、專ら輜重を掌り、歸京後も、侍從に從ひしが、その隊の親兵に編せられるや二月二十七日二條城に入る。これより先新政府外國和親を議決す。然るに先是神戸之事あり、つゞいて堺事件あつて、尊攘志士大いに心平かならず。同月晦日、外國使臣初めて參朝するや、蕣同志と共にこれを遮らんと欲す。しかるに計畫外に現れ、當日は警戒嚴重を極む。爲に有志會する能はず、止めんとす。蕣痛憤して止めず。卽ち城州桂村の人、朱雀操と二人のみ、英國公使パークスの行列を襲擊す、發せんとして歌つて曰く、

さきがけて散るや吉野の山櫻よしや憂き名を世にたつるとも

兩士よく奮戰す。蕣乃ち英之騎兵九人及び士官竝びに馬四頭を斬る。朱雀は警護の中井弘藏と戰ひ、中井負傷して僵るる時、列中の後藤象二郎傍より朱雀を斬る。蕣も亦重傷して捕へらる。三月四日、粟田口にて斬らる。時に年三十四歲。その辭世に曰く、

今はたゞ何を惜しまん國のため君のめぐみを身のあだにして

京都東山靈山にその碑あり。

○

三枝蕣の傳としてはこれ以上に明細なものはない。それは彼の事件の性質もあり、さらに天忠組は草莽の志士の一黨だつた上に、彼が民間の志士で、背景の藩をもたなかつたからその心持も殆ど顯彰されぬのである。多種多樣の人物を包合してゐたが、三枝蕣もその中異色ある一人であり、今日その傳を考へる必要を痛感させる人であつた。出身が眞宗の寺家である點は、その國學の師伴林光平と共通してゐる。その生涯は激烈純粹の一生だつた。しかも彼の書畫詩歌に秀でてゐたことも、この一黨に共通するもので、南山義擧が明確な思想的擧兵だつたことは、同志みなが、文雅に於て一流だつたことからも了解される。

この人々の各自の經歴をみようとする私の考へは、維新の根柢勢力が、すでに草莽に形成されてゐた事實を云ふ必要からである。舊來維新史は、つねに京都を舞臺とする雄藩の消長を中心とし、その間に周旋した志士の政治力のみをみてきた。私はさういふ狀態と活動を裏づけた草莽の力の方を、第一に眺めたい心持をもつてゐる。維新の思想が顯紳雄藩有志のみならず、すでに廣く草莽に及んでゆきわたり、天忠組志士の多數が、身分上で武士でなかつたといふ事實にも現れてゐる一般の地盤的事實は、大勢と云うてもよいが、これが當時の京都の政治界に於て、一草莽の祠官に過ぎなかつた眞木和泉が、僅かに長藩を背景として、公武合體派の聯合勢力に對抗し得た一原因とも考へられる。しかもこの眞木一人に對し、公武合體派は中川宮を中心と奉じて、會藩以下の大藩がすぐつて聯合してゐた。それは實にたゞ彼の和泉のもつ純忠の道の壓力によるのであるが、それが單なる政治力や周旋指導の思想としてばかりでなく、すでに草莽にひろがつて、士民百姓までもが、勤皇を知つてゐたといふこと、及びその思想が信念上で一勢力をなしてゐたことに、一大原因があつたと考へられる。このことは思想信念なき諸藩が、徒らに兵力を擁して、狼狽を極めた有樣を、御一新史に於て知るときに、深く悟り得ることであらう。天忠組を知る意義はこゝにある。しかも天忠組の中心人物は、文事書畫を業として、この思想を草莽に教へたのである。

天忠組義戰中、常に第一線に於て、大いに奮戰した河內勢はみな農であり、大和松山勢の中心の有志林豹吉郎の如きは、山間の一鑄物師の出であつた。卽ち祠官あり、僧侶あり、さらに農工商を併せてゐた。明治維新の劈頭の壯擧が、か丶る形で、全階級を併せた思想的國民的義擧だつたといふことは、非常に貴重なことで、私が鄕士列傳の稿に、註解を附けようと考へたことは、このことを明らかにし、さらにその始末を云ひたいからである。

この三枝の漢學の師だつた今村文吾は、大和安堵村の人で、中宮寺門跡の侍醫であつた。志勤皇に厚く、門人に漢學を敎へる時にも、必ずわが六國史を主として、左國史漢の類を從としてゐた。しかしその醫學の方では、蘭學をもとり入れてゐる。けだしさきの林が、早く海防を感じて、まづ蘭學を學んだ人である。彼は山間に生れ、海を生涯に見ぬやうな村民の中で、先づ海防を考へ、蘭學を學ばうと志した、か丶る點で草莽の考へ方といふものを悟るべきである。

文吾は早くから、光平とは同志として交つてゐた。當時中宮寺宮の家司は、上島掃部と云ひ、深い志のある人物であつたため、この三者はつねに往來して國事を慷慨し風雅を談じてゐた。さういふことがあつて、文吾は光平に乞うて、わが門人に國學の講義を依賴したのである。文吾は既に嘉永以前より、封建と幕府の非なることについて痛感し、安政五年間部詮勝入京のため、京都を逃れてきた多數の志士をかくまつたこともあつた。

文久三年八月には門人の三枝蓊、平岡鳩平が、南山の義擧に加つた。時に、自身は既に五十六歲、老いの上に病中にて行を伴にし得なかつたが、軍資のために奔走した。光平が南山から、討伐諸藩の圍をぬけて脫走した時にも、まづ今村を尋ね、文吾に對面しなかつたが、例の有名な遺書を殘して行つた。その後光平が岩船山で捕縛された由を聞いた時は、文吾は吐血昏倒したと云はれてゐる。以來又起つ能はず、文久四年正月四日「吾魂の行方やいづこ人問はゞ御はしの下にありと答へよ」といふ一首を辭世として、光平よりさきに瞑目した。この歌は當時の草莽志士の戀闕の情を現したよい歌である。申すまでもないが、「御階の櫻風そよぐなり」の御叡慮を體し、理と志の上では、魂魄とゞまつて皇宮を衞る意を云ふものだが、歌としては素直な戀闕の情の先んずるものがなつかしい。明治四十一年車駕南都に幸し給ふや、その十一月十三日文吾に對して特に正五位を贈らせ給うた。

三枝はこの今村の門弟であつて、光平にも師事してゐた。さうした關係で鐵石に畫を學ぶこととなつたのである。鐵石は當時は主として和州河内の間を往來して、光平とは友情厚かつた。文久三年八月南山義擧の時は、三枝は同じく兩翁の同門だつた法隆寺の平岡と共に、直ちにこれに驅けつけた。勿論義軍とはつとに契約あり、又五條の志士乾十郎と呼應してゐたのである。當時三枝は、青木精一郎とも、又市川清一郎とも稱した。この出發に當つて、平岡は大阪に出向いてゐた光平に通知し、光平を待つて法隆寺を出發する豫定を云ひ遣つた。されど伐つに心の忙がれるまゝに、青木、平岡の兩若者は、約束の時間まで待たず、さきに五條に驅けつけた。さうして兩人の云うてきた約束の時間をめざして、終夜を走つて生駒山十三峠を越えてきた光平が、漸く時間間際に到着してみると、すでに兩人は出發した後だつた。しかしそれでも光平はたゆむことなく、さらに休むこともなくして、急いでそのあとを追うた。

その時の光平は昨夜來睡つてゐないのだから、一睡して行くのも何ら不都合でないし、それが通常のことと思はれる。しかるに五十一歳の光平は、一休みもせずに同じくたゞ先を急いだ。光平の傳記でこゝを思ふ時、私は最も頭の下る尊い思ひがする。しかももしこゝで一休みして、後の始末まで考へてゐたなら、或ひは光平は義擧に加らないこととなつたかもしれぬのである。さらに加らうにも加り得ない情勢が一兩日中に來てゐるのである。

のみならず光平は貧しいとは云へ一家をなし、あまつさへ五十を越えた老齢である。中宮寺宮に出仕し、妻子は家にあり、さらに數百人の門弟を擁した國學の大家だつた。その人が平岡の妻から、三枝、平岡の先發を聞き平岡の置手紙をよみ終ると、この擧恐らく破れるであらうと明白に云うて、かたみの歌一首を彼女に書き與へたが、そのまゝ家にも寄らず、休みもせず、忽ちに五條へ向つて出發してゐる。その生活と身邊の條件を考へるなら、大事に當つてこれほどに明確純粋の態度をとつた人は、わが歴史上にも殆ど何人とないと思ふ。今の世にも殆ど少いであらう。のみならず、この二門弟は、言葉では云はなかつたが、先生の後事處置のための時間を殘しておいたのであらう。平岡はとかくの評があるが、さやうな世俗のことにも心の働く人物で、一大事に當つて、悠々たる點では青年の日より老成の風があつた。卽ちその師の事情をよく了知し、推察したから、さきに出發してゐたのであらう。しかるに翁は、その場から直ちに、昨夜來歩いてきた以上の道をめざして、再び門弟の後を追はれた。この心の準備の完全さに、私は殊に深く感銘するのである。身一つの青年なら、比較的樂になしうることだらうが、光平の如き場合は、言ふはさほどでもないが、決して誰にも行へるものではないのである。まことに尊い話である。

南山陣中の最後の評定に、都から從つてきた人々のみが加り、河内大和で加つた者が除外された時、ひそかに翁のもらしてゐるつぶやきも、この事情を思はねば正しく理解されない。その時に光平は、老人の蹶起の氣持には、若い人と少し違ふものもあるし、後からきた者にも、早くから從つてきた者に劣らぬ心遣があつたのだと云うてゐる。これは精神の上からも、具體の事實の上からも諾へる。光平がその日常の生活から、そのまゝ一刻の中絶もなく、新しい未知の異常の生き方へ入つて行つた經路を考へる時、この人ほどに志を生きる道を完全に行つた人の例は國史にも少いと思ふ。門弟が考へて作つて置いた餘裕にさへ、ふりむきもせず、たゞ大義のために急いだ。「うたで止むものならなくに」の御製を戴いて、討つに心急がれたのである。しかしこれは日常の生活が、常にはりつめてゐた證據だと思はれ、まさにこの態度こそ、己の日常に顧みる時、その何分かでも實現したいと思ふ今日の切實の祈願である。この日のことなどは、まことに先覺の偉大さを證する一例であるが、しかもその人には何ごとでもなく、一つの自然に過ぎないやうに現れてゐるのが、いよ〳〵尊いのである。その日の翁は一瞬も私事を思はれず、勿論生還の如何を考へることさへもなかつた。そのやうなことを考へて判斷したのでなく、自然に行つた。しかしこれは平素の修養によつて可能なことである。

かういふわけで三枝らは、光平より四時間ほど早く五條に到着してゐた。卽ちこの日、光平は前日夜半からぶつ通しに二十里近くを歩き、蓊らは朝來十里を歩いてゐる。

三枝が天忠組陣中から脫走したのは何時かは不明だが、鳩平が御一新後北畠治房と名のつてから、高取城攻めの時に、蓊が、光平翁に向つて、主腦の作戰を大いに罵つてゐたが、その後は陣中で會はなかつたと云うてゐる。これを信ずるべきであらうか。平岡、三枝はいづれも役割では伍長、下の階級だから、黨中行動はよくわからぬ。ともかく高取攻めは、訓練もされぬ新募の鄕兵を以て、しかも不眠不休の强行軍をしたあげくに、殆ど休息もせず、碌々飯も與へずに、たゞちに城攻に移つた。この作戰には、すでに一黨の軍師安積五郎が初めから反對したと云ふが、誰もが拙だと云うてゐる。城攻めでなく追擊戰の如く、事情多少焦つたせゐであらう、止むを得ぬ理はあつた。さうして吉野時代よりの要害として、その戰亂の百五十年、不落の名を得た山城を攻めるのに、坂の一本道を無理押しに攻め進んだ。しかも攻手は疲れ飢えてゐるが、城兵は要塞によつて、逸を以て待つ兵であつた。

その後三枝は如何にして行つたか因州に逃れ、飯田年平にたよつた。こゝでまた勤皇のために活動を始めてゐる。この年平は光平の傳記では重要な人で、光平の二十代よりの知人であつた。光平はこの人の父秀雄によつて國學の眼をひらかれたが、その子の年平とは義兄弟の約までなしてゐた。光平を諸平に紹介したのもこの秀雄であつた。三枝は師翁の舊知にたよつたのである。

三枝が因州を去つて上京し、大阪の願敎寺へきたのは、慶應四年秋だから、討幕密敕の下らうとする直前であつた。三枝もこの國政一變の氣運を知つて上阪したものであらう。願敎寺は、三枝のかつて屬してゐた派の寺だが、願敎寺は舊名で、後に廣敎寺と云うてゐる。光平も晩年には大和からこゝへ出張して、寺人や大阪の門人に國學歌道を講じてゐた。光平が義擧に出發した夜も、當寺で平岡からの使をうけとつたのである。さうしてこゝから直ちに法隆寺に立より、五條へ向つてゐる。その縁故の寺へ三枝は寄寓したわけである。

さて三枝がこの願敎寺にゐる時に、香川敬三が訪れて來て、高野山の一黨へひき出さうとした。この香川は水戸脱藩士で、御一新後は伯爵にまでなつてゐる。十津川郷士の田中主馬藏と、この以前にも事を擧げんと計つたことがあつて、和州志士とは縁故の深い人である。かうして三枝は高野山義擧の一員中に加つたが、主として京攝の間を往來して、情報蒐集に當つてゐたから、この點をみてもさういふ膽才から考へても、彼の人物だつたことが知られる。

高野山義擧といふのは、慶應三年十二月八日夜、侍從鷲尾隆聚に內敕が下され、十津川郷士を率ゐて紀州高野山へ出兵されたことで、在京諸藩有志も行に從つた。この事件は、今日ではあまり知られてゐないが、十二月八日と云へば、十二月九日に王政復古の諭告が出た重大な日で、そのための大會議は八日から九日の曉までつゞいてゐた。しかも王政復古發令は、さきの文久三年八月十八日の政變の際の方式のまゝで行はれ、まづ攝政以下議奏傳奏等の參朝を停め、宮門を嚴戒する、これは事情全く異るけれど、さきに公武派が行つた樣式を、今度は討幕派によつて斷行した。

高野山義擧の一黨はその前夜に都を立つたのだから、文久の時とは尊攘派勢力の根柢は一變して、すでに大政奉還のなつた後だけれど、萬一の場合には、この義擧も再び第二の天忠組となる可能性の一分はあつた。これに加つた志士は、主に脱藩在京の有志だつたが、土佐、水戸の志士が多く、この一團が高野山に據つて再び十津川郷士を呼ぶと、參集する者忽ち六百五十名に及んだ。しかしこの一黨は勇猛果敢な脱藩志士の集團だから、ある意味で京師を敬遠された形勢もあるのでないかと想像されるのである。この時の一黨中にはさきに云うた香川や田中光顯、中川忠純、大江卓、片岡利和等も加つてゐた。この一黨に加入させるために、香川は大阪に三枝を訪うてゐる。此時に十津川郷には御沙汰も下つた。さうして九日には王政復古の大號令が遂に發令せられたのである。

ところが一度大阪に退いた德川慶喜が、會津、桑名の兵を率ゐて京都に上らうとしたので、こゝにつひに鳥羽伏見の戰ひとなり、高野山義軍の立場が極めて重大となつた。元來この一黨の使命は、紀州藩を抑へ、大阪を牽制する點にあつたから、この正月三日夜鳥羽伏見の戰ひが始ると共に、三日には義軍に對して、大阪城を攻略せよとの命が發せられ、使者の齋原治一郎が京都より晝夜兼行で著陣した。背上に錦御旗と敕書を負うてゐた。ところが鳥羽伏見合戰は激戰ののち幕軍大敗し、六日夜慶喜は大阪に止り得ず、海路江戸に遁走した。そのさき京都からは、高野山官軍の大阪城攻擊を止める命令が發せられ、西郷隆盛の同趣旨の書束と同時に、十津川郷士中島磯之進、前倉右衞門使者としてとゞけられた。そこで義擧一同は紀和泉州の諸藩を鎭定する。次で十三日高野山を發し進んで大阪に入り、十六日大阪より上京、十七日拜謁を賜つて慰勞の御沙汰を拜し、翌日隆聚及び十津川郷士は金穀を賜つた。

この時義軍の大阪攻撃を止めしめたのは、隆盛の深い思慮で、時に大阪城には慶喜なほ數萬の幕兵を擁し、これを高野山軍が攻めることは不可能だつたし、萬一破れた時の混亂と、幕軍のもりかへしを警戒したのである。さて三枝は上京後もそのまゝ鷲尾侍從の南一番隊に加り、二月二十七日右の隊が親兵に徵せられた時二條城へ入つた。この時十津川鄕兵は別としたから、つまりさきの浪人隊を全部二條城へ入れたわけである。十二月以來の鷲尾侍從の所屬兵士は總てで千三百十八人と記錄されてゐる。

この正月九日に、征討大將軍嘉彰親王に外國事務總裁を兼ねしめ給うたが、十五日に到つて、大勢を察し、世變に隨ひ、「朝議之上、斷然和親條約被爲取結候」と申出され、但し舊條約の不可なるところは改める旨の布告が發せられた。さきの敕許は幕府勢力のなすところで、王政御一新ののちは、攘夷斷行と、信じてゐた純粹な人々は、この急變には大いに愕然とし、忘失したところだつた。しかしこゝに於て國策は一決したわけである。

ところがこのさき、西宮警備を命ぜられた備前藩士の一隊は、老臣日置忠尙に率ゐられて、四日岡山を發し、十一日神戶を通る時外國人と衝突した。事の起りは英人二名が禮をなさず、つゞいて佛水手が行列を横切つたことから、備前兵が發砲したのだが、藩兵は進んで居留地に向つて攻擊したので、英、佛、米の外國兵の一隊も出動した。このうち合ひで銃彈が公使館にもとんだのである。しかしそのまゝ物分れになつた小さい爭ひだつたが、この時、岡山藩兵は荷物をすてて逃げた。もつとも彼らは今度王政復古につき、必ず年來の攘夷が斷行されるものとの考へからしたことであると、論評した者もあつて、その意圖は奈邊にあるか知り難いが、一般世評では、備前藩士が、王政御一新後は攘夷斷行と內心に信じたことが、か丶る擧に出た因であると云ふ者が少くなかつたのである。それはともかくとして、非常に手ぎはの惡い合戰をして侮を買つた點もあつた。

ところが十五日には斷然和親條約締結といふことが布告され、東久世通禧が、岩下方平、寺島宗則、吉井德春、伊藤博文、片野瑜、陸奥宗光を從へて各國公使と會見した。これは十一日の事變を名目として、外國兵が神戶市街を警備し、その出入口を閉鎖し、あまつさへ日本船艦を拘留してゐることについて談判したものだが、この東久世の外交が對手の好感をかつて、大略決着した。かくして神戶の守備は、薩長二藩で當るといふことにして外國公使側も安心し、滿足の意を表した。この時のことをサトーは批評として「兼て德川役人共より聞及候には、公卿と申者は大低愚なりと、然るに今日の應接は、日本へ來りし已來、始て如此斷然たるを觀しなり」云々と云うてゐる。

しかし鳥羽伏見の戰の動亂をとらへて、たゞ斷然朝議を一變させたといふことが、舊來の尊攘の志士には不滿なものがあつた。これはさう考へる人々のもつ感覺が純粹だつたからであるし、さういふ草莽の純粹が、時勢囘復國威維持の根柢だつたことも明らかな事實である。さらに十一日の岡山藩士の事件の見苦しさといふことも、大いにこの人々の氣持に不滿だつた。一度は日本人の士氣を示しておかねばといふ形の慷慨も出てくる理由があつた。

のみならずこの意味は、外に對してばかりでなく、內に對しても働くもので、このことは今日の國勢からは想像できぬことだが、文久前後の異國人の日本觀や日本政策については、想像も出來ない不遜なものがあつて、今でこそ噴飯すべきであるが、當時の志士がそれに慷慨憤激したのは當然のことであつて、實例はあげたくない程である。ともあれ戊辰戰爭の當初に神戸が一時占領されたといふことは怖ろしいことであつた。かうした時に志士の憤激が純粹に現れたといふことは、決して情勢論だけから、その心と形を否定してはならぬし、又今日の立場から嗤ふことはない。その純粹派の行動は神州といふ觀念と、その原理についての考へ方に立脚し、純粹といふことも、それに根柢をおく純粹である。我々がこの純粹をさとると、激することと沈することとが、きはめて自然なものに他ならぬといふ理を知る。單に外侮といふだけでなく、我國の内に、夷兵に恐怖する新しい傾向が生れつゝあつたといふことも、これらの人々にとつて、憂ふるに足るだけの事實があつた。

一般的に當時の武士を見ても、若干の有志や、勤王雄藩は別として、大多數は殆ど武威に見るに足るものがなかつたことは、戊辰の諸藩の動靜のあとをみると直ちに感ずることである。しかしさういふことに對する心持は、すべて三枝の如くに現はさねばならぬといふいはれはないが、そのやうに現れることは一つの自然であり、誠心である。さうして至誠と純粹があれば、必ず國の爲めとなるといふ確信を、かういふ人々は不動に自然の發想としてもつてゐた。さらにかういふ純粹の意味と精神と價値が、文明開化派から一顧もされずに葬られるといふことは、まことに當然のことで、三枝らは神風連の過激な先驅である。

正月十六日、外國事務總裁嘉彰親王は、書を各國使臣に下し給ひ、親王以下の外國掛の任官を諭告し、又外國交際の事は悉く舊幕府締結の條約を遵守する由を申遣らる。さきの和親國是決定の敎書に於ては、舊幕府締結の條約はこれを改訂するとあつたが、なほそれは不可能だと、この時に察せられたからであらう。ところがこの日、佛、英、伊、亞、孛、蘭の六公使連署で、神戸事件について東久世に書を致す。その內容は、この事件につき、政府は書を以て陳謝し、將來を保證する、また責任者を死罪として處分せよとの申込みである。

十九日に到つて、政府は神戸事件の責任者備前藩老臣日置忠尙を召した。後刻忠尙は申狀を上る。但しその內容に於ては、すべてを不慮のことと云うて、攘夷國是の點を强辯するところはなかつた。この日外國事務總督伊達宗城等上京し、こゝに廷議はつひに外國公使團の申込みを全面的にうけ入れることと決し、二十日右を神戸にゐる東久世をして公使團に通告し、備前藩にも諭示した。この要求に對して、廟議の容易に決定しなかつたのは當然であるが、十九日つひに決定、二十日に布告して、備前藩に對しては强壓的に說諭することとした。かく內に强く、外に弱いといふことも、當時として止むないことで、今日の我々の痛憤する以上に血涙をのんだ有志は多かつた。

二月朔日、日置は再び神戸爭鬪の事を上陳し、外國公使團が、備前藩士は公使館を攻擊したと云うてゐるのは、全然當らぬことで、自分らはその所在の場所も知らず、さういふ際だから彈丸が飛んだかどうかは關知せぬが、これを攻擊するなどといふことは毛頭なかつたとの由を申上げた。

ところが二日に備前藩主池田茂政及び日置に命じ、神戸事件の隊長を兵庫に押送し、内外官吏検視の下に自刃せしめる、その期間は五日とす、その罪名は外國人及び外國公使に發砲したと云ふことにあつた。又忠尙は謹愼を命ぜられた。かくて備前藩の西宮守備も罷められた。

二月九日外國事務總督伊達宗城は書を英米等六國公使に贈り、神戸事件を陳謝し、日置、瀧正信の處置を報じた。瀧は事件の時の隊長だつた人である。そしてこの日、瀧は兵庫の永福寺で自盡し、内外官吏が此に臨んで檢視した。卽ち瀧が發砲號令者といふことだつた。その心情の悲憤の狀、察するに餘りある。

從つて當時の人心に於ても、この事件の處理法は大いに慷慨せられたことであつた。もともと事件の原因は、夷人が國禮國法を守らなかつたことにあつた。しかも當の備前藩にはさほどの深い思慮があつたわけではない。この點について、幕府ならばともかく、維新の新政府が殆どなすところなかつたといふことを、事情を察することとは別に、慨歎し憤激する者が志士の間に多かつた。これも亦當然の心情であつて、この氣概がなければ、わが國民精神は決して振興せぬのである。またこの氣概こそ維新の根柢であり、又國威恢弘の地盤であつた。

そのうち二月十五日に、外國公使朝見の儀が決定せられた。この處置は、そのことについて、外國公使側より申出ざる已前に、朝廷より仰出度由を、東久世等より懇願するところあつて、島津忠義らが奔走したものである。十四日まづ會議あつたが、さすがに容易に決しない。この夜に至り、聖慮伺の上、拜禮許可と一應は決定したが、「春嶽私記」にはその會議のさまを誌して、かく決定しつゝも、實際は殆ど未決だつたと云ひ、場所も諸論あつたが、この方は南殿と決定したことなど、岩倉が事情を云うて歎話したと誌されてゐる。この文中で、外使には握手を賜るものなるやなどといふ俗論が出たりした、と春嶽は歎いてゐる。さて十四日は夜に入つてもつひに決定せず、翌十五日の會議では、「後宮之物議等有之未決ニテ」と誌してゐる。ところが十五日暮になつて、岩倉が「御諫諍被申上、漸クニシテ拜禮モ可被命ニ御決定有之由」と同じく春嶽私記に出てゐる。

備前藩の神戸事件の後に、外使參內のことが決定したから、當然色々の流言が出た。殊に神戸事件は、心持の上で複雜すぎた事件だつた上に、十四日、十五日の會議の有樣も色々の流言の形で、世間に傳はり、慨歎の情をもたせるやうな結果となつた。

ところがこの日に、有名な堺事件が勃發してゐた。堺事件は二月十五日のことで、佛蘭西の測量船が堺港に來て、無許可で港內を測量したが、やがて舟人は岸に上つて、堺新地で亂暴した。それを市民が堺守備の土州藩守兵に訴へ出たので、土佐藩士が驅けつけたところ、佛人は二人で忽ちに逃走したが、追跡すると二十餘人の者が短艇で離陸せんとするところで、二人はそれへ逃げ込んだ。土佐藩士は、亂暴を働いた者をこのまゝ歸すのは國辱と思ひ、これを攻擊して十數人を殺傷した。

佛國全權公使の三月九日付（わが二月十六日付）書翰には、佛國水兵が堺港を測量してゐる時、土佐藩守兵に發砲され、十七名中三名卽死、七名負傷、その他は行方不明とあり、その行方不明の者は生死に關せず、翌朝八時迄に引渡されたく、その事のない場合は云々と强迫してゐる。但しこの行方不明の者は後海中から發見されたが、この人數に關しては諸書に誌するところ一、二不同である。この事件については十六日東久世が堺市に出張調査し、見物者だつた善寶院龍海、及び北新地の增番休七の口上書をとつてゐる。今それをみると、佛人六名が旭茶屋といふのに上り、それを土佐藩兵が襲撃したことが出てゐる。彼らが飲酒亂暴したため、茶屋主人より守兵に訴へ出たものと察せられる。しかし外國人側の佛人及び米人の報告にはその原因が出てゐない。なほこの堺事件の調査には、五代才助、中井弘藏も加つてゐる。この事件は神戸事件の後だから、大いに政府を驚愕させた。また佛公使の態度の强硬さについては、伊達宗城の上申書に餘すところがない。

當時の「中外新聞」は二月二十八日にこの事件を報道、「去る二月九日、備前の士官死刑に處せられたるを怒り、日本人復讐の爲に佛國水夫を許多切害せし由を申越したり、蓋し土佐人か又は土佐人の裝をなしたる備前人ならん、竊に思ふに、諸國のミニストル先日備前士官の切腹を止めなば、佛國水夫も命を失ふ事無く、日本政府に於ても、此事件より起るべき災害を免れん」と。これは詳報不明のまゝに報道してゐるものだが、當時の最も客觀的で、從つて低調な意見と考へられる。さらに三月二日の記事には、某外國人の意見として、この事件の責任は土州のみでなく、薩長にもある、それはさきの神戸事件の條約で、薩長は大阪警備の責任者として、公使國に通告してゐるからである、この事件は今や、英佛が聯合して薩長を攻めるところまで發展してゐる云々、と報道してゐる。

ところが十六日、各國公使朝見の事務を、松平慶永、後藤象二郎、大久保、木戸、廣澤、中根に掌らせる由を發令し、次で十七日、萬國の通誼に循つて、外國公使を召見される由を布告され、又、天下の大勢宇内の公法を廣く諭示せられた。その示諭文には「皇國固有之御國體ト、萬國之公法トヲ御斟酌御採用ニ相成候ハ、是亦不被爲得止御事ニ候、仍テ越前宰相以下建白之旨趣ニ基キ、廣ク百官諸藩之公議ニ依リ、古今之得失ト、萬國交際之宜ヲ折衷セラレ、今般、外國公使入京參　朝被　仰付候、元來膺懲之擧ハ萬古不朽之公道ニシテ、假令和親ヲ講ズルトモ、其曲直ニ依テ、各國不得止之師相起候、其例不少、付テハ攻守之覺悟勿論之事ニ候ヘ共、和親之事ハ、於、先朝、既ニ開港被差許候ニ付、皇國ト各國トノ和親、爰ニ始リ居候」云々とあつて、幕府に委任あつた外交のことも、此度の王政一新によつて、そのまゝ朝廷で御取扱になる由を諭示せられたものだが、この文意は、實に愼重である。さらに複雜に情勢を斟酌された文章であるが、なほさら心にあきたらず思ふ者があるやうな書きぶりであつた。ついでこの日、各國公使の客館を定め、加賀藩以下六藩に警護を命じた。さて三枝らの襲擊した英國公使の旅館は知恩院と定まり、こゝは尾州藩警備に當る。しかし三枝らの計畫では一擧に各國を襲擊する豫定だつた。

さらにこの十七日、山內豐信親子を大阪に赴しめ、堺事件を處分せしめたが、翌日豐信（容堂）は病と稱して、老臣を代行せしめた。又このさき十五日に、上書して致仕を願つた池田茂政の請を、この十九日に到つて許さる。池田は備前藩主である。さらにこの十九日、外國事務局をして、和親の敕旨を各國公使に傳諭せしめられた。ついで二十日、山内豐信は再び内國事務總督の辭任を願ひ出た。これは以前から疾を理由として申出てゐたところだが、この度は家臣の惹起した堺事件の引責といふ名目からであつた。遂に二十二日に到つて、堺事件の責任者を明日中に處分する旨の通告が各國公使團に發せられた。先是佛國公使レオンロツシユの書簡は、十九日に伊達宗城の許へ差出され、三日の期間付で解答を要求した强硬なものであつた。

一々云ふのもいまはしい感がするが、要求は五ヶ條よりなつてゐて、一は、事件關係の土佐藩士官二人及び佛人を殺害した兵全部を、佛國人立會の上現地で斬首すること、この期間は三日以内のこと。二には、土佐藩より償金十五萬トルラル差出すこと。三には、外國事務取扱の第一の執政たる人が、佛艦ウエヌスを訪問して、佛國指揮官と會見の上政府の詫辭を申入れること。四には土佐藩主もウエヌスを訪問し謝罪すること、それについては土佐城下に右の船を廻送する用意のあること。さらに第五條には、今後土佐藩士が、兵器を携へて、開港場を通行し又滯留することを嚴禁すること。

右の五條を申出た。しかもこれを「此公平中立」と云うてきてゐる。あたかも我國では東征斷行の時であるから、この國内の變亂を見て、彼はかゝる態度をとつたものである。さらに英國公使パークスからも同趣旨の申出があつた。英國はこの事件に無關係だつたが、佛國公使を後援し、各國公使を語らつて、この暴虐な條件をもち出した主謀者と云へる。しかし我政府はつひにこの申出をも全部受け入れねばならなかつた。卽ち二十二日付で返牒せられ、こゝに於て土佐藩士は夷人のために皇國内の若干の地の通行をさへ禁じられたのである。この時の東久世の書翰に「乍去、十六日之佛人之勢ニテハ、皇國百萬之生靈之塗炭ニ關係シ、王政復古之盛典モ既ニ地ニ墜可申ト、實以失生色次第、幸哉、今日之勢ニ立到リ、誠以皇運之盛ナルヲ感佩スルノ期ニ御座候」云々とあつて、佛英公使等の强硬さが察せられるが、この事に當面した東久世の考へ方は、大いに當時の廟堂の一部を代表する感じ方だつたと思はれる。しかしながらかういふ東久世風の考へ方をみて、王政復古の盛典の地に墜つ原因却つてこゝにありと考へた者も少くなく、三枝の如きはこの思想を訂正する士氣を代表して現した人物である。さうしてかういふ三枝の精神の意義については、進んで重じねばならぬものがある。

このさき二月十五日に、さきの神戸事件の備前侯池田茂政が、改めて屏居して命を待つ趣を上書したが、二十三日其儀に不及と御沙汰あつた。この二十三日に堺では、妙國寺でさきの土佐藩士二十名に死を賜つた。これよりさき外國掛の東久世より土州藩に命じて、事件關係者の申告をさせた時、藩士二十八名の多數が名のつて出たから、よく云ひ渡して、確に發砲した者のみ申出よと命じ、愼重に取調べて發砲者二十名と決定した。この土佐藩士の死を見て怖れない爽快な態度は、我々の心に銘記すべきことで、さらに英佛公使の態度と考へ合せて、精神といふものについて了知すべきである。

妙國寺で切腹した土佐藩士は、隊長の箕浦元章、西村氏同から始つて、池上彌三郎、杉本廣五郎、勝賀瀨三六、山本銕助、森本茂吉、北代堅助、稲田貫丞、柳瀨常七、大石甚吉の十一人に到つたとき、佛國側の検視者は刑の中止を願ひ出た。この中止の意趣については、東久世と伊達宗城の連署の書簡に「右ハ　朝廷之權威ヲ見ル爲、始メハ强ク中立、始メテ威權ノ行ハルヽヲ見テ、又自國ノ仁恕ヲ示スナラン」と云うてゐるのが、眞理と思へる。彼らがどのやうな態度と思想を以て、我國人を見たかをこれによつて察すべきである。彼ら人種に差別をなして、人命を天賦として見ぬことは、彼らの今も變らぬ思想である。彼らはかやうな思想で日本人に對し、アジア人に對してきたものであつた。なほ右の書簡には、この二十四日、畏くも山階宮には、堺浦に碇泊中の佛軍艦に御乗込御挨拶になり、明二十五日には、神戸に於て英國軍艦に御出御挨拶のこととある。英國は堺事件と何の關係もなく、又當時の外國公使代表は佛公使だつたのである。すでに三枝、朱雀等が、特に英國の横暴奸智に憤激したのは當然である。

ついで二十六日に、佛、英、蘭三國公使入京の期を布告し、更にかゝる事件のあと故、特に加賀、薩摩以下の諸藩に旅館及び道路の嚴戒を命じた。さうして既にその日三枝等の計畫のやゝ察せられるものがあつたやうである。卽ち當時脱藩者や草莽志士等、浪人豪傑の集團だつた高野山義兵の鷲尾侍従部兵は、この二十七日親兵に編入して、二條城に入れた。おそらくこれは、不穏の空氣がこの高野山義擧の一隊にあると知られたからと考へられる。しかるに細心の嚴戒にもかゝはらず、つひに三枝、朱雀は巧妙にこれを襲撃した。しかも他の同志が未成功に終つたにもかゝはらず、元兇パークスを震ひあがらせてゐるから、大體この一黨の義擧は成功と云ふべきであつた。

この明治元年の英國公使襲撃事件については、計畫の全貌や趣旨をしるしたものの傳るものなく、さらに三枝、朱雀の傳記としても、徴證とすべきものがない。しかしながら維新戊辰の戰亂の片方で行はれてゐた外國關係の事情は大體右に云うた通りであり、この事件經過そのものが、三枝らの蹶起事情を十分明らかにしてゐる。舊來暴擧として棄て去られてゐたが、この經過を見れば、彼らのいきどほりのよるところ瞭然として我らに響くのである。

天忠組で大和を脫走した者は若干あつたが、その殆どは後の御一新の戰爭で倒れたり、その以前に殉難して、數十人の同志の中で、御一新以後まで殘つて榮達したのは、この三枝の盟友の平岡と土佐の伊吹周吉の兩人のみである。後に平岡は北畠治房と改名して男爵となり、伊吹も石田英吉と改めて男爵となつた。いづれも義擧役割では下級にゐる。大和義擧浪士役割には、ほゞ五十餘人の同志の名が出てゐて、なほこの後に加つた重要な志士も十數名あるが、それらはみな殉難し、再起又殉難して、御一新後の生存者は僅かに五名にすぎない。三枝はその一人として、幸ひ御一新後まで生きのびたから、もしこゝで己を屈して時流に乘つてをれば、必ず相當の高位高官になれたのである。

その點で三枝はあくまで純粹な人物であつた。同志の功をわが榮達の資とする代りに、やはり同志の悲願を身を以て貫かうとした。己の勤皇の事蹟を功となさずに、あへて君のめぐみをあだにしたといふ悲しい歌を殘して、わが志を云うてゐる。外侮外寇は外より來るばかりか、內の心弱さより發して、それを防ぐすべが、他にない情態だつたからである。

こゝに於てかりにもその行動を批判する者は、彼のもつた國體信仰に立脚せねばならぬ。さうして彼のもつた神州不滅の信念、つまり明治維新の眞の國民的根柢となつた力を思ふ者は、今もその志を憐んで、情勢論によつてこれを單なる暴擧として云々するの易きにつく筈がない。さうして今日に於てならば、三枝の志は、大いに天業を恢弘するに資したものであるといふことを、直觀として感じる者も少くないと思ふ。けだしこの天忠組生存者としての三枝が、わが生存の生命を奉還した形は、神風連に先じるものである。一身の生命を以て、時流の覆滅を支へんとした志は、まことに壯と云はねばならない。

明治元年二月晦日、佛國公使レオンロツシユ及び船將二人、蘭國公務代理總領事ド・デ・クラフフアンポルスブロツク及び書記官が朝參す。天皇之を紫宸殿に延見し給ひ、益交際を厚くし、之を久遠に要する旨を敕諭せられ、公使ら恩命を奉じて退く。是日英國公使も亦將に朝せんとしたところ、途中事故あつて果さなかつた。この事故といふのは、三枝、朱雀の兩士が、嚴重な警戒を侵して英兵七十人の隊伍を襲撃したことを云ふのである。

當日朝參の儀式次第は、まづ定刻、外國掛判事をお迎へとして公使旅館に派遣し、公使到着すれば外國掛公卿諸侯之を建春門に迎へる。一行を虎ノ間に誘ひ、茶菓を賜ひ配膳す。こゝより日華門に導く、公使等日華門に入る時に奏樂、公使東階より昇殿して、天顏を拝する。その時に公使名のりを申上げる。山階宮、三條大納言が侍し伊藤俊介が外國事務判事として通譯に侍す。ついで大臣（山階宮、三條）が敕語を傳へ、公使奉答、伊藤判事が之を傳へ申上る。この後に外國公使隨從士官が天顏を拝し、伊藤がその言上通譯し、敕旨を傳へる。終つて日華門より退出、この時又奏樂す。

この儀式のさまが、當時錦畫風の刷物にして出版されてゐるが、一見して實に大御稜威の燿しいものであつた。近頃のかゝる御儀については例少なからぬ故に、我々が詳かに拜聞する機會が却つてないが、當時のさまは、今の人がこの一枚の繪圖を見てさへ感ずるものが多いと思ふ。なほこの時のことでないが、この年の三月、改めて英國人が參内し、天顏を拜し感動した時の感想は、千葉胤明氏の「明治天皇御製謹話」中に出てゐるが、この晦日參内の繪圖を拜して、我々はまづこれを今日の人々に見せたいと思つたのは、夷人に對する當時のわが國人の氣品が、民間の名もない一畫工の筆の先にさへ、ありくと現れてゐる點である。さすがに當時の草莽には、民間の一畫工にさへ士風の高いものがあふれてゐたのである。今日の多くの人に見せて、警世の資としたいと思ふのは、この一點である。さういふ事實こそが、わが國の大稜威のあらはれであつた。しかも當時なほ時流の低下に憂ひを禁じ得なかつた三枝らが、今日の世情をみれば如何に思ふかといふことを、私は大いに怖れるものである。

當時の維新の尊攘志士らは、兵としての夷人に對しても、大いに深く理解し、深く警戒をして、御一新の必要の一因として、幕府の政體やその兵制を以てしては、よく彼に當り得ないといふことを深く感じてゐたのである。彼の兵制統率と野戰攻城の錬磨についても、決して無智でなかつたのである。幕府はそれに怖れて侮を買ひ、尊攘の志士はその幕府を以て恥辱として、彼に對抗し、さらに彼を馭するの策を立てんとして、根柢維新を考へたのである。しかるに御一新の後、それについての考慮もなく忽ちに開國の大策が急行せられたため、その間志士の間では、新しい恐夷の風が國に風靡することを憂ひる者が少なからずあつた。この新しい形の恐夷思想が、かゝる狀態で士氣を一掃せんとするさまについて、三枝等の同志は慷慨し、夷兵怖るゝに足らぬ事實を、身を以て全國の士人に知らしめんとしたといふ點もあるが、この一事はそればかりの壯心に發したものではなかつたのである。

わが田舍の方の物語では、三枝はこの日馬にうち乘り、長柄の槍をひつさげて、英國將兵の行列を縱橫に蹴散らしと云うてゐるが、これは三枝をあくまで英雄化した物語の現れで、實際は徒步大刀を振つて、騎乘の英兵を馬もろともきりまくつたものであつた。「春獄私記」には、事件の直面者だつた判事後藤象二郎の報告が記述されてゐる。それによると、英公使の旅館知恩院を出た一行は、中井弘藏を先導として出發し、象二郎は公使パークスと共に後部からゆくと、門前町に來かかつた時、列の前方で騷擾が起つた。後藤はかねてより風聞を知つてゐたので、大いに驚き、直ちに乘つけると、中井が一浪士と戰ひ、まさに傷いて倒れるところだつたので、馬より飛降り、傍からその相手を討留めた。これが朱雀操だつた。英の通譯官サトーが、今一人の浪士を見たといふ、捜してみると、町家軒下に一人の手負の者がゐて、重傷にて氣息奄々としてゐる。水を與へて介抱し、後藤が之を訊問したが、初め答へなかつた。それで僞つて、一人を生捕つたといふと、兩士の姓名を告げた。これが三枝蓊である。この時一行の到着の遅れてゐるのを案じて、五代才助は迎へとしてこゝに來合せた。後藤は五代に依頼して、公使を旅館に送らせ、中井の手當も頼んで、自身は白い羽織の紐袴等に鮮血のついたまゝの姿で、これを朝廷に注進したので、列座の諸官驚愕し、先に到着した兩國公使にも頗る憂勞の氣色があつた。この時英騎兵九人、士官一人負傷し、うち一人は重傷、中井の傷も頭部は稍深かつたが、絶命には至らぬ様子だつた。

ところがこの後藤の報告のある以前に、政府へは途上の事件の趣きが傳つてゐたので、一同大いに驚愕したが、すでに到着してゐた佛蘭兩國公使の拜禮の儀式を急ぎ竟へた。二國公使は豫定通り晦日午ノ半刻（午後一時）參朝、第三字に至つて英國公使參內せず事變の風聞ありとあるから、三枝等の襲擊は相當の長時間だつたと思へる。英國兵七十餘名、それにわが諸藩兵が嚴重警戒する中だから、單身大いに善闘したものである。かくて後藤が報告に馳せつけた時は、兩國公使の拜禮儀式を終つて、諸官と板敷で對接中だつた。

この後藤の報告に、諸官みな驚愕し、朝廷で直ちに會議する。神戶、堺の兩事件の後であり、さらに今度は、一國の公使の參內途上を襲擊したのであるから、前例とは比較にならない。原因の據る所を考へるまへに、暴徒を憎み、夷人を怖れ、さらに彼のもちだす難題を思うて、一同たゞ色を失ふのみであつた。會議の結果としては、外國事務局督の山階宮が英國公使旅館を見舞はれ、ついで東久世、伊達宗城等、又內國掛からは德大寺大納言、越前宰相が見舞ふ。パークスは明日早々謝狀を給はらんことを申出た他は何の註文も云はず、怒ることもなかつたと、「春嶽私記」に誌されてゐる。我身の直面する恐怖と不安と狼狽から、さきの神戸、堺の事件にとつた如き傲慢の態度をとり得なかつたのであらう。同時に多少わが國人の志氣を知つて、これに恐れたことが原因であらう。又政府に對しては、暴を以て强壓し得ても、國民の憤りは何ら抑へ得ず、却つて第四第五の事件の因となるといふことを直感し、彼らは利を求める夷人であるから、本能的に利害を勘考して、民間の憤激が加重する一面、政府の態度が回を重ねて鄭重になつてきてゐることに安息し、滿足したものと思へる。けだしこの行爲は、內に與へた反省よりも、外夷に與へた牽制の方が大だつたのが、眞意なほ不貫通と思へる。

翌一日、三條、岩倉、德大寺、越前藩主の連署で、陳謝狀をパークスに與へ、生捕にした三枝は來る四日、帶刀を奪ひ士籍を削つて斬首し、三日間に亙つて梟首に處すこと、及び被傷者の賠償をなすことを申送つた。パークスはその上異議を云はず、明後三日再朝參すべきことを約した。翌二日のパークスの返書中には、法律を定めて外國人の殺傷者を嚴罰に處す由を發布されたしと申し出、附して、中井弘藏、後藤象二郎の奮鬪に感謝の意を表し、中井の負傷に對しては鄭重の手當を與へられたいと云ひ來つた。このさき晦日政府は直ちに護衞の隊長を按問し、みなこれを譴罰した。

なほこの三枝の襲擊當時の模樣をアメリカ公使の報告にみると、まづ行列の順次を誌して、「こゝに一大天幸と云ふべきは」と云うて、英公使館醫官、及び行列を見物にきた英醫二名の隨伴したことを云うてゐる。そののち襲擊模樣に入つて、まづ朱雀が斬込み、日本人護衛兵と闘ふ。ところが朱雀肉迫して警備兵の長槍が使ひ難い。そこで中井が下馬して時に後藤は馬をすてゝ駆けつけ、朱雀を傍らから斬つて中井を救つた。ゐて、列中に亂入してゐて、列を襲ふ日本武士数名と云ひつゝ、こゝにきて、襲撃者は僅か二名にすぎなかつたやうであると云うてゐる。

さらに三枝の奮闘はつゞいて、朱雀の討死の後も少しもひるまず、同報告によると「然るに後より出でたる今一人は、尙ほ恰も猪子の荒るゝが如く、四方を切廻り、身に銃劒槍刀或は拳銃の爲に數ケ所の疵傷を受ると雖ども、更に屈するの色なく、其の擧動の意外に出て、進退の神速なる、實に驚くべき數多の人を傷し、遂に人家の後園に逃れ去るに及び、力盡き勢窮て此に捕縛に就きたり」この時三枝はパークスを目ざし襲うたが、たま〳〵跌き、その刀は馬上の公使に及ばず、馬丁の脚を斬るに止つた。三枝が斬つた人數は合せて九名の重輕傷、馬を倒すこと四頭。「抑此擧や、僅に兩人にして、殆ど七十名許の英人を襲撃し、斯く多數を殺傷するを得たるは、實に是れ驚くに堪へたり」と感心してゐる。さらにつゞけて政府の處置がよかつたことを云うて、政府の和親の態度には安ずべきものがあることを云ひ、「外人を殺害し、我身死罪を免れざるは、彼輩亦自ら之を知ると雖も、憂國の熱心制抑し難きの然らしむる所なり、是れ、彼の暴徒の口より出たる語辭に依て徴知するに足れり」と云うてゐる、かういふ三枝の心持や志は、アメリカ公使には不可解だつた筈だが、この形にまでありのまゝに認めたところはよい、卽ちその憂國の情だけは、當時の夷人にも、己の所作欲望野心に照らして自ら理解されたものであらう。しかしこゝまで三枝の云ひ分を認めた上で、その結末では、しかし後に三枝は外人の懇親なるを知つて、己の先に報國の爲めと信じてしたことの非なる意味を悔悟したと云うてゐるのは、米公使の自分自身の論理を以て、前後を納得させ、自の言論の理を通さうとしたものであつて、それはつまり自身の考へ方を説明するもので、日本人たる三枝の心持をあくまで正しく解したわけでない。ゆめにも三枝は己の非を感じてゐないといふ事實は、その悲痛な辭世によつて明らかである。結局これも亦、外國人の異國觀といふものは、ほど〳〵正しくとも、最後の一點で全然間違つて了ふものだといふ一例を示してゐる。今日の我々も亦、日本人の外國觀を根柢とする情勢論によつて、自國の態度を謬つてはならぬのである。こゝで賴るべきものは、外國觀でなく、よかれあしかれ自身自國の論理だといふことを悟るべきである。しかも我國は神州なれば、必ず至誠が他人を感ぜしめずとも、神に感應する。

この三枝らの襲擊地點の警備に當つたのは、紀伊、山崎兩藩だが、尾張、阿波、肥後の三藩も直接守備責任者だつたから、以上の諸藩はみな譴罰せられた。以て警備の嚴重さと共に、三枝らの神出鬼沒の奮闘ぶりも察せられる。さきの英兵七十人に、これら警備の兵士を加へると實に尨大の人數だが、それを相手にして、三枝ら兩士は奮闘したわけである。

この事件の賠償金額のことは、ずつと後に、八月二十七日付文書で東久世より通達し、九月朔日公使復書で終了す。償金合計一萬四千弗であつた。さらに九月二十二日付で、英政府より後藤、中井に劍一振を贈呈して、奮闘を謝してきた。

かくて英國公使は日を改めて三日參朝と決し、二日より薩藩を主として警戒に當り、かくて三日、この度は無事參內す。その節、畏くも前日途上の變を宣慰させ給ふ。是日佛蘭二國公使も亦禁內に參向す。御儀終了後宮中で居留地のことを議した。又刑法の件をも議したとあるが、これは三枝の處分と、その處分の法令化のことであつた。またこの日、明四日卯上刻、英佛蘭三國公使の退京し、大阪へ向ふ由を布告された。

三枝の斬首されたのはこの翌々日であつた。申渡文は「其方儀、此度入京被　仰付候英吉利公使、參內之途中、同類申合拔刀切懸リ手疵ヲ負セ、御新政之砌、外國御交際ヲ妨ケ、亂行ニオヨヒ、朝廷ヲ輕候次第、重疊不屆之至ニ付、苗字大小御取揚、斬罪之上梟首被　付仰之。以上。梟日數三日。三月。刑法事務局」とある。同時に朱雀の首も梟された。三枝斬首の場所は粟田口で、その辭世に「今はたゞ何を惜しまむ國のため君のめぐみを身のあだにして」とあつた。

ところがこの時同黨として三人の者が捕へられ、隱岐へ遠流にされた。三名は、川上邦之助、松林織之助、大村貞助で、いづれも高野山義擧の浪士であつた。しかし仲間はさらに多かつたやうであるが、三枝は默して言はず、三名はみな自首した者であつた。しかしこの三名の口供書も、さらに三枝のそれさへ今は殘つてゐない。だからこの重大な事件についての當事者の申狀は、何一つもないけれど、その心情は無言にして通ずるものがある。ところが後の三人は、この年八月二十七日御卽位の御大禮が行はれた爲、九月八日に明治と改元せられ、その大赦によつて、いづれも半歳ほどの流罪で歸京した。

さて三月四日三國公使が京都を辭した時は、薩摩加賀以下諸藩が護送した。英國公使は伏見より乘船し、五日曉八時過大阪八軒家に著、戎島より細川家の船で天保山に廻し軍艦にのる。六日九時出帆した。ところがさきの三人の流罪のことを、英公使と相談せずに行つたことにつき、岩倉、三條の連署で詫入れた三月七日付の手紙がある。又九日付の外國掛伊達、東久世及び肥前侍從の連署の書簡には、三枝朱雀斷罪の布告の文意が、公使を輕んだ點のあつたことを謝して訂正布告を約してゐる。これらは英國公使よりの申出に對する辯解書であるが、英國側の申入書は殘つてゐない。しかしその文意からみると、申渡書に「入京被　仰付候云々」とある點を布告からは削除せよと申出たと思へる。これは伊達、東久世の書狀によつて明らかである。わが國の天皇の尊貴は、維新の政府の最初の布告書に出た如く、萬國君主の上に君臨し給ふものであることは申すまでもない。ところが御一新の政府が、それを高踏的に云ふことが出來なかつたのは止むを得ない。次に十一日には、右訂正の布告を長崎、神戸にも張出すやうとの申込みがあつた。これらの處置は、當時として止むを得なかつたことだらうが、今日から見れば遺憾でもあるし、又痛憤を味ふものである。しかし政府に對してあくまで强硬に出、ついでは內政にまで干涉せんとした彼らも、わが草莽の憤激には大いに怖れたことは、この事件によつて明らかに示されてゐる。

かくして國の危機に導く、西戎諸國の姦策をつねに挫折せしめたものは、わが草莽の國士の、憤激して身を挺し、死を怖れず、わが生命を擲つて道を行つた迫力にあつた。この後英國公使は、重ねて外國人殺害者を重罪に處する法令の發布を政府に強要してゐる。その草案について交渉あつたが、三月十四日、申合せつき、明日公布の由發表せられた。彼らは夷人だから、苛酷な法令によつて神州の正氣を抑へうると考へたわけである。

以上にて本件の敍述は終り、次は餘話であるが、重要なことを一つ申したい。千葉胤明翁はその著「明治天皇御製謹話」の中で、この三枝朱雀のことに關して、今まで知られなかつた祕話を誌されてゐる。卽ち千葉翁は、「やき太刀のとつくに人にはぢぬまで大和心をみがきそへなむ」の御製の大御心を謹話するために、この三枝が襲擊に使つた太刀のことを語つたのであるが、かゝるところで、そのことを語る自分の心持を「苔の下に埋れて愬ふるところなき隱れたる志士の靈を慰むること」を期したものであると申されてゐる。三つの大御世の御側近に歴仕された千葉翁のこの厚い志の驥尾に附して、我らも大いにこゝで強調したいと思ふ。わけてこの御製を謹解せんために、三枝の太刀のことを思はれたのは、竝々ならぬことであつた。翁はこの本については、現代の世相を目擊するとき、その身の適不適を考へる時でないと決心して、謹んで著したとの由を自身申されてゐるが、まことに尊い本である。しかも上梓せられたのは、昭和十三年二月である。今日の人なら思ひ切り派手に云ひさうなことを、決してそのまゝに申されてゐないが、ともかくそのころ、これほどの人が、三枝らの悲志を語られたのは竝々のことでないと、私は今さへひそかに思ふのである。この本のことは、その上梓當時に私も一讀して感奮し、紹介の筆をとつたものであつた。

さきに云うた三人の遠流者中の、川上邦之助は、この千葉翁の岳父に當り、さういふ私縁があるから、この事件について云ふことは遠慮したいとも考へたけれど、なほ悲命の志士の悲願に默し難い、といふことを前提として、この祕話は始つてゐる。その千葉翁の話によると、川上は今の埼玉縣手許村の產、高山彥九郎の感化をうけ、神道無念流の達人であつた。志を立てて上京し、高野山義擧以來、三枝らの同志だつたが、この一黨盟約の主領だつたと語つたさうである。

この川上の思出によると、この一黨の奮起は、攘夷敢行にあつたが、憤激の直接原因としては、靴を以て紫宸殿を汚し奉るといふ流言のことだけをあげてゐるが、すでに春嶽が、廟堂の會議のことを云うた中で、その儀禮の點で俗說多しと憤つてゐるほどだから、さま〴〵これに類する流言があつたと思はれる。ところが一黨の襲擊が未遂に終つたのは、公使の出館時刻の不明のためで、三枝と朱雀は每日偵察に通つてゐたので幸ひ出館の時に遭ひ、直ちに斬込んだといふのである。これは後年の思ひ出話だから、多少間違つてゐたかもしれぬが見張場から卽座に斬込んだといふのも、爽快な心持を現してゐる。しかし參朝日は決定してゐたが、時刻が不明だから、同志は各々張込んでゐたものの如く思はれる。それが種々の條件で、三枝等のみ實行したわけであらうか。但し千葉翁のこの記事には、他にも川上か翁かいづれかの記憶の間違ひと思へるものがある。

さらに三枝らは、川上から初めて劍道を學んだといふのも、事實でなく、すでに早くから彼が劍を好んだことも、天忠組の時の同志で後に男爵となつた北畠が證してゐる。しかし川上に劍を學んだことは事實であらうし、劍術士としては何ほどの腕前でもなかつたといふことは、川上ほどの名人の云ふところがあたつてゐると思ふ。三枝らは術によつて劍を振つたのでなかつたからである。

このの ち川上は、三枝のその時の太刀を後藤が所持してゐるといふ噂をきいて、それをうけとりに行つた話を千葉翁は書いてゐるが、川上が後藤を訪れた時には、後藤は堂々たる洋館に住んでゐて、留守だと云うたが、太刀は確かにあづかつてあるから明日こられたいと云ひ、その様子は後藤在宅のやうに見えたが、止むなくそのまゝ歸ると、翌日早々後藤の使者がその太刀をま新しい箱に入れてとゞけてきた。それでも川上は正直な人だから、その白木の箱をみた時、昨日は後藤は在宅だつたが、三枝の太刀を抛つ離しにしておいたので、曾つて渡せなかつたのだらうと一人ぎめに定めたさうである。しかし箱をあけてまづ短刀を手にとつてみると、切先に血の痕がある。それについて川上は、この切先は喉を突いた血だと云うたさうである。これでみると、三枝は重傷の上切腹さらに喉をつかうとしたところを、その餘裕を與へられずに、守備薩兵にとり抑へられたものであることがわかる。

さらに大刀の方をぬいてみると、鍔際まで刃こぼれがしてゐて、これをみて川上は感動してしばらく何も云へなかつたさうで、この話を千葉翁にした時も、涙をしきりにぬぐつたさうであつた。この鍔際まで刃こぼれがあるといふことは、三枝が如何によく闘つたかを證するもので、これは一流の劍士でないと出來ないことだといふのである。しかも川上は手をとつて教へた時から考へると、これほどの働きが出來たといふことは、全く想像できないといふのである。

「あの時の若者が、これほどに働けたといふことは、これが大和魂だ、自分はこゝのところを夷人に見せてやりたかつたのだ」といひつゝ、川上も同志として立つた人だけに、語りつゝしきりに泣いたといふ。しかも三枝の心では、この大和魂を、夷人に見せると共に、むしろわが國人に見せたかつたのである。夷を征し、戎を馭すものは、必ずうちにあると信じた人だからである。

以上は千葉翁が、御製のやき太刀の御歌の大御心を謹解するためにひいた物語であるが、さらに語をつゞけて「しきしまの大和心のをゝしさはことある時ぞあらはれにける」の御製をあげ、「畏れ乍ら、この思召はかうした國士の意氣にも及んで居る様に拜察されます」と結んでゐる。三枝に對する論贊は、この千葉翁の批評以上に誰だつて云ひ得ない。刑死後七十年、かゝる三代歷仕の歌人に知己を得て、かくまで厚くたゝへられたことは、なほ滿足とすべきところであらう。

三枝の沒年については、川上は若年々々と云うてゐたさうだが、實際は三十四とも、二十九とも云ひ、私は三十四の說に從つたけれど、これはどちらにしても今日では若年だが、當時では決して若年でなかつた。一般のこととして云うて、年齡といふやうなことを考へる場合にも、その時代、時代の風で、その時代時代をみるべきで、御一新時代では、三十は決して若いと云へなかつたのである。たゞ今の風を以て古を考へることは間違ひ易いものである。しかし後年の川上からみればその日の三枝は若年とみえたのであらう。

最後に今一つの祕話を云ひたい。この川上の沒したのは明治四十四年八月で、「東京日日新聞」の八月十一日の記事として、そのことが報じられてゐる。四十年頃にはすでに退官してゐたが、最後は宮內省主殿寮主事にまでなつた。その逝去の記事には、川上の略歷を紹介してゐて、これには千葉翁の本よりは澤山のことが描かれてゐるが、その中に隱岐遠島より歸つた時に、特に小松宮彰仁親王に召され、その多年の忠勤を賞する御沙汰を賜つたことが誌されてゐる。このことは、他の確證はまだ知らぬが「東京日日新聞」の記事だから信ずるに足ると思はれる。

さうしてこれを知るとき、當時の眞の國の精神が、三枝らの蹶起に拂つた同情の感といふものを、この高貴の御意によつて、深く拜察しうることが有難いのである。この小松宮の御ことは、千葉翁の本にも出てゐないから、この機會に特に云うておくのである。實にこゝに最も明らかな形で、これら國士の精神を憐ませられる御意があると、我々も拜して忝く思ふ。このことはパークスがわが志氣に恐怖して、三人の同黨の處刑については不滿をもちつゝも、その手續について通告するに止まり、たつて以上の極刑を要求し得なかつた事實と合せ考へると、三枝の事件の精神と影響が大略彷彿とするのである。

伴林光平傳

伴林光平は六郎と稱し、蒿齋、岡陵、また群鳩隱士と號せり。幼名は、信丸或ひは左京と稱へ、僧なりし日には周英、洲英など云ひぬ。後に自ら誌せるものには、光衡、充平などと書き、神樂聲舍、破草鞋道人、八丘、篠屋、小竹舍、などと號し、斑鳩隱士、隱士友林、いかるがの里蒿齋、東孟判野史、密飛鑾、みつ比郎、碌郎などとも書きぬ。六郎の名のことについては、「南山踏雲錄」の中に見えたり。

文化十年九月九日、河內國志貴郡林村の一向宗尊光寺に生れぬ。父は賢靜又は雅亮と云ひて、母は原田氏、光平はその第二子にして、鳳岳の弟なり。父賢靜は光平の生るる六十日あまり前に世を去りしが、母の原田氏も亦文政元年に歿しぬ。時に光平六歲なりしが、その兄は寺跡をつぎ、光平は同國野村の西願寺に養はれて、やがてその嗣となりぬ。その稚きころ野村の醫平田竹軒に漢籍を學びしが、その學才を惜しまれ、村民の資を得て文政十一年春上京し、西本願寺の學寮に入りぬ。そのころは僧名を大雲坊周永と稱へたり。時に光平十六歳なりき。

かくて學寮にゐること略二年にして、才名知らるゝに到りぬ。光平は幼より心ばへ賢く、記憶强かりしかば、見聞くこと、かりにも忘れしといふことなかりき。こゝにその同窓にて、近江の人にして大觀といふ者ありしが、碩學の評ありて、光平はこれに兄事しぬ。るほどに大觀は感ずるところありし如く、卒然學寮を去つて南都に赴き、因明の研究を志しぬ。やがて光平はこれを知りて、自らも後を追うて、舊知の大和國添下郡疋田村の無量寺に到り、大觀の行方を問へば、寺僧某の曰ふやう、當今七大寺は他宗の者の文庫に入ることを許さず、わけて眞宗僧をつよく排斥すれば、大觀も止むなく髮を蓄へ、乞食の姿に身をなして、藥師寺の近くにさまよひつゝ機を窺ふとか、人に聞き侍ると語りぬ。光平はこれをきゝて、藥師寺の近くをさぐり、大觀に會ひしかば、義兄弟の盟を結びて、より〳〵將來のことを謀るうち、偶々機會あつて、藥師寺の掃除夫になりぬ。勉勵してその職に從ふほどに、大いに寺僧の信頼を得るに到れり。さるほどに講堂天井の掃除を許されしかば、二人の者深く喜びぬ。かれ同寺の古書の多くの、そこに藏めあるを知りたればなり。すでに兩人は、ほしいまゝに佛書を涉獵し、ほゞ因明の理を極むるに達りき。

こゝに於て藥師寺を去り、郡山の光慶寺に赴いて、因明の講莚を開きぬ。時に天保三年春にして、光平二十歳なりき。南都七大寺の學僧も、今は大觀を對破し得ず、漸く敬服するさまに見えたり。この間光平はよく大觀を援けしが、二十二歳のころには學業進みて、同門隨一と稱されぬ、すでに西本願寺にも、このこと傳りしかば、兩人をよび戻し、學寮の教授に任じぬ。しかるに光平は日ならず學寮を辭して郷に歸れり。

されど光平の郷に歸り來れるを知るや、竹軒は、この人の陋村に止まることを惜み、京の醫家篠置益庵に紹介し、再び光平をすゝめて上京せしめぬ。益庵は光平に會うて、當時京に居りし濱松の儒者川上東山にひき合はせり。東山は一時頼山陽の門下なりし人にて、當時氣概を以て世に鳴る。光平の東山の塾にありし當時は學資供せず、寒夜隣家の軒燈の下に讀書せりと云へり。

かゝるほどに師の許を去り、天保九年には、攝津國川邊郡下市場の草庵にありしが、當時はなほ佛道に勵みをりしものの如し。このころ赤穂の人にて中村良臣といふは、本居大平に道の教をうけし國學者なりしが、ほど近き伊丹にありて、國學を講じ、塾を蓼生園と號し、遠近より學ぶ者多かりしかば、光平もその園に入り、歌の道を學ぶほどに、初めて道につきて知るところあり、やゝ皇國學に眼ひらかれそめしが、同じころ因幡の僧にて無蓋といふもの、伊丹に來りて古歌古語を講じ、ことだまのみちを說きぬ。光平はゆきてその說をきゝ、大いに驚きかつ悟るところあつて、ますく道の志をかたくするに至れり。

光平が、東山の塾に在りし年月は詳かならず、また川邊郡にゆきしことの始末も明らかならねど、特に良臣に學ばんとして、その地にゆきしにはあらざるべし。たまく古學を學ぶほどありて、皇國學びの分辨をも知り、やがて佛の道を棄てしことを思へば、かつは有難く、尊き道のさまと知らる。

無蓋は光平の志厚きを知り、語りて曰ふ、因幡國氣多郡勝宿なる加知彌神社の社司にて飯田秀雄と申す大人は、本居大平大人の教をうけし人にて、深き國學の師なり、かつわが師に當る人なれば、ひき合せ申さん、その許に行きて教を乞はれかしとすゝむ。

光平はこの頃同郡の岡山なる西琳寺に住み、「孝經權衡抄」及び「脫然高踏私考」の二著を著し、また自らを破草鞋道人と號せり。修業の爲に多く旅すとの意なりしにや。

今や光平は、日に夜にしきりに悟るところあれば、さらに心はげみて、無蓋のひき合せを乞うて、直ちに因幡に赴きぬ。

こゝに光平が秀雄の門に入るに至りし由來を語るいま一つの傳へあれば語るべし。以前東山の塾にありしに、學資窮しければ、つひに止むなく鄉に歸らんとして、天保九年の某日、淀川の夜舟に乘りしに、船中に淨土宗の老僧あり。光平この僧と儒佛を論ずるに、彼はいさゝか國學を學びをれるやうなりしが、光平つひにその說にうち勝つことを得ざりしかば、老僧の說に服して、已も國學を學ばんとて、そのすべを問へば、その老僧乃ち秀雄がことを紹介せりと云へるものなり。時に光平の僧體なるは、古學を學ぶに支障あるべしと、かの老僧の云ふまゝに、こゝにて光平は還俗を誓ひ、忽ち僧衣を河水に投じ、今よりは名も本願寺の世諱となせる光の一字を敢へて犯すべしと、覺悟の程を示せるなりとぞ。

秀雄が子に七郎年平とて、古學に志深き若者ありしが、光平と會ひし時より莫逆の交を結べり。齢は行平が弟なりしかば、光平を兄として、義兄弟の契をかはしぬ。去る程に年平は、紀伊國和歌山の加納諸平の門に遊んとす。その別るるに當つて、光平、年平に對ひて、わが名告の未だ僧名を稱へをるは、わが志にもふさはぬものなれば、よき名を考じ給へと云ひぬ。よりて年平は、光平の郷里なる林村伴林神社の御名によりて、伴林と稱へ、わが兄なれば六郎光平と號し給へかしと云ふ。これより光平は僧名を排し、髮を蓄ふるに至れり。

河内國林村の伴林神社は、天押日命竝に道臣命を祭り、大伴の與族なる林氏の氏神なり。さて天押日命竝びに道臣命は、大伴氏の祖神にましませば、天降り肇國し御代々に仕奉りて、功高き神なるは云ふもさらなり、わが軍神の御始めにてましませど、今は國内のいづこにも官幣の社の御座さぬぞ畏き極みなれ。神武天皇の御世には橿原宮の近くに鎮御座せど、中古以來は御社も荒れ朽ちて、今は知る人も少きさまなるは、橿原宮の守護として重みし給ひし、そのかみの大御心にもかなはぬことならんと、申すも畏けれど、口惜しく思はるることなり。

かくて年平が紀伊に赴きし後も、光平はなほ幾月か秀雄が許に留りしやうなるが、秀雄もその慧敏に感じ、光平をも加納諸平の許にやりぬ。

加納諸平は遠江の夏目甕麿の子にて、大平の門に學び、和歌山の加納家を嗣ぎて、紀藩國學所總裁となりし人なり。殊に歌にすぐれし人にて、近世第一流の作家なりき。されどまたも學資に困じければ、やがて年平と共に河内國伊賀村に來り、長泉寺といふ廢寺に假寓しぬ。このころに「古事記傳」を悉く書き寫し了ると云へり。そは天保九年の頃と思へど、年月は定かならず。

さるほどに年平は父の援けによりて、天保十年三月江戸に下りぬ。光平も年ごろ望むところにしあれば、期を得てあとを追はんと思ひをりしが、あたかも河内狭山藩の老臣船越外記の東行する由を知り、願つてその從者に加へられ、名を並木春藏と改めて江戸に下りぬ。當時江戸にありては、平田篤胤、伴信友の二家竝び稱され、道の學を志す若き者どもの、教への師と願ふ人なりしが、光平も江戸に着くや、まづ篤胤の門を叩きぬ。されど紹介者なければとて、會ふことを許されざりしかば、牛込矢來なる若狹小濱藩邸に在りし信友の邸に赴きぬ。信友は光平の出せし名刺を眺め、その書體の古雅にして氣韻高きをかなしみ、引見してつひに入門を許しぬ。

これよりさき西本願寺にては、光平が私に還俗せしを安からぬことに思ひ居りしが、今また信友の門弟となりをる由をきゝ、兄を責めおどして呼びもどさしめんと計りき。

そのころの光平の歌には、皇威の式微を歎きしものなどあれば、これによりて光平の當時の心持も知りうべく、かゝることを、眞宗の西の本山にては心安からず思ひしなるべし。

されど光平はなかなかに肯んじざりしが、信友より近畿皇陵の調査を委囑せらるるに及んで、かれもとより山陵の荒廢を歎く心深かりしかば、信友の委託に深く感じて遂に郷に歸りぬ。

光平の遺著「野山のなげき」の中に、初め諸平の教へをうけしが、その指圖のまゝ江戸に至つて、信友の許に一年あまりを學びし由誌せり。信友は門下を遇するに、つねに學友を以てし、門下たらんと願ふ者あるとも、つねにこれを斷れりと云ふ。なほ光平は容易く江戶を去らざる樣子なりしゆゑ、本願寺にては、信友にその說諭を依賴せるものの如く、こゝに信友は京阪の地文籍多く、光平の國書をよむ見識もすでに備りをれば、むしろ鄕里に歸りて、いみじく廢れし皇陵の踏査に從ふべき由を諭し、旅費を饌しぬ。

こゝに於て光平は野村に歸住しが、再び佛事を扱はず、つねに國內の古陵の踏査に日を送り、やがて八尾の近く成法寺村の敎恩寺に移りしかども、法談の代りに國典を講じ、念佛にかへて和歌を敎へぬ。また暇あれば木刀をふるひて庭前の老樹をうつ、つひにこれがためその木を枯しぬ。美濃大垣の等覺坊の女千枝を娶りて妻とせしはこの頃なりき。

初め江戶より歸るや、近在の古陵を踏査すること數ケ月、晝夜休まず、やがて「河內國陵墓圖」の一卷をなして、江戶の信友のもとに送りぬ。さらに廣く深く調査に努めしが、そのことに當りては、玉造の富家佐々木春夫の援くるところ殊に多し。

これよりのち、年を追うて皇陵につきて踏査探究するところを、子細に誌し集めし著述を「陵墓檢考」と呼び、二十年に亙る大事業なりしが、光平の義擧に投じし日には、つひになほ未完のまゝにして止みぬ。南山踏雲錄の中にて、こと破れて死したる後にも、なほ陵の小竹分けつゝ行かむと歌ひしは、この檢考の未完に終らんことを、いまはに於てあかず悲しからんと思ひしなるべし。近畿の古き皇陵の探查に、生涯をつくしたる者に、光平の他にいま一人あり。大和古市の北浦定政その人にして、畏きあたりにもその名達したる人なり。定政また勤皇の志に厚く、多くの志士と交りし中にも、光平とはことに親しかりき、天忠組の一擧あるや、自らも辭世を詠じて決するところありしが、つひに加はるを得ざりき。定政が古のみさゝぎのあとの知られぬを歎きし歌の一つに

畝火なるかしの尾上を玉だすきかけてしのばぬ日はなかりけり

定政は、明治四年に世を終りぬ。佐々木春夫は大阪玉造なる萬屋小兵衞がことなり。富める人なれど志高く、諸平に國學歌道を學び、よく財貨を投じて義士を助く。鈴木重胤、近藤芳樹とも深き交ありき。明治二十一年に歿し、後に從五位を追贈せられぬ。光平が教恩寺に移りしは、弘化二年三十三歳の六月一日にして、これより十數年に亙りこゝに住ひぬ。弘化二年十一月には長男生れ、光雄と名づく。弘化三年正月二十六日仁孝天皇神去りまして、三月四日に御大葬を行はせ給へば、諸平は御最後の行幸を拜し奉らんとて、京に上るべく、その途次に八尾に立ち寄り、光平と共に、長野わたりの古陵の多くに詣でぬ。

嘉永元年五月に、「篠屋獨語」の一を著しぬ。篠舍とは八尾の住居をなづけしものなり。その年師走女周生る。嘉永二年には「稲木抄」を著し、同じ三年には「吉野道記」「垣内七草」等の著あり、今井文吾と知りしもこの頃のことなり、嘉永四年二男光信生る。嘉永五年には「ませのなでしこ」を著しぬ。すでにして光平の門に學ぶ者も多く、歌人文人の往來も頻りに多かりき。

嘉永六年夏米艦浦賀に來り、つゞいて秋、露艦長崎に寇するや、憂國の論大いに起りぬ。時に幕府の外國奉行なりし川路左衛門尉長崎に赴んとして、兵庫に來りしかば、光平は平岡鳩平と共に川路氏を訪れて、大いに攘夷を論じ、國論の歸一するところを勸告せり。

川路左衛門尉聖謨は、もと奈良奉行なりし人にして、そのころより光平とは親しかりしなり。

平岡鳩平は後の男爵北畠治房にして、若きころより國事に奔走し御一新の後榮達せし人なり。

嘉永の末頃より光平は奈良の興福院に出張し、こゝに講筵を開いて、南都の門人のために國學を説きぬ。

安政元年三男主斗生る。安政二年秋より妻千枝は病みしが、十二月十四日遂にみまかり、つゞいて光平も病臥せしが、翌年三月には主斗夭死しぬ。不幸のことの多くつゞきし年なりしかど、「篠屋獨語」の二を書き終へ、「詠歌大旨」「垣内の七草」などの著述も此頃に就りぬ。「巡陵記事」に筆を染めしも同じころなり。

安政四年正月六日には、河内國道明寺の菅公廟に「陵墓檢考」の功成らんことを祈願し、これより以前に勝る努力もて、調査に當りぬ。またこの年の四月十六日、郡山藩士小澤氏の姪を娶りて後繼とせり。六月には師の諸平の世を去りしあと、紀藩國學所の總裁に招かれしかど、思ふところあればとて、これが祿をうけざりき。

光平が門弟畑中光輝に與へたる、安政四年九月三日附の書簡の中に、紀藩國學所出講のことを誌して「餘儀なきことどもにて先々毎月上十五日ダケ出講可仕旨約定勿論糊米ハ一粒モ不申受夕ヾ紀伊殿相應ノ御挨拶ハ受可申ツモリニ御座候」云々とあれば、一時は紀伊國學所總裁を名のりしなり。しかるに祿をうけずとあるは、諸侯の臣たるを潔しとせず、されど諸平の遺託止み難ければ、一時師のなき後をふさぎ保つのみとの意なるべし。

安政四年の夏、光平は初めて中宮寺宮御所に參殿し、國史及び歌書を進講せしが、これより例月、參講の榮を擔ふこととなり、しかもその節は來賓を以て遇さるるとの恩命を賜はりぬ。これは文吾の推輓にまつものの如し。當時中宮寺の家司上島掃部は、志高き人なりしかば、光平も同志として交りを結ぶに到りぬ。

上島掃部はもと安藝國の人なれど、幼にして父に別れ、母とともに京に上りしが、後に中宮寺宮に仕ふ。嘉永外寇の時

かくてこそ思ひ知るらめ世の人もたのむかひなき武藏野の原

と打吟じければ、今村文吾和へて

いかさまに野守が宿の荒れそむる秋風すさぶ時は來にけり

と詠じ、法隆寺普門院の妙海もまた

武藏野の野守が宿のあれてのち神世ながらの月をこそ見め

と、口吟めり。光平これを聞き、時今、世人たヾ外寇のみに心奪れゐるなかに、かゝる三者の吟懷、眞に他になかるべしと、評しぬ。いづれも尊皇討幕の志厚かりし人々

なり。文吾は醫家にして、その技を以て中宮寺宮に仕へぬ。文久三年天忠組の義擧ありし時、たま〳〵病床にありしが、義擧終焉の状をきゝ、やがて光平の捕はれしことを知るや、慷慨のあまり血を吐きて昏倒せり。そののち再び起つ能はずして、文久四年正月四日、盟友に先んじて歿しぬ。その辭世の作に

わが魂の行方やいづこ人問はば御はしの下にありとこたへよ

志深く情厚き人なりしことは、この遺詠を以て知るべし。掃部は明治二年一月六日歿しぬ。いづれも正五位を追贈せられたり。

安政四年冬「楢の落葉物語」を作りぬ。攘夷のことを偶したる戯作なり。安政五年三月「上京紀行」「歎之重荷」を書き、十二月には「藤之嘉佐之」を著せり。また此年冬、中宮寺宮の御當座歌會に陪席を許され、宮の御詠草を評しぬ。されば光平の名譽いよゝ高く、遠近より學ぶ者多かりしかど、日用はなほ豐かならざりき。

安政六年には、去年より江戸に囚はれをりし梅田雲濱の、獄中に死せしにつゞいて、橋本左内、頼三樹三郎、吉田松陰など多くの志士刑場に殺されぬ。光平はこの年二月、月ケ瀬に遊び、三月には吉野に詣でて、延元陵を拜しぬ。すでに國情しきりに動けば、ひとり笹舍の書齋の靜かならんとすれど、主人の心は笹の葉のさやぎのさらさらしづまらざりき。かくて萬延元年三月三日は、櫻田門外の白晝に、あくまで權勢を振ひし大臣の頭も、正義の士の一擧に、こともなくうちとられ、時ならぬ春の雪を彩りぬ。高樓まさにくづれおちんとすれど、人の心なほしばしの安逸をむさぼるさまにも見えぬ。この年十月に光平は「萬

年樹下學範」を誌せしが、この頃より、再び還俗の意を決し、佐々木春夫、今村文吾、平岡鳩平、などとこれを計りぬ。

こは若き二十六歳の日に、國典を學ぶべく志して還俗せることと、もとより一つにつながる心の現れなるべし、されどその日の心持と、今の思ひには、必ず深く異るもののなからんや。後學これをつゝしみて、これにかしこまずばかなはざるべし。

文久元年二月、つひに光平は教恩寺を棄てて、法隆寺の近郊なる駒塚の小庵に移りぬ。寺を出る日、一詩を賦して、本是神州清潔民、誤爲二佛奴一説二同塵一、如今棄レ佛佛休レ恨、本是神州清潔民、と詠じ、壁に大書して残しぬ。

けだしこの詩のこゝろは、わが民の姿心ざしを示し、ゆくべき態度を教へて、萬代の指標なり。まことに本是神州清潔民なり。皇國の民たる、つねに高々と稱ふべき生れつきての幸ひにして、激く唱ふべき誇りなれど、これぞげに己の志行を決する異立にして、かりそめにも我が現身の言擧となす勿れ。ありし事實に非ずして、まさに行ふべきの道なり。この詩をよみて、さらに云ふはこちたきことに思はるれど、この志あれば人生何ごとも怖れざるべし。

光平は後も人の乞ふまゝに、この詩を書し、時にはその裏に、予遠祖出二於熊野之神人一、而中祖某者、慶長年間始入二佛門一、爾來世々繼レ統追レ業、終及二十有三世一、然而予不レ信レ佛、且太有二發明一、一朝掉頭出二寺門一、祖先有レ靈則以レ予爲レ孝乎、將爲レ不レ孝乎、と識す。合せてその志を察すべきなり。

二月二十八日、中宮寺宮に出仕せしが、ついで宮の侍講に任ぜられぬ。しかも月次講義の外は、思ひの時に參殿して仕奉るべき由の恩命を被りぬ。

文久二年のころは、諸國の志士頻りに京都に集り、大和の地も志士の往來繁くなりぬ。光平も西國の志士と交り、畫策するところありしが、宮家の權威によつて民間草莽の志士に資るところ少なからざりき。「於茂比傳草」「三政一致説」はこの年の著にして、いづれも深き道の論なり。その他いづれの年の作なるか知られぬものを合せて、その著述すべて數十卷に餘ると云へり。刊行のものは十種餘なれば未だ知られざるもの多し。

さきに紀藩の國學所總裁の職を辭し、いま中宮寺宮に仕へしは、深慮なりしなるべし。このころのことならん、光平の皇陵調査のことは、つひに天聽に達しぬ。中宮寺宮の御思召をへたるものとはいへど、草莽の赤心は、つひに禁闕に通じぬ。光平が二十年一日の如くなりし至誠努力を思ふにつけても、畏く忝けなきことにぞありける。光平のこの御沙汰書を拜したるは、文久三年二月二十八日にして、直ちに上京し式をへて御禮を言上しぬ。ことは南山踏雲錄に明らかなり。

御沙汰書を左に誌すべし。

中宮寺内　伴　林　六　郎

山陵荒廢之儀年來恐懼憂傷苦心探索之趣達

天聽叡感候尙亦出精可有勵勤

御沙汰之事

光平はこの御沙汰書を拜し、歌つて曰く、
我はもや御敕たばりぬ天津日の御子の尊の御敕たばりぬ
また曰く、
大君のおほみ御言をかゝふりてわが行く道は千代の古道
また南山にありし日、山陵の踏査の終らざりしを悲しみて、世になきのちの願ひと題しよめる歌に
くづをれてよしや死すとも御陵の小笹分けつゝ行かむとぞおもふ
この年藤本鐵石と謀りて、時弊を彈劾する文を、京都寺町誓願寺にかゝげ、また平岡鳩平と謀りて、郡山城大門に義憤の貼紙をなせりとぞ。
文久三年八月攘夷親征の詔下されぬ。去る年の師走ごろより大和五條あたりにては、乾十郎、林豹吉郎など、當地の有志達よりく集り、しきりに志士の往來ありしかど、後に思へば、これぞ天忠組のきざしなりけり。八月十七日、義軍忽ちに五條代官を滅し、攘夷討幕の旗をかゝぐ。さるを十八日京都に政變ありて、尊皇攘夷の人々廟堂を追はれ、義軍は叛軍を以て遇さるるに到りぬ。されど誠忠の人々は神意大御心を體して動ぜざりき。さはいへど既に一黨孤立の窮地に到りしかば、こゝに義軍四方に檄を發して義兵を募る。野崎主計、深瀬繁理の率ゐる十津川鄕兵を初め、橋本若狹など國內の志士、風を望んで集るもの千數百に及べり。されど諸侯にして應ずるもの一人もなかりき。
光平は八月十日より大阪薩摩堀にありしが、十六日深夜、平岡鳩平よりの便りに義擧の

報をうけ、卽座に出發し、夜をこめて十三峠の險を越え、法隆寺平岡宅に行けば、鳩平らは既に五條に赴きしあとなりしかば、己が家にも立寄らず、あとを追うてさらに十餘里を驅け、その夜更に五條につく。主將に謁しぬ。かくて主將より義軍記錄方兼軍議方に任じられぬ。この一件に關する子細は踏雲錄につまびらかなり。時に光平齡既に五十一、家に三子あり、數百の門弟をおき、中宮寺宮家の職をさへ棄ててかへりみず。ひたぶるに盡忠の一みちに赴んとする。老志士の尊さこゝに極りたり。

義軍は諸藩の兵三萬數千と奮戰月餘に及びしが、次第に彈丸盡きて、勢を失ふに到りしかば、九月十六日上ノ地に於てつひに黨を解く。光平は鳩平と共に、大峯の山中を越えて、川上村に出で、討手諸藩の關所をのがれて、宇陀より初瀨、朝倉村のあたりに出、三輪より中街道を北上して、二十二日夜漸く駒塚に歸りしが、妻はいづこにか逃れ、二子にも會ふを得ざりき。このほどに、鳩平とも相離れ、今は落人の身なりしかば、今井文吾の邸に一書を投じて、二子のことを遺託しぬ。

この遺書に金二十匁をつけて、今井の邸に投げ入れしと云ふ。その遺書は左にしるさん。

金貳拾匁に足らねども、尊大人へおまかせ申上候。信丸、しう二人の成行く樣にまかせ、お與へ下されたく、お願申上候、せめての事に、今一日と存じ候へどもかひなし

月　日　　　　八　丘

父ならぬ父をも父とたのみつゝありけるものをあはれ我子や

松　齋　大　人

信　丸　殿

魂は高天原に在りて金石不レ碎。又此世に生れて再會せむ。

腸を斷つ言々、血涙の遺言なれば、よみて泣かざるものは、國の人ならざるべし。後妻が二子を棄てていづこかへ出奔した噂は、そのさきより光平のうす〳〵知るところにて、二人の子はそのころすでに中宮寺宮内にひきとられをりしなり。

光平は駒塚にて、鳩平の來るを待ちをりしが、こと多く行きちがひしかば、今はおのれひとり京に上らんとて、生駒の山ぞひの道を、都をさして赴きぬ。されど二十五日、生駒山中の田原村にて奈良奉行の捕吏のために捕へられぬ。

その場所は田原村の一軒屋と云ふ。奈良奉行所にては、この街道に二箇所の番所を設け、多くの人數を出して、かたく固めをりしが、二十五日の巳過る頃なり、身には襤褸の如き法衣をまとひ、大小刀を帶びた異樣の男が、一軒屋の茶屋に現れ食事を求む。茶屋の主は昨夜の物を殘すのみと云うて斷れば、それにてもよしとて、支度を命じ、しづかに食し始めぬ。かねてこゝを見張りをりし奉行所役人の中には、光平に學びしものも多く、その異樣の男の光平なりしことを早く知りしが、このさまを見て、さすがにあへて近づく者もなく、しばしあつて一人進み、慇懃に姓名を問ふに、光平は食事の終るのを待てと云ひすて、やゝあつて箸をおき、乃ち硯を求めて一書をしたゝめ、かの者に手渡して、これを奉行に致すべしと云ふ。使者直ちに南都に走れば、申刻に到つて、奈良奉行より同心三人騎乗にて驅けつけ、馬を下りて光平に挨拶し、役儀とは云へ、わが師を捕ふるの苦衷を縷々と陳べぬ。こゝに於て、村民に駕をしつらへさせて奈良へ送りぬ。なほこの一軒屋は、手まへの一町にたりぬところにて道二つにわかれ、その一方の道にゆく橋を渡れば、すでに他領の地なりしに、光平がことさら一軒屋の茶屋に到りしは、捕吏のあるを知らずしてなるか、覺悟の上なりしか、いまだにいぶかしとは、奈良の人某の語りしところなりと、島田氏の書に見えたり。

九月二十五日夜、奈良に着けば直ちに取調べあり、ありしやうのことをありしやうに語る。かくてこの獄中にて二十七日より日錄をしたため、義擧の顚末をしるせるもの卽ち「南山踏雲錄」にして、わが近世の文學世界に於ても、わけて尊き文章にして、またわが言靈の風雅のこゝに極りし作なり。この記を誌すにつきては、二十七日硯を喚び、十月十日に筆を擱きしが、奈良の獄中にありしはこの十數日にして、やがて京の六角の獄に送られぬ。光平の京に送られしは、奈良奉行所にはその門人の多かりし上に、中宮寺宮にても光平を救出さんとし給ひしゆゑに、奉行のはからひにて早く京へ移したるならん。光平は奈良を去るに當り、別れのためにとて、獄吏を集めて古典を講じたるに、衆みな流涕嗚咽して仰ぎ見る者だになかりきと云ふ。

六角の獄中にあつては、同じく囚れをりし同志の乞ふまゝに國典を講じぬ。あるひは宣長の「直毘靈」を說き、また萬葉集を教へるに、强記の人なればすべて暗んじしまゝを口誦せり。また光平は學者として名ある人なれば、以前より公卿顯紳との交も多かりしが、その在獄をきゝて物を贈るものあとを絶たざりきといふ。當時平野國臣は生野の一擧に破れて、光平の隣室に囚はれをりしが、互に和歌を贈りて、無聊を慰めぬ。その歌今に殘れり。光平はこの獄中に於ても紙數三十枚に及ぶ文章を誌せしが、失はれて今に傳らず。

元治元年同志一同を斬に處す旨の宣告あつて、一同十九名これをうけぬ。

その斬罪宣告文に「一、其方共、於二大和一徒黨ヲ企、爲レ騒二皇國一段、重々不埒之至、依レ之打首可レ致候條、左樣可二相心得一者也」とありて、一同これに對する請書は「私共、皇國之御爲、深ク存込モ御座候處、今日ニ至リ、却テ御不爲ト被二仰渡一候段、仕方モ無二御座一候、青天白日、御請可レ仕候」とありて、潔き志を示すものなり。

元治元年二月十六日、十八人の天忠組烈士と共に、西之土手にて斬られぬ。當に五十二歳なりき。

光平五十二歳にして、他の人々は森下儀之助三十五歳なりしが、安積五郎、岡見留次郎が、森下ほどの年ごろと思はれ、他はみな二十代の若者にて、最も若き嶋村省吾は漸く二十歳なりき。

明治二十三年、朝廷、光平の忠義を嘉し、特旨を以て從四位を贈り給ひ、靖國神社に合祀せられぬ。

身余堂「光平忌」の由来

高鳥賢司

毎年二月になると、文徳天皇御陵田邑《タムラ》ノ陵に隣する京都鳴滝の保田與重郎邸——松に囲まれた身余堂では、例月歌会に先立つて、伴林光平の年祭が営まれる。当日参会の歌誌「風日」の人々は、この祭を「光平忌」と呼んでゐる。

もともとは保田家の行事であるが、今では風日社の行事のやうになつてゐるのは、元治元年二月十六日、光平が天忠組の同志十八人とともに、京都六角大牢の西之土手に斬られた殉難百年に当る、昭和三十九年二月十六日に、「風日」の同人らを集へて、第一回の年祭が、この山荘で営まれ、以後毎年継承されてゐるからである。

風日社の年中行事の例祭は、例月歌会のはじめに行はれ、一月は大津義仲寺での木曽義仲の例祭（これは亡き骸を木曽塚のかたへに埋めよといふ芭蕉の遺言に因み、今年平成十二年のそれは、八一七年祭であった）と、二月の「光平忌」、四月には、保田の師匠佐藤春夫や、河井寛次郎をはじめとする「風日社物故同人を祭る年祭」（「春の御祭」と称へてゐる）がある。このほかに、保田没後の「風日炫火忌」と併せると、年祭忌は四度となる。炫火忌以外は、保田與重郎が治定した当時そのままにいまも続けられてゐる。年祭忌のあとでの歌会は、いづれもその法楽歌会としてゐる。

「光平忌」では、祭文として、「古事記」冒頭の一節と、延喜式祝詞の「御門祭祝詞」を、参集者のうちの一人が読む。そのあと参列者の献詠が誦み上げられ、つづいて、先生の伴林光平についての講話があり、祭事を了り歌会に入る。

講話は、光平の「南山踏雲録」についての話が多く、その文学、思想、逸話や時代の思潮など広範に及んだ。

法楽歌会が終つて夕方になると、酒食を設け、一座のうちの酒のつはものを選んで、当日の酒奉行を任命し直会がはじまる、といふ風であつた。いまでもこの儀式は、主人の講話を除いて、当時のままに勤められてゐる。その雰囲気は在世のころと変らない。

この「みささぎの片岡の傍《べ》」の山荘は、「思ふこと身に余るまで鳴滝の」と歌はれた古歌の神詠に因んで、「身余堂」と名づけられ、書屋を「終夜亭」と呼ばれた。この家は昭和三十三年に、五条坂河井寛次郎門の陶工上田恒次の設計によつて建てられ、佐藤春夫川端康成二家が絶讃し、隣国の亡命詩人胡蘭成が、「神仙の降る処」とその詩に詠じた。

客間から庭を西の方へ遠望すると、低い京の西山の丘陵の向ふに、丹波境の山々が空を区切つてゐる。ここからの春の落日の華麗さを、大和二上の夕日とともに称へて、古今集の美観がわかつたやうに思ふとも云はれた。「かみの池を前面にした落日の景観――小倉山は落日がわけてもよい。王朝文化盛時の美的宗教情緒の何かを象徴してゐる風韻である。」ともある。いまはまはりの木立がすつかり茂つて、「王朝夕日の眺め」は途切られてゐるが、しかし、今日も主人が在世のときのやうに、歌会で座敷が賑やかになると、床下に住む狸が子どもたちを連れて庭に現れたり、初冬を告げる北山しぐれが、叡山の方から時ならずこの丘を伝ひ走つて、紅葉の色合を深めたり、空が定めなく照り曇りしたりする。

保田與重郎が、自らを宣長、信友、光平といふ学統の徒と定めて来たことは、自家の行事にこの年祭を加へてゐるところからも、感得できることである。昭和二十八年の「南山踏雲錄執筆の由來」には、光平は自分にとつて「鄉國有緣の人」とある。謙虚さの奥に在るこの親昵感は、本書に藏められた「鄉士傳」にも通底するものである。光平門の北畠治房から、その門人である王寺の保井芳太郎翁(保田家の縁戚にあたる)に伝へられ、光平先生の跡をつぐ人として至嘱するとの詞をそへて委ねられた、光平の自画像と、光平自作の「龍田風神祭の祝詞」の二点は、毎年、身余堂の「光平忌」の床に掲げられて年祭がとり行はれる。

保田與重郎の国学へのひとつのいざなひは、おそらく、その若き日の伴信友の「長等の山風」と「残桜記」への訓み解きによるものであらう。

いま琵琶湖畔の近江神宮の境内に建てられてゐる歌碑「さざなみの志賀の山路の春に迷ひひとりながめし花ざかりかな」の歌のしらべは、そのことをあざやかに證してゐると思はれる。信友の巧緻精妙な考證と、柔らかな文体が伝へるみやび心は、保田国学を形成する精神や情緒と共通共鳴してゐる。郷党のをぢ光平を軸として、信友から光平につながる系譜の光耀は、保田家の家祭としての「光平忌」が持つ、侍側の自信を裏付ける。『南山踏雲録』一巻の基点は茲に発生してゐる。付け加へて云へば、この一首は、今東光がとくに推称したものだつた。

ところで、「南山踏雲録執筆の由來」には、執筆の目的の第一に、光平が近世第一の歌人であることが挙げられてゐる。

光平の「南山踏雲録」は、当時の全階級的な常民の志念を合せた、国運の現状打開の為のさまざまな運動のひとつとして起つた天忠組一挙の終始を、維新前夜のいくさと歌と歴史の詩情で描き、この種の行為の唯一の記録として残つた作品であつた。当時最高の詩人であり、国学者である人の、生命を賭して描いた述志の行動の所産として、後世を鼓舞する貴重の文学である。またその歌については、別に「橿之下私抄」に流麗かつ周到に評釈され、殊に「杜初冬」六首についてのそれは、集中の圧巻である。

第二に、一党の義挙を領導し実現した、郷土の七人の先人志士と光平の伝記が誌され、これらの人々は、当時雄藩の背景を持たず、天忠組活動の基盤を、時勢に先駆けて構築したとされてゐる。

第三は、それらの人々の思想を涵養した、宮方山民五百年の郷土の伝承護持の実体、後南朝以降の史実と志操の堆積のあとを、伴信友の「残桜記」を追つて深切に回想された「花のなごり」である。

併せて、北畠治房に対する郷土内外の人々の観点を正すことも、目的のひとつと誌されてゐる。

のちに、生前未刊のまま遺された「述史新論」（桶谷秀昭氏は、安保翌年の昭和三十六年の著述かと推定されてゐる）で保田與重郎は、天忠組を支援した大和の土着豪家をはじめとした人々について、次のやうに書いてゐる。

それらの人々を組織したのは地方から大和へ入つた浪士たちの説得でなく、大和に生れた乾十郎と平岡鳩平といふ武士ならざる二青年の以前からの奔走の結果だつた。

二人は平岡の師なる國學者伴林光平の名望と、十郎の師なる五條の大儒森田節齋の信望によつて、尊皇の大義を鄕黨に宣布したのである。

以上を貫く心情が、「鄕土有緣」の人々への讃称としての、著者の志であつた。

保田與重郎は、昭和二十二年九月と、二十八年八月の二度にわたつて、西熊野街道と東熊野街道の天忠組転戦のあとを、徒歩で踏破してゐる。道中のおほよそは、幕末明治のままにちかい山行であつた。二十八年の下北山村から玉置山へ向ふ山道は、地元でも「笠捨八里」と呼び、途次の宿の主が「明治十六年の聖護院宮御一行が通過されて以來の他國の人の往來」といふほどの険路であつた。そのときは同行の棟方志功画伯とともに、岩を攀ぢ草の根をつかんで登つた。

この両度とも、先生は「玉置山の大杉を見物する旅」と、さりげなくわれわれを誘はれたのだつた。玉置山の大杉は樹齢四千年、神代杉は三千年と山びとは云ふ。ともに果無山脈をのぞんで、いまも仰げば湧霊壮大、手を触れると弾き飛ばされるやうな大杉群が林立してゐた。初冬の西風が、かうかうと鳴り響くさまは、国の鎮めの山、といふ形容が、最も自然な山容である。

十津川村の景観や道路事情、生活風俗が大きく変化したのは、昭和三十年代の風屋ダム建造以来で、二十二年の頃は、ランプを使つてゐる宿や集落が多く残つてゐた。

記憶を拾つて往路などを誌すと、一行は五人、保田のほかに、栢木喜一、奥西保、幸兄弟、高鳥賢司で、玉置山へ登るときは、吉野の農学校で教員をしてゐた明石の人、木ノ下茂が一行に加はつた。

当時の食糧事情で、各人それぞれに米を背負ひ、五条から殆ど徒歩で、賀名生皇居址、天辻峠を越えて天忠組転戦のあとを南下、大塔村十津川村を縦断し風屋に一泊、途中所在の南朝事蹟をたづね、瀧峠の護良親王歌碑から玉置神社に登る。文武館校長浦武助先生の先行案内を承け、翌日山を下り三月大火のあとの新宮に出て大阪に帰る。

このときの一行四人は、二十四年月刊誌「祖國」創刊の折、玉井一郎を加へてその同人となる。

昭和二十八年八月の折は、戦中から富山県福光町に疎開してゐた棟方志功と、双互に往来のあつた二十四年、二十五年を経ての南山行で、このときも、「棟方さんに玉置山の杉を見せよう」との旅であつた。

このときは、中学生であつた長男保田瑞穂君と高鳥賢司の一行四人で、吉野上市から国鉄バスを乗りついで、東熊野街道を一気に南下し、下北山村に一泊、翌日笠捨山を越えて深更玉置神社に着く。このときも、玉置神社の宮司であつた浦先生の教導に預かつた。先生は七十歳を越えて尚強健で、麓の玉置川の船泊りまで東道された。そのあと、那智勝浦と熊野那智大社に数泊して帰途に着いた。

この行程で南下した東熊野街道は、光平の「南山踏雲録」の、天忠組敗軍のあとの道中を逆に辿つたことになる。この敗亡の途次、川上村武木《タキギ》の里の宿老が、光平に物語つた後南朝の故事、南北朝合一後五百年にわたつて、宮方山民の執念によつて続けられた「朝拝」行事の伝へは、光平踏雲録中の眼目となる一節である。「朝拝」については、信友の「残桜記」や大草公弼の「南山巡狩録」に詳しく誌されてゐるが、光平翁この時この場所にしての感慨はいかばかりであつたらうか。

この二度の南山行の間、いつの年であつたか川上村大滝の長老辰巳藤吉翁の周旋によつて、その年の「朝拝」参列を許された先生に従ひ、その祭祀の仔細を拝観することができた。従来この祭祀は、長禄元年南帝自天王並びに忠義王が弑逆に遭はせ給ふた折、自天王の御首級をとり戻した川上村民の子孫「筋目」の人々が毎年仕へることとされ、その人々以外には同村の人々も従事できなかつたまま六百年を数へた。

以上二度、保田與重郎の昭和二十年代の南山行を思ふにつけても、本集中の「南山踏雲録」「鄉士傳」「花のなごり」は、維新回天の基点となる南朝山民六百年の執念の物語に伝承された志が、天忠組の一挙によつて維新前夜に轟発、維新へとみちびく経緯を誌した書との感が深い。やがて革新の成果が富国強兵の潮に乗り、アジア各国に波及して、明治末年の「アジアの革命時代」を出現せしめ、第二次大戦の終結とともに、アジア諸民族の完全独立となる歴史の信実を示した事実、その事実が、イデオロギーや政治経済論の枝葉でなく、代々の民衆が、昨日の出来ごとのやうに、身近に伝承して来た、物語と詩心を出発点として形成されて行つたといふことを、剰すことなく伝へ、歴史が文化そのものであることを明証したものと思ふ。

この確認と追懐が、その二度にわたる南山行の底流に映発してゐたのではなからうか。

保田與重郎文庫　13　南山踏雲錄　二〇〇〇年十月　八　日　第一刷発行
二〇一五年二月十一日　第二刷発行
著者　保田與重郎／発行者　中川栄次／発行所　株式会社新学社　〒六〇七—八五〇一　京都市山科区東
野中井ノ上町一一—三九　TEL〇七五—五八一—六一六三
印刷＝東京印書館／編集協力＝風日舍

ISBN 978-4-7868-0034-4